目次

序章

多文化共生の時代と自治体の行政サービス

沼尾波子

1　はじめに――多文化共生の時代

日本社会は画一的で均質的といわれてきたが、近年、教育や就労、暮らしの様々な場面で、多様性（ダイバーシティ）の価値が言及されるようになった。一人ひとりの個性を尊重する考え方が拡がるとともに、自己実現を可能とする社会の創造に向けて、法律や制度の見直しの議論も進行している。男女共同参画やＬＧＢＴの権利保障についての議論も進められ、パートナーシップ制度の導入など、人々の多様な価値観に沿った制度の導入が模索されている。自治体の中でもダイバーシティ推進課などを配置し、多様な個を支える行政体制の構築に取り組むところも出てきた。政府の全世代型社会保障構築会議では、これからの社会保障制度のあるべき姿について議論されているが、そこでは、多様なライフスタイルや働き方、家族構成に合わせた柔軟な社会保障制度についての議論が行われているほか、性別や年齢、障がいの有無などに応じたニーズに対応することについても言及されている。一人ひとりがそれぞれに個性を発揮し、ウェルビーイングの実現に向けた社会創造を目指すことが期待されるとともに、国や自治体が多様性に対応した政策推進を模索する時代を迎えたとみることもできるだろう。

この多様性という視点に立ったときに、もう一つ考えるべきは外国人、そして外国にルーツを持つ人々である。２０２２年６月の時点で、日本に居住する外国人は２９６・２万人と、人口の約２％に達した。その国籍も194ヵ国と多様である。日本で暮らすことになった背景や環境は多様であり、在留資格も様々であるが、日本という場所で仕事や学び、生活を営むことを選択した人々である。

小さな島国に1億2千万人が暮らす日本は、豊かな水源や森林に恵まれ、自然資源が豊富であり、衛生も治安も比較的よい。また20世紀後半にはモノづくりの技術を生かして飛躍的な経済成長を遂げた国でもある。そんな日本に魅力を感じて、来日を決めた外国籍の人々もいるだろう。かたや、日本は人口減少と担い手不足が進み、様々な分野で今後ますます多くを外国人人材に期待する動きもある。ヒト・モノ・カネ・情報が世界を駆け抜けるグローバル社会にあって、外国人の数は今後ますます増大することが考えられる。

だが、日本とは異なる文化や生活習慣を持ち、異なる言語を使用する外国籍の人々が増えていくとすれば、その就労や学習、生活の場面でどのように共生できる環境を作ることができるのか。またそのためにはこれまで日本社会のルールや価値観に基づいて運営されてきた制度をどのように見直す必要があるのか。私たちは、身近な地域の課題として、また日本社会全体の課題として、多文化共生という課題について考えるべき時期に来ている。

外国人が日本で暮らすようになった背景は様々である。歴史的には1910年の日韓併合以来、内地で在留、就労し、戦後に日本国籍を喪失して「外国人」とされた在日コリアンの人々がかつては大半を占めた。彼らはオールドカマーと呼ばれる。これに対し、1970年代以降、留学や研修、就学など日本に学びに来た人々や、インドシナ難民など、ニューカマーと呼ばれる人々が来日し、徐々に

図1　在留外国人数の推移

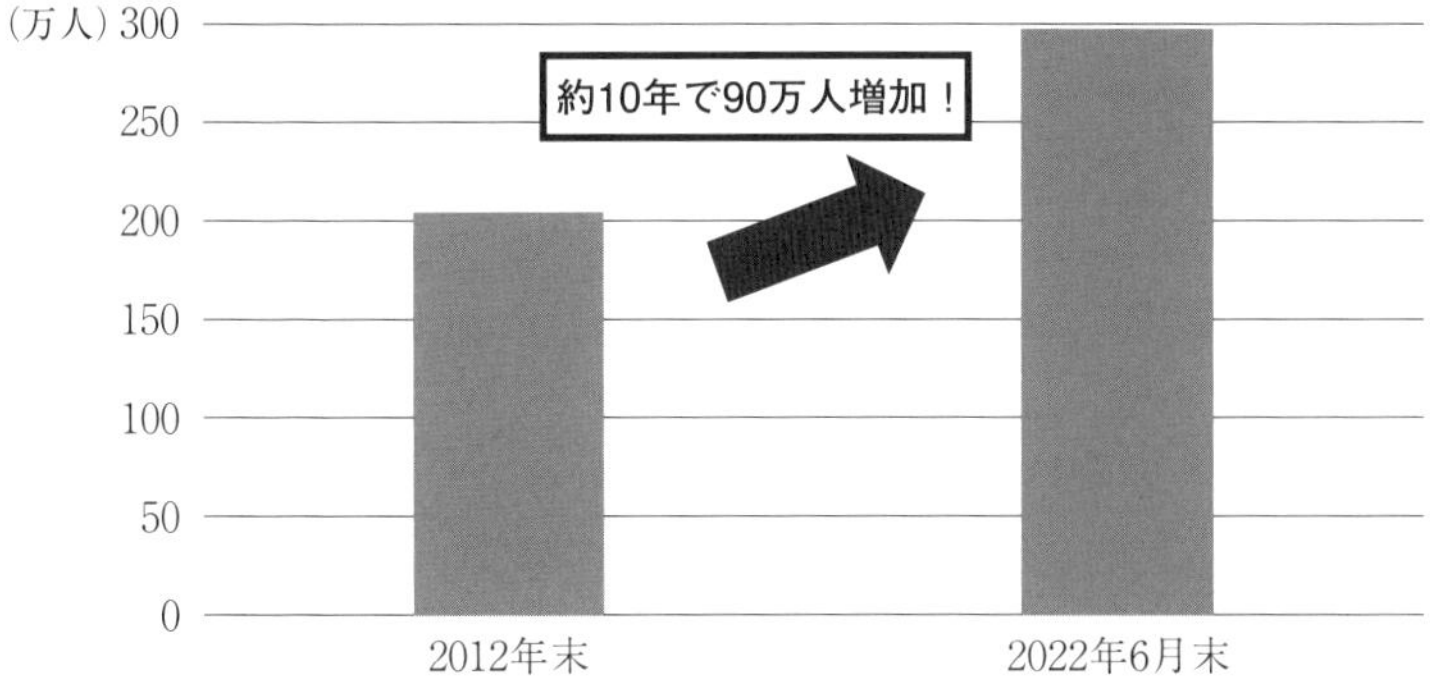

平成24年末　203万3656人／令和4年6月末　296万1969人
出典：法務省在留外国人統計（旧登録外国人統計）2012年12月末、2022年6月末。

多様化が進んだ。

図1と図2は外国人数の推移を示している。1990年に107・5万人だった日本の在留外国人数は2000年に168・6万人、2012年末に203・4万人、そして2022年6月には296・2万人に増加している。

図2-①から明らかなように、日本に居住する外国人数が急増するのは1980年代末以降である。「国際化」の進展とともに、政府による労働力確保策としての外国人受入れに対する政策変化がその背景にある。1992年の法務省による「第1次出入国管理基本計画」では、「就労目的の外国人の受入れについては時代の要請や我が国の社会の変化に応じて上陸の許可基準を適宜見直すこと」がうたわれ、人材受入れを前提とした出入国管理政策が掲げられた。年々増加を続ける外国人数は、2008年後半のリーマンショック、さらに2011年の東日本大震災ならびに東京電力福島第一原子力発電所

図2-① 主な国籍別にみた在留外国人数（1948-2011）

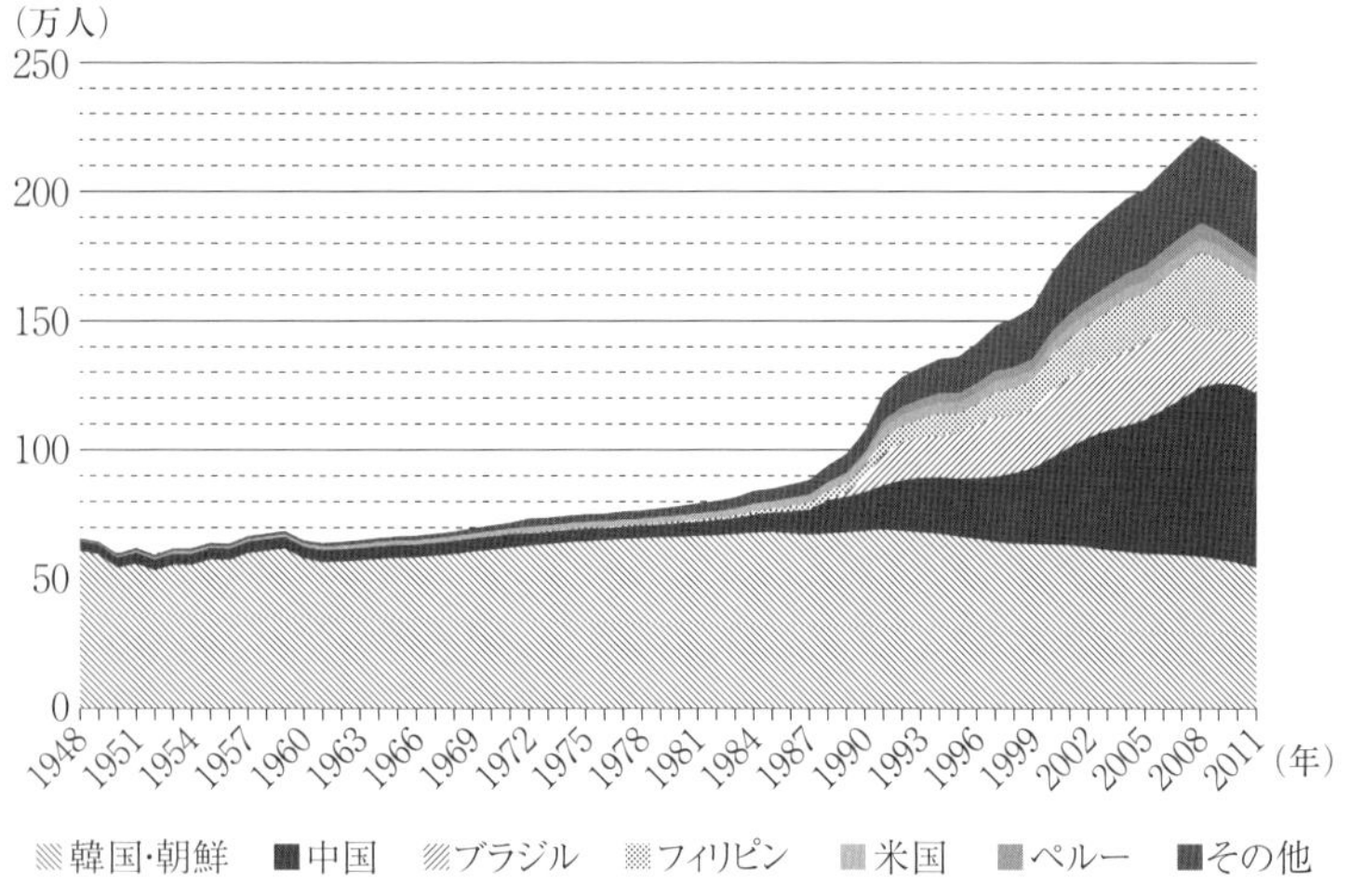

出典：法務省『登録外国人統計』をもとに作成。

事故により、いったん減少を見せる。しかしながら２０１３年以降、再び増加に転じた。農業や製造業、さらに近年では介護分野など、深刻な人材不足にある産業分野では、外国人にその役割を期待し、各種就労や技能実習などの資格で受入れが進んだ[1]。

外国人人材に期待した受入れ拡大の流れは、近年ますます加速している。２０１８年には出入国管理及び難民認定法が改正された。そこでは新たな在留資格「特定技能」が設けられ、14の特定産業分野において、外国人を労働者として受け入れる体制が構築された。そして２０２３年春、出入国在留管理庁の「技能実習制度及び特定技能制度の在り方に関する有識者会議」は技能実習制度を廃止し、人材確保などを目的に中長期的な滞在を円滑にし、働く企業の変更も一定程度認めるよう緩和する新たな制度への移行を提言する中間報告

図２-②　主な国籍別にみた在留外国人数（2012-2022）

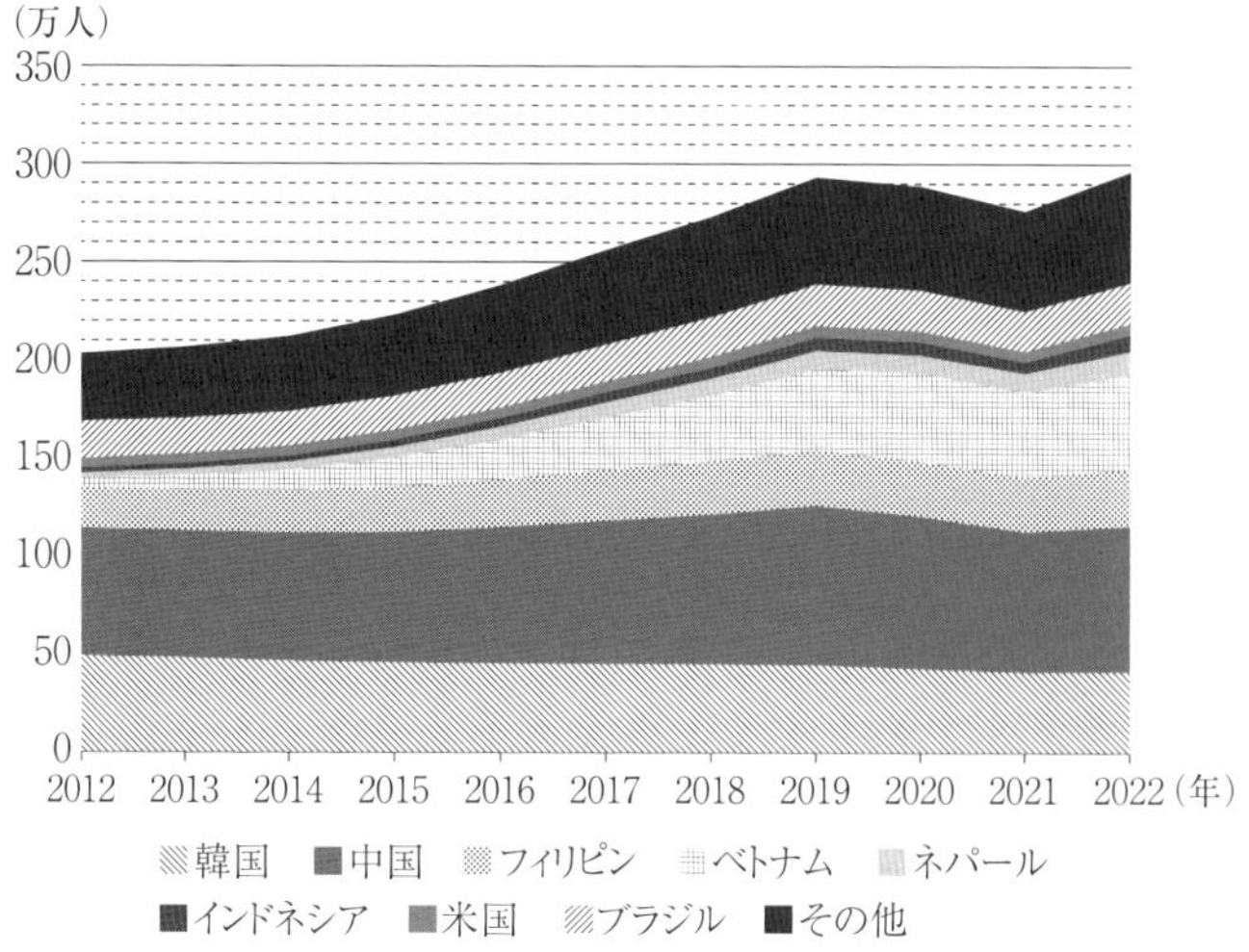

出典：法務省・出入国在留管理庁『在留外国人統計』をもとに作成。

書をまとめた。近い将来、本格的な労働力確保策としての外国人人材受入れが進むことが考えられるが、そこに向けて、少しずつ制度の見直しが検討されていると言うこともできる。人口減少が進む日本において、今後ますます外国人人材の受入れが進めば、日本で生活する外国人数と割合は増えていくことになるだろう。

だが、働き手としての外国人人材に期待するならば、同時に生活者としての外国人住民との共生を考えることも必要である。日本とは異なる文化や生活習慣、言語を使う外国人住民の受入れについて、生活の様々な場面でのニーズを踏まえた行政サービスの提供体制を整えることも求められていく。とりわけ、住民に身近なところに位置する地方自治体では、情報提供や生活相談をはじめ、各種の対応が求められる。本書では、多様化が進む外国人住民の人々に着目し、住民に身近な地方自治体による対応について、その現状と課題を考察するとともに、社会の多様性に対する自治体の行財政課題について考えるものである。

2　外国人住民の増加と地域課題への対応

(1)　地域のなかの「外国人」

自分が暮らす地域の中で、多くの外国人に接するという人もいれば、そのような機会は稀であるという人もいるだろう。実は、在留外国人が居住する地域には偏りがあり、その約7割が東京圏・中京圏・大阪圏[2]に住所を有している。そして表1に示すように、新型コロナウイルス感染症が収束する中で、その数は再び増加をみせる。そもそも日本の人口の約5割がこれらの都市圏に居住しているが、外国人住民の居住割合は、それよりも高い。これらの都市圏以外で外国人住民が比較的多い地域もあるが、多くの外国人材を雇用する事業所が立地していたり、大学や研究機関などで、外国の研究者や留学生などが居住する地域など、それぞれ特徴がある。

表1　外国人住民数上位5都府県における外国人住民の増減

	2022年6月末　対前年末比
東京都	↑6.7％増
愛知県	↑5.9％増
大阪府	↑6.7％増
神奈川県	↑4.4％増
埼玉県	↑4.4％増

出典：出入国在留管理庁『在留外国人統計』2022年6月末。

人口に占める外国人割合（令和2年国勢調査および在留外国人統計）をみると、外国人住民が1％未満の市区町村は49・7％となる878市町村であり、外国人割合が3％を超える市区町村は180市町村（9.1％）に留まる。このように、大半の市町村にとって、外国人住民数割合は低く、その対応は個別かつ特殊なケースかもしれない。行政体制の整備を考えるまでには至っていないという自治体としての判断もありうるだろう。しかしながら、今後ますます人口減少が進む日本において、持続可能な地域の社会経済システムを考えるなら、外国人人材の受け入れを避けて通ることはできないともいえる。

すでにいくつかの自治体では、地方創生戦略の一つとして、地域の担い手確保策に外国人人材の受け入れを掲げた対応を図っている。例えば北海道東川町では、全国初の公立日本語学校を創設し、台湾などから多くの外国人留学生を受け入れている。町ではさらに民間の福祉専門学校を誘致し、介護人材の養成を図り、外国人住民が地域の担い手として活躍するための環境構築を図っている。広島県安芸高田市では、２０１３年に多文化共生プランを策定、２０１９年には「まち・ひと・しごと創生基本方針２０１９」のなかで多文化共生の地域づくりについて、「新たな在留資格の創設を踏まえ、外国人材の地域への定着に向け、受入支援や共生支援を行う」ことを記載し、取組みを進めている。

(2)　新たな地域課題への対応

外国人住民の増加により、それまでには想定されていなかった新たな地域課題が生じることがある。例えば墓地の問題である。イスラム教では土葬で遺体を埋葬するが、日本では広く火葬による埋葬が行われている。土葬による墓地を受け入れる地域は全国的にも10ヵ所程度しかなく、こうした宗教上の思想信条に基づく慣習を、地域としてどこまで受け入れるかという問題がある。また、敬虔なイスラム教徒は毎日決まった時間にメッカの方角に向かって祈りを捧げる。礼拝時間の間、仕事や作業が中断することを許容する環境や体制の構築が課題となる。筆者は大学で敬虔なイスラム教徒の留学生を連れて岩手県紫波町に調査実習に行ったことがある。ヒアリング先では、礼拝用の部屋を確保してもらい、決められた礼拝時間には、当該学生がヒアリングを中断することを許容してもらった経験がある。筆者が勤務する大学においても、小さいながらも礼拝用の部屋を用意している。

こうした、生活習慣や思想信条を背景とした新たな社会ルールの設定や調整、異なる言語や生活習慣等への配慮をどの程度行うのかという課題は、地域社会の様々な場面で出てくることになろう。「郷に入りては郷に従え」という考え方もあるが、多様性を許容する社会のルールを改めて問い直し、議論することが求められている。

いっぽう、地方自治体が提供する行政サービスを考えるとき、皆で収めた税金を用いて、どこまで多様なニーズに対応するのか、という問いが生まれる。バリアフリー施設整備の話や、誰でもトイレの設置など、多様な人々の幸福（ウェルビーイング）の実現に向けて、必要な施策や事業（アウトプット）をどのように達成するかということを考えるとき、マイノリティの人々への配慮をどうするかという問題でもある。

本書では、異なる文化や慣習、言語等で日常生活を営むことを念頭においた「外国人住民」に対する行政サービスを取り上げながら、多様性の時代における自治体の機能と役割について考えてみたい。

そこでは、次の3つの視点を提示することとした。第1に「言語（コミュニケーション）の壁」、第2に「制度の壁」、そして第3に、二つの壁を前に、今後検討すべき行財政体制の在り方についてである。

3 多文化共生をめぐる課題

(1) 言語（コミュニケーション）の壁

第1に、言語の壁とコミュニケーションの問題である。住民が行政サービスにアクセスするには、そのサービスの存在を知らなければならない。特に、行政が提供する対人社会サービスにおいては、申請主義をとるものが少なくない。日本の暮らしに必ずしも馴染みがなかったり、日本語の理解が十分ではない外国人住民に対する行政情報の伝達は、それらのサービスにアクセスできるかどうかという問題に直結する。また、行政が外国人住民と話をする機会を有することも、必要な行政サービスニーズを把握し、支援等につなげるうえで、重要な意味を持つ。

もちろん、行政サービスに関する情報伝達の問題は、外国人住民に限った話ではない。生活困窮者や、子育て世帯、ケアを必要とする人々への支援などにおいても、行政は様々な支援策を用意しているが、本当に支援が必要な人のところにこうした支援の情報が届いていないことが、しばしば課題として指摘される。外国人住民の場合、それに加えて言語や文化の壁が立ちはだかる。日本語以外の多言語での伝達の仕組みが必要とされることに加え、風土や文化等の違いから、日本の制度について理解することの難しさが加わる。例えば健康保険制度に馴染みのない外国人住民が多く居住する自治体では、国民健康保険制度について多言語で説明する体制を整備し、保険料納付率の向上に取り組む。このように、自治体には個別の状況に即した対応が求められることとなる。

こうした情報伝達の現状と課題については、第1章で、外国人住民に対する行政ニーズについて、自治体へのアンケート及びヒアリング調査結果を踏まえて整理し、その課題を紹介する。さらに第2章で行政による相談支援の状況について論じる。

(2) 制度の壁とナショナル・ミニマム

論点の第2は、制度の壁である。憲法第25条では「すべて国民は健康で文化的な最低限度の生活を営む権利を有する」とされている。ここでいう「国民」について、外国人住民もまた対象に含まれることは、1978年の最高裁でのいわゆるマクリーン判決を通じて司法判断がなされた。そこでは「基本的人権の保障は、権利の性質上日本国民のみをその対象としていると解されるものを除き、わが国に在留する外国人に対しても等しく及ぶものと解するべき」とされている。しかしながら、権利の性質上日本国民のみをその対象とするか否かについての判断基準を何に求めるのかが定かではないことが問題とされる[3]。

歴史を紐解くと、外国人住民に対する行政サービスの提供をめぐっては、様々な壁が存在してきた[4]。

公営住宅の入居や健康診断の受診など、様々な壁を一つひとつ取り除きながら、国籍に関わらず、一定の行政サービスを享受できるような環境整備が、関係者の懸命な取組みを通じて、一歩一歩進められてきた経緯がある。

自治体は住民の福祉の増進に向けてその役割を果たす存在であり、むろん、外国人住民に対しても各地で様々な努力が図られている。だが、今日においても制度の壁から、日本人と同様のサービスを享受することが難しいものもある。また、日本人と同様のサービスを享受するために必要な日本語通訳など、外国人住民固有の行政ニーズに対応した環境構築も課題である。これについて、第3章では、生活保護制度に着目し、外国人に対する最低生活保障をめぐる地方自治体の置かれた状況とその課題について論じる。また、第4章では、教育を受ける権利、子どもの生存権という視点に立って、外国籍のこどもの学びの機会の確保と、健康診断をめぐる国と地方自治体の対応について論じる。

(3) 権利保障と財源

行政サービスを自治体が提供するために、所要財源の確保が必要となることは言うまでもない。第5章では、国と地方自治体の財政関係のなかで、外国人住民ないし外国にルーツのある人々をめぐる行政需要を支える財政システムの在り方について問題提起を行うとともに、義務教育制度を例として国と地方自治体の財政関係について考察する。

いっぽう、第6章、第7章では海外の事例を紹介する。第6章では、計画的に移民の受け入れを行いながら、国と地域の社会経済の安定的運営を目指すカナダの事例を取り上げ、外国人人材の受け入れとその後の行政サービスへの対応について、連邦政府と州政府の状況を紹介するとともに、それに要する財源について、財政運営の視点から考察を行う。第7章では、移民の受け入れを行いながらも、文化摩擦等により社会的な包摂について課題を抱えるデンマークにおいて、外国人住民への行政ニーズとそれを支える財政システムについて紹介する。カナダとデンマークの例から、移民の受入れならびにその後の生活保障について、連邦政府ないし中央政府が一定の保障を行っていること及び、地域特性を踏まえた個別の対応を州政府もしくは地方政府が担うための環境整備について論じられる。

(4) 多文化共生時代の行政サービスと財政システム

終章では、今後の多文化共生時代を見据えて、地方自治体の行政ニーズの変容と、多様性の時代に求められる行政対応ならびに政府間財政関係の在り方について、各章の内容を踏まえて整理を行うとともに、若干の提言を行う。多様な個に配慮した「ナショナル・ミニマム」の保障という視点に立って、これからの国と地方の財政関係の在り方について考えてみることとしたい。

注

(1) 津崎編(2018)を参照。

（2）東京都、愛知県、大阪府、神奈川県、埼玉県、千葉県、兵庫県、静岡県、福岡県、茨城県の10都府県で7割以上を占める。

（3）近藤編（2015）、12〜13頁。また、巻末資料として、外国人に対する各種社会保障制度の適用状況の表を掲載した。

（4）近藤編（2015）は、日本の戦後の外国人法制を4つの時期に区分し、それぞれの時期の基本方針と新たな権利課題を抽出し、紹介している。外国人の権利について、市民的権利・経済的権利・社会的権利・文化的権利・政治的権利に区分したうえで、日本の戦後の外国人法制について、それぞれの時期の基本方針と新たな政策課題について①排除と差別と同化（1945─1979）：市民的権利、②平等と国際化（1980─1989）：社会的権利、③定住と共生：政治的権利（1990─2005）、④多文化共生：文化的権利（2006─）に整理している。

参考文献

近藤敦編（2015）『外国人の人権へのアプローチ』明石書店。

津崎克彦編（2018）『産業構造の変化と外国人労働者：労働現場の実態と歴史的視点』（移民・ディアスポラ研究7）明石書店。

第1章

外国人住民の増加と行政ニーズの多様化

倉地真太郎
沼尾波子

日本に居住する外国人の数は2022年6月末に296万人と、この30年間に約3倍へと増加した。労働力不足が深刻な日本社会では、今後も外国人人材に期待する動きもあり、また感染症の収束にともない、海外からのインバウンドに期待した観光業の展開にも期待が寄せられている。

本章では日本の外国人住民の動向について確認するとともに[1]、出入国管理政策の見直しを通じて、地方自治体が直面する課題や取組みについて考える。具体的には、全国107の市区町村を対象に実施したアンケート、ヒアリング調査をもとに、外国人住民の増加にともなう自治体の行政課題について考察する。

1　増大する外国人住民

(1)　多様な「外国人」

はじめに、「外国人」について整理しておきたい。ひとことで「外国人」といってもその意味は文脈によって異なる。日本の国籍法第2条では、日本国民の要件について「出生の時に父又は母が日本国民であるとき」、「出生前に死亡した父が死亡の時に国民であったとき」、「日本で生まれた場合において、父母がともに知れないとき、又は国籍を有しないとき」の場合としたうえで、第4条で「日本国民でない者」について「外国人」と規定している。

だが、国籍上は日本人であるが、「外国にルーツを持つ人々」もいる。そのなかには、海外での生活が長く、あまり日本語を使うことができないため日本語の支援を必要とする人や、日本で生まれ育ち日本国籍を有しているが、外国にルーツがある親をもち、外見上「日本人」には見られないことによって、周囲とのコミュニケーションに苦労した経験を持つ人もいる。地方自治体は「住民の福祉の増進を図ることを基本として地域における行政を自主的かつ総合的に実施する役割を広く担うもの」とされているが、外国籍の人々や外国にルーツを持つ人々など、住民の国籍や言語、生活習慣や文化は多様化しており、住民サービスについても多様な対応が求められるようになっている。

以下では、改めて外国人住民の多様性について確認しておこう。

①多様な国籍

序章で示したように、在留外国人数は、戦後ほぼ一貫して増加傾向にある。特に１９９０年前後から、出入国管理及び難民認定法（以下入管法）の改正などにより、外国人受入数は増加し、かつ多国籍化が進んでいる。２０２２年6月の時点では、世界１９４ヵ国の国・地域の人々が日本に居住しており、また何らかの事情により無国籍の人々もいる。国籍別に見た在留外国人のうち、最も多いのは中国、ベトナム、韓国、フィリピン、ブラジルの順で、これら5ヵ国で在留外国人全体の約74%を占める。

図１　在留資格類型別にみた在留外国人数の推移

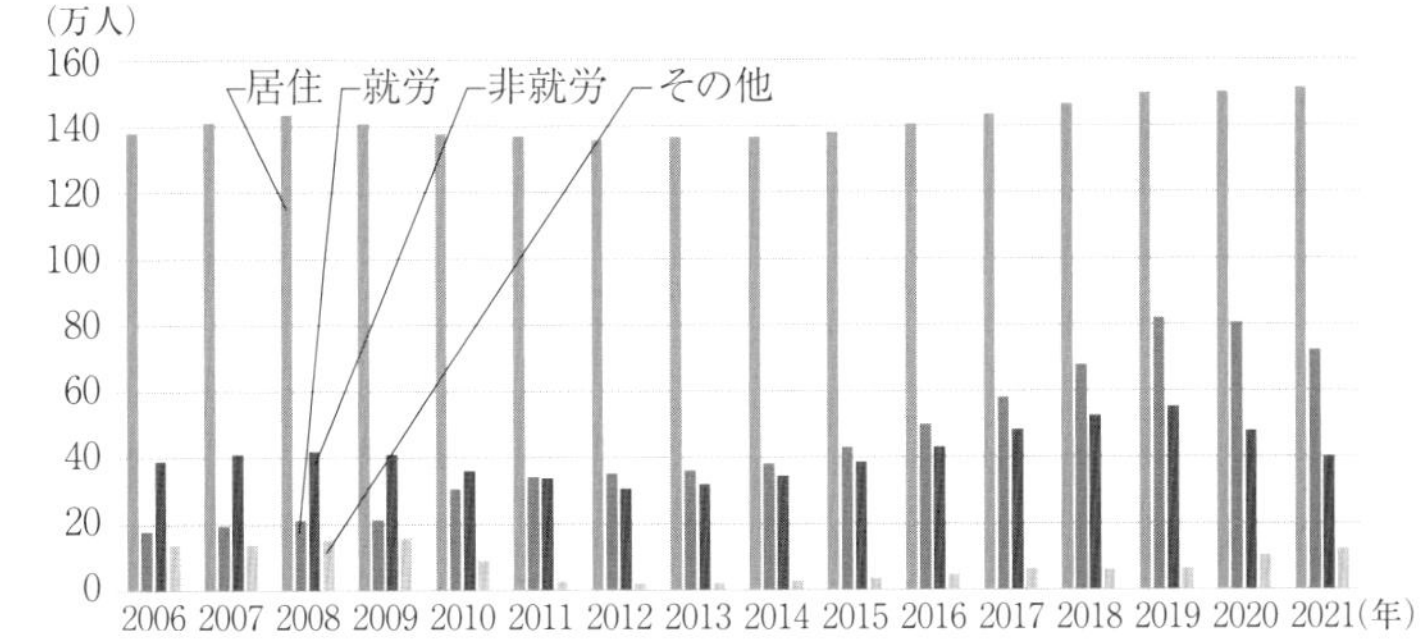

（①居住は（永住者、日本人の配偶者、永住者の配偶者、定住者、特別永住者）の合計。②「就労」は（外交・公用・教授・芸術・報道・高度専門職。経済・管理、法律・会計業務、医療、研究、教育、技術・人文・国際業務、企業内転勤、介護、興行、技能、特定技能、技能実習）の合計。③非就労は（家族滞在、就学、留学、研修、短期滞在、文化活動）の合計。④その他は（特定活動、未取得者、一時庇護、その他）の合計である。）
出典：出入国在留管理庁（各年度）「在留外国人統計」をもとに作成。

②多様な在留資格

外国人住民の多様性は、国籍だけではない。日本では外国人の在留資格は多様であり、（１）身分・地位に基づく在留資格、（２）就労のタイプ別にその就労が認められる在留資格、（３）就労の可否は指定される活動如何である「特定活動」、（４）基本的には就労が認められない在留資格に区分できる。

図１は、在留資格を①居住、②就労、③非就労、④その他に区分し、その推移を示したものである。[2]近年では「就労」資格による在留外国人数が大きく伸びている。

ＯＥＣＤ（２０２１）では、「移民」を「国内に１年以上滞在する外国人」と定義したうえで、その数を把握する際の大きな括りとして、永住者、労働者、留学生、亡命という区分を設けている。この区分をもとに日本の特徴を確認すると、諸外国と比較して、日本は永住型の移民の受け入れは極めて限られているのに対し、期間限定型の労働者受入数は多く、また市民権を取得する外国人の割合は低い[3]。在留資格により、外国人住民に与えられる権利に違いがあることについて、近藤（２０１５）は、市民的権利、経済的権利、社会的権利、文化的権利、政治的権利という5つの視点で整理している[4]。ここではその詳細に立ち入らないが、外国人住民に認められているそれぞれの権利の範囲は在留資格によって異なるところがあり、自治体が様々な住民の生活について相談にのる際にも、在留資格を確認したうえで、それぞれの状況を踏まえた対応を図ることが必要となっている（巻末附録資料参照）。

(2) 在留外国人の居住地域

在留外国人の居住地域について見てみよう。図2は、都道府県別に、在留外国人数及び割合を示している。人口の多い順に、東京都、愛知県、大阪府、神奈川県、埼玉県、千葉県、兵庫県、静岡県、福岡県、茨城県となっている。これら上位の10都府県で在留外国人全体の7割以上を占める。表1は、２０２２年6月末における全国で最も外国人住民数の多い20の市区町村を挙げている。市区町村単位でも、外国人数が多い自治体の大半は三大都市圏であり、そのなかでも政令指定都市ならびに東京特別区とその近隣市が突出している。

図2では都道府県別に見た人口に占める外国人割合についても示している。都道府県別には、東京都、愛知県、群馬県、岐阜県、大阪府の順で割合が高く、大都市圏以外では、自動車産業などの製造業が多く立地する地域でその割合が高くなっている。

図２　都道府県別の在留外国人数及び人口に占める外国人割合

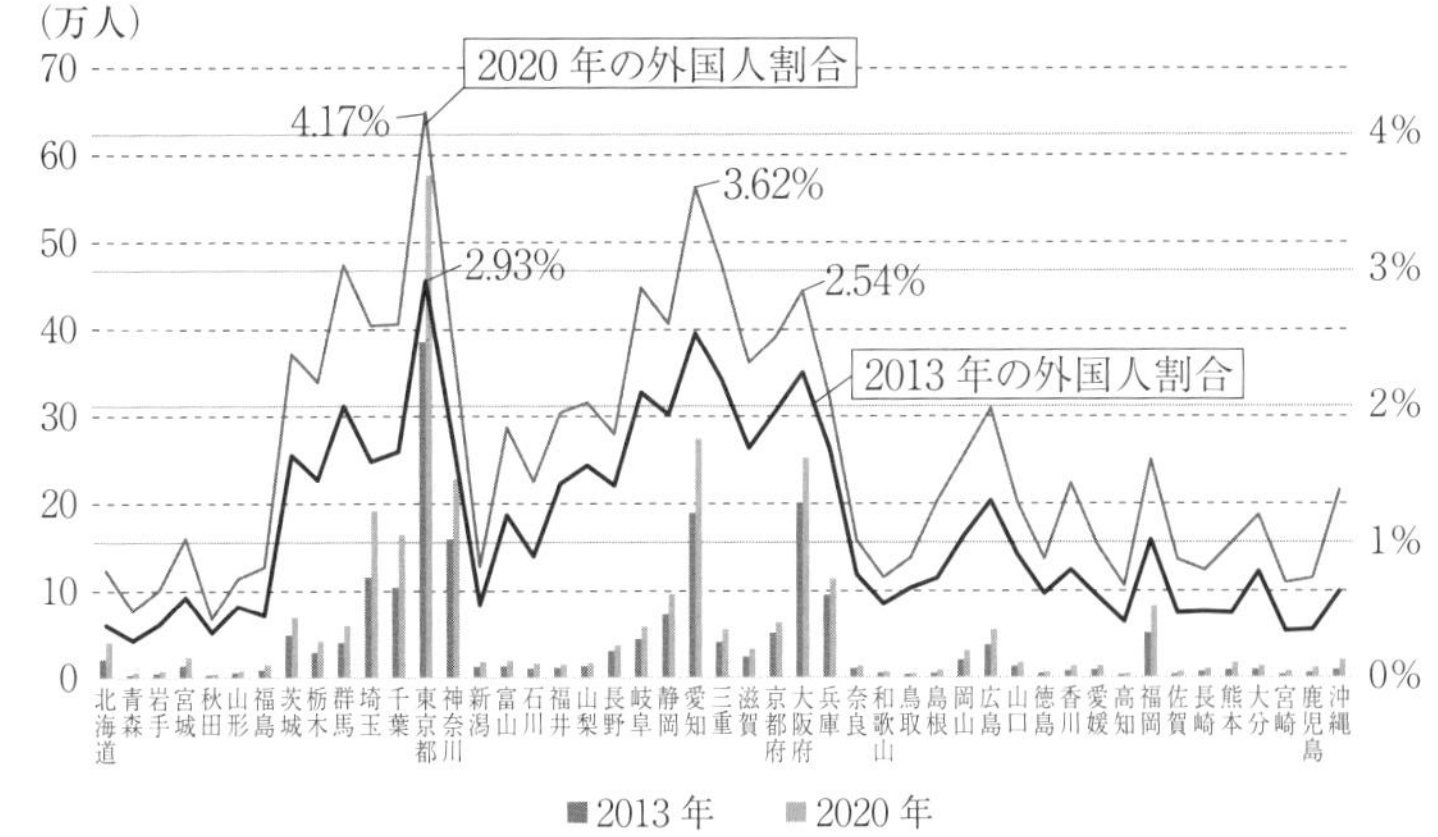

出典：出入国在留管理庁（各年度）「在留外国人統計」「国勢調査」をもとに作成。

これを市区町村単位でみるとどうだろうか。表１には、２０２２年１月時点における住民基本台帳人口でみた外国人割合の高い上位20市区町村を示している。外国人住民割合が高い市区町村は全国各地に散らばっている。外国人を多く雇用する製造業等が集積する地域のみならず、北海道や信州など外国人旅行者が多く訪れるリゾート地、農業などで外国人技能実習生を多く抱える地域、さらに東京特別区や、大学を有する地域で高い割合となっている。

このように、外国人住民数は増加しているが、その数や割合は自治体によって大きく異なっている。また、それぞれの自治体により、そこに居住する外国人住民の国籍や在留資格も異なる状況にある。

２　出入国管理政策と外国人住民

在留外国人に対する政策は、出入国管理政策と多文

表１　自治体の在留外国人数と外国人住民割合

在留外国人が多い自治体
（2022年6月）

	自治体	在留外国人数（人）
1	大阪市	149,604
2	横浜市	105,334
3	名古屋市	86,043
4	神戸市	51,464
5	京都市	47,372
6	川崎市	46,812
7	福岡市	39,969
8	埼玉県川口市	39,028
9	東京都新宿区	38,739
10	東京都江戸川区	37,978
11	東京都足立区	35,038
12	東京都江東区	32,274
13	千葉市	30,263
14	さいたま市	28,290
15	東京都板橋区	27,743
16	東京都豊島区	27,497
17	浜松市	26,903
18	東京都大田区	24,681
19	東京都北区	23,434
20	東京都葛飾区	23,233

外国人住民割合が高い自治体
（2022年1月）

	自治体	外国人住民数（人）	人口に占める割合
1	群馬県大泉町	7,834	18.81%
2	北海道占冠村	149	12.12%
3	東京都新宿区	33,907	9.94%
4	埼玉県蕨市	7,455	9.89%
5	岐阜県美濃加茂市	5,300	9.27%
6	茨城県常総市	5,549	8.94%
7	東京都豊島区	24,200	8.54%
8	三重県木曽岬町	510	8.39%
9	東京都荒川区	17,570	8.15%
10	愛知県高浜市	3,947	8.01%
11	岐阜県可児市	7,788	7.73%
12	愛知県碧南市	5,506	7.57%
13	神奈川県愛川町	2,970	7.48%
14	長野県南牧村	229	7.47%
15	静岡県菊川市	3,560	7.44%
16	愛知県飛島村	338	7.18%
17	愛知県知立市	5105	7.08%
18	沖縄県恩納村	779	7.03%
19	北海道赤井川村	77	6.91%
20	北海道留寿都村	123	6.49%

出典：出入国在留管理庁（2022）「在留外国人統計」、総務省（2022）「住民基本台帳に基づく人口、人口動態及び世帯数調査」をもとに作成。

化共生政策に区分することができる。出入国管理政策は基本的に国の役割だが、多文化共生政策は地方自治体の果たす役割が大きい。

序章でも述べたように、在留外国人が大きく増え始めたのは1980年代末からである。1990年には入管法改正により、在留資格の種類が増え、専門・熟練職の外国人受入れ範囲が拡大するとともに、「定住者」資格が創設され、日系人が活動制限のない在留資格を取得することが明文化された。これにより日系南米人が急増し、その多くは労働力不足に悩む製造業等が多く立地した愛知県、静岡県、群馬県などに定住した。さらに1993年には技能実習制度が導入された。当初は「特定活動」の在留資格を活用し、研修終了後に実践的な技術を習得するための制度として創設されたが、2009年に「技能実習」の在留資格が創設されるとともに、その活動について労働基準法、最低賃金法等の労働関係法令等が適用されることとなった。

2012年7月には外国人登録制度が廃止され、法務大臣が中長期在留者に対して在留カードを交付するとともに、外国人住民に対し基礎的行政サービスを提供する基盤となる制度の必要性が高まったことを受けて、中長期在留者を住民基本台帳の適用対象に加えて、日本人同様に住民票を作成する基盤が整備された。

このように外国人人材の受入れに向けた対応は進められてきたが、その一方で日本の出入国管理政策は、移民の受入れについて、極めて慎重な姿勢を貫いてきた。人口減少時代における担い手確保策の一つとして、外国人労働力の受入れが進められていくが、そこで期待されたのは、在留期限の上限をおおむね3～5年程度とする就労であった。2014年4月に、経済財政諮問会議ならびに産業競争力会議では「外国人材の活用」方針が示された。高度人材や留学生の受入れを推進、さらに経済連携協定による看護師や介護福祉士（候補者）の受入れを実施するとされた。しかしながら、そこでは「移民政策と誤解されないよう配慮」することがうたわれ、在留期間の上限を通算5年、家族の帯同は基本的に認めない方針なども掲げられた。

労働力確保に向けた外国人人材の受入れは、その後も進められた。2015年には国家戦略特区において家事や創業活動、農業分野の外国人人材受入れが実施され、2017年9月には在留資格として新たに「介護」が創設された。また、2017年11月には技能実習制度の見直しが行われ、実習期間が3年から5年に延長されている。

しかしながら、期間限定による単身での就労者を受け入れるというこれまでの流れが、近年、少しずつ変わり始めている。2018年12月には入管法が改正され、2019年4月より、新たな在留資格「特定技能」による外国人労働者が在留できることとされた。政府は5年間に34万5千人の受入れを目標として掲げ、ブルーカラーを含めた14業種における人手不足を緩和するための措置としてこの制度が創設された。また、「低賃金」での技能実習制度から「特定技能」への転換を図るルートが創設された。技能実習生の場合、新たな在留資格への移行が自動的に認められるため、8年から10年の滞在が可能となった。さらに一定の試験の合格者を対象とした「特定技能2号」では、家族帯同と定住が認められ、現場で働く外国人労働者に日本に定住する道筋の明確化が図られたとされる。

2019年4月には、法務省に出入国在留管理庁が設置され、体制整備が図られた。

新型コロナウイルス感染症の世界的な拡大により、2020年からの約3年間、国境を越えた人流は大きく制限され、外国人労働者の入国も抑制されてきた。しかしながら、感染症が収まったのちに、訪日外国人観光客は増加しており、観光業等における外国人就労への期待も高まるなど、ますます多くの外国人が日本で仕事と暮らしを営むことが考えられる。2023年には出入国在留管理庁の検討会で、技能実習制度の廃止とともに人材確保と人材育成を目的とする新たな制度の創設について提言がまとめられており、受入れ拡大に向けたこの流れはしばらく続くものと考えられる。

このように、様々な産業分野で外国人の就労に対する受入れは次第に拡大しており、各地で外国人住民や外国にルーツのある人々の数や割合は増えていくと考えられる。人口減少が進む日本で、労働力確保は待ったなしである。地域の産業構造や雇用、歴史的背景や、高等教育機関の有無などにより、自治体によって居住する外国人数、国籍、在留資格などは大きく異なっており、自治体ごとに固有の課題や対応が求められる場合もある。自治体では、総合計画や総合戦略の策定のなかで、地域の産業を担う人材について対応策を検討するなかで、外国人住民の受入れについて、出入国管理政策の状況を見据えつつ、戦略的な対応を図る必要がある。

3　自治体の多文化共生政策とその財源

では、自治体の多文化共生政策とはどのようなものだろうか。

２０００年代に入り、総合的に外国人住民への施策を進める自治体が増加するなかで、国籍や民族などの異なる人々が対等な関係で地域社会の構成員として生きていくための取組みとして「多文化共生」政策を推進する動きが起こった。２００１年には、静岡県浜松市、愛知県豊田市、群馬県大泉町などの13市町で「外国人集住都市会議[5]」が結成され、同年10月に浜松宣言を出した。そこで、日本人住民と外国人住民とが共生する社会づくりを宣言し、国に対し、外国人受入体制の整備を求めた。また、２００４年3月に、愛知県、群馬県、岐阜県、静岡県、三重県、名古屋市が「多文化共生推進協議会」を立ち上げ、国に提言活動を行った。

これらの地域は、「定住」の在留資格で来日した日系南米人が多く暮らす。すなわち、ニューカマーで中長期的滞在が見込まれる人々に対し、結婚や出産・子育て、医療や介護を含め、日本で中長期にわたって生活する外国人住民の生活を支える新たな行政体制の整備という課題が先んじて生じた自治体ということができる。

自治体側からの要請もあり、２００６年3月に、総務省は「地域における多文化共生推進プラン」を策定、また内閣官房「外国人労働者問題関係省庁連絡会議」で調整が行われ、政府は「生活者としての外国人」という視点に立った総合的対応策を提示し、２００７〜２０１７年度の11年間で総額２００億円規模となる事業を実施した。そこでは次のような項目が掲げられている。

１．外国人が暮らしやすい地域づくり
①日本語教育の充実
②行政・生活情報の多言語化
③地域における多文化共生の取組の促進
④防災ネットワークの構築
⑤防犯対策の充実
⑥住宅への入居支援
⑦母国政府との連携、諸外国の情報の収集、普及
２．外国人の子どもの教育の充実
①公立学校等における外国人児童生徒の教育の充実
②就学の促進
③外国人学校の活用、母国政府との協力等
３．外国人の労働環境の改善、社会保険の加入促進等
①社会保険の加入促進等

②就労の適正化のための事業主指導の強化
③雇用の安定
4．外国人の在留管理制度の見直し等
①外国人の在留状況等の正確な把握等
②在留期間更新等におけるインセンティブ

その後、2018年の入管法改正により、政府は外国人受入れ政策に対する予算を大きく拡充した。2018年12月25日に、政府の外国人材の受入れ・共生に関する関係閣僚会議は、外国人材受入れ・共生のための総合的対応策として、本格的な外国人労働者の受入れに向けた対応策を取りまとめた。そこでは、多文化共生を目指した社会づくりとともに、日本語学習充実など、生活を改善するための様々な取組みが列挙されている。一連の政策パッケージに対する予算として、平成30年度補正と31年度予算の総額で211億円が示された。これは、それ以前の予算規模の10倍以上の金額である。

さらに、外国人に対する多言語対応や相談窓口の整備にかかる補助制度も創設された。2019年度より出入国在留管理庁は、外国人住民に対するワンストップ窓口の整備等に対する外国人受入環境整備交付金[6]を導入した。制度導入当初の2018～19年度には146自治体がこの交付金を受けて窓口の整備や運営を行ったが[7]、その数は次第に増え、2022年度は228自治体となっている（第2章を参照）。

先述の通り、外国人住民の居住地域は偏在しており、この交付金を受けている自治体は全体の２割にも満たない。表２は、ワンストップ窓口の整備にかかる外国人受入環境整備交付金を制度創設の初年度（２０１８・１９年度）に交付された自治体を示している。制度の創設当初、東京都と沖縄県を除く45道府県、さいたま市を除く19指定都市、75都市（指定都市以外、特別区を含む）、７町村が交付金を受けている。

このほかに、地方交付税措置として、２０１９年度より、在留外国人向け一元的相談窓口運営経費が基準財政需要額に算定されているが、道府県分（標準団体）６００万円と限定的である。市町村分の一元的相談窓口の整備運営経費については、特別交付税で措置されている。

総務省は２０２０年度に「地域における多文化共生推進プラン」の改訂を行った。外国人住民の増加と多国籍化、在留資格「特定技能」の創設、多様性と包摂性のある社会実現の動き、デジタル化の進展、気象災害の激甚化といった社会経済情勢の変化に対応した施策の推進とともに、自治体に対し、多文化共生推進にかかる指針・計画の策定を求めている（第５章参照）。

総務省自治行政局国際室の調査によれば、２０２２年４月１日時点で、多文化共生推進にかかる指針・計画を策定している自治体の割合は、都道府県、政令指定都市、特別区が１００％であるのに対し、一般市で75％、町で33％、村で16％となっている。この結果から、町村部では対応が遅れていると一概に評価することはできない。少数の外国人住民へ対応について、指針や計画策定はせずとも、現場で丁寧に対応している可能性もあるためである。いずれにせよ、多くの自治体で多文化共生のた

表２　外国人受入環境整備交付金交付自治体（2018・19年度）（146自治体）

北海道	**栃木県**	**東京都**	**山梨県**	**愛知県**	**京都府**	**鳥取県**	**愛媛県**
北海道	栃木県	港区	山梨県	愛知県	京都府	鳥取県	愛媛県
札幌市	栃木市	新宿区	甲府市	名古屋市	京都市	**島根県**	**高知県**
函館市	小山市	練馬区	**長野県**	豊橋市	**大阪府**	島根県	高知県
苫小牧市	**群馬県**	八王子市	長野県	岡崎市	大阪府	**岡山県**	**福岡県**
東川町	群馬県	あきる野市	長野市	春日井市	大阪市	岡山県	福岡県
湧別町	伊勢崎市	**神奈川県**	上田市	豊川市	堺市	岡山市	北九州市
青森県	太田市	神奈川県	飯田市	豊田市	池田市	総社市	福岡市
青森県	大泉町	横浜市	塩尻市	安城市	八尾市	美作市	**佐賀県**
岩手県	**埼玉県**	川崎市	東御市	西尾市	松原市	**広島県**	佐賀県
岩手県	埼玉県	相模原市	南牧村	小牧市	箕面市	広島県	**長崎県**
一関市	川越市	平塚市	**岐阜県**	大府市	羽曳野市	広島市	長崎県
宮城県	川口市	秦野市	岐阜県	豊明市	東大阪市	福山市	新上五島町
宮城県	草加市	厚木市	大垣市	**三重県**	**兵庫県**	東広島市	**熊本県**
仙台市	戸田市	愛川町	可児市	三重県	兵庫県	安芸高田市	熊本県
秋田県	**千葉県**	**新潟県**	**静岡県**	津市	神戸市	北広島町	熊本市
秋田県	千葉県	新潟県	静岡県	四日市市	姫路市	**山口県**	**大分県**
山形県	千葉市	新潟市	静岡市	鈴鹿市	三田市	山口県	大分県
山形県	市川市	長岡市	浜松市	名張市	**奈良県**	**徳島県**	**宮崎県**
福島県	船橋市	**富山県**	富士市	亀山市	奈良県	徳島県	宮崎県
福島県	松戸市	富山県	磐田市	伊賀市	**和歌山県**	**香川県**	**鹿児島県**
茨城県	東金市	富山市	焼津市	**滋賀県**	和歌山県	香川県	鹿児島県
茨城県	鴨川市	高岡市	掛川市	滋賀県			鹿児島市
つくば市	浦安市	**石川県**	湖西市	湖南市			**沖縄県**
		石川県	菊川市				なし
		福井県					
		福井県					
		越前市					

出典：出入国在留管理庁「平成30年度・令和元年度外国人受入環境整備交付金の交付先等」をもとに作成。

めの環境づくりの必要性が認識され、対応が模索されるようになったといえるだろう。

4 「外国人材の受入れ・共生のための総合的対応策」と実現に向けての道筋

２０１９年度に始まったワンストップ窓口の整備をはじめとする外国人材の受入れ・共生のための総合的対応策について、表3では２０１９年以降の推移を示した。一連の施策には外国人材受入れのための施策と、外国人との共生社会の構築に関する施策の大きく分けて二つがあることがわかる。制度創設当初は、外国人材の受入促進ならびに受入体制整備に関する項目が前段に打ち出されているが、年を追うごとに、コミュニケーション支援や情報発信、相談体制強化など、日本に居住する住民の生活支援等に関わる項目が上段に挙がっている。

政府は２０２２年に「外国人との共生社会の実現に向けたロードマップ」を作成した。そこではこれまでの取組みが短期的な課題への対応にとどまるものだったとして、「目指すべき外国人との共生社会のビジョンの実現に向けて、中長期的な課題及び具体的施策を示す」ことを打ち出している。政府の地方創生推進やデジタル化推進の方向性とも歩調を合わせる形で、外国人の情報アクセス環境の整備や、生活実態などの把握を含め、共生社会の構築に向けた施策が上がっている。新型コロナウイルス感染症拡大にともなって浮き彫りになった外国人住民への多言語での情報提供や就職支援、生活支援のための仕組みづくりが次第に進められているということもできる。

表３　外国人材の受入れ・共生のための総合的対応策（大項目）（2020年度～2023年度）ならびに関連予算規模

2019-20年度の施策	2020-21年度の施策	2021-22年度の施策	2022-23年度の施策
1　外国人との共生社会の実現に向けた意見聴取・啓発活動等	1　外国人との共生社会の実現に向けた意見聴取・啓発活動等	1　外国人との共生社会の実現に向けた意見聴取・啓発活動等	1　円滑なコミュニケーションと社会参加のための日本語教育等の取組
2　外国人材の円滑かつ適正な受入れの促進に向けた取組	2　外国人材の円滑かつ適正な受入れの促進に向けた取組	2　円滑なコミュニケーション・情報収集のための支援	2　外国人に対する情報発信・外国人向けの相談体制の強化
3　生活者としての外国人に対する支援	3　生活者としての外国人に対する支援	3　ライフステージ・生活シーンに応じた支援	3　ライフステージ・ライフサイクルに応じた支援
4　新たな在留管理体制の構築	4　新たな在留管理体制の構築	4　非常時における外国人向けのセーフティネット・支援等	4　外国人材の円滑かつ適正な受入れ
		5　外国人材の円滑かつ適正な受入れ	5　共生社会の基盤整備に向けた取組
		6　共生社会の基盤としての在留管理体制の構築	

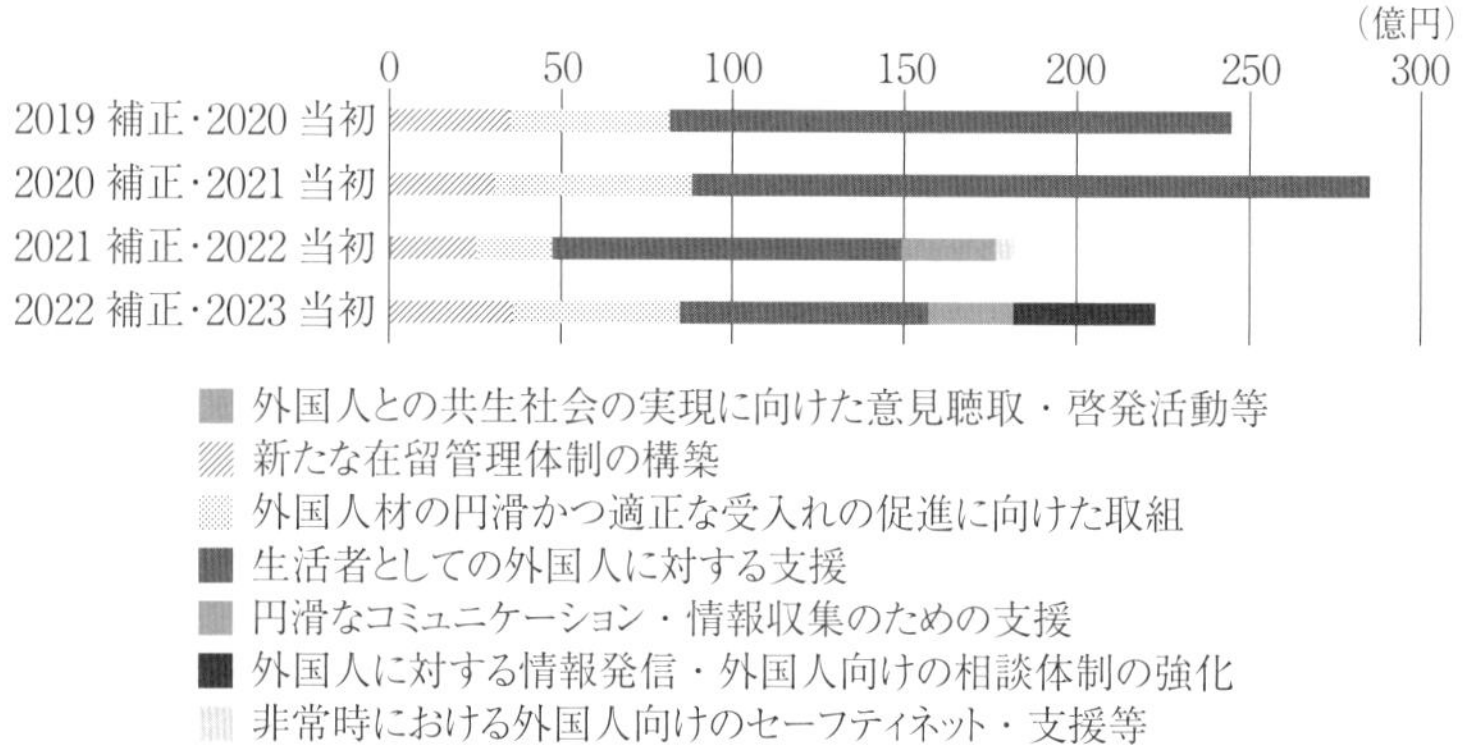

出典：出入国在留管理庁ＨＰをもとに作成。

予算規模をみると、新型コロナウイルス感染症の拡大にともなう対応が図られた令和2年度を除くと、この間の事業規模は、当初予算及び補正予算を含めて概ね毎年度200億円規模で推移している。このように、外国人に対する政策は、外国人を長期的に受入れ、その暮らしを支える生活支援を強化する形へと、少しずつ推移しているとみることができる。

これらの予算のうち、自治体の多文化共生政策推進にかかるものとして、相談窓口の整備や生活サービス環境改善、日本語教育などへの補助が行われているが、なかでも大きいのは先述した外国人受入環境整備交付金を通じた環境整備のための補助金である。

各地で人材確保が課題とされるなかで、外国人人材への期待とともに、その受入れ環境を整備する動きが始まっている。自治体では、人口減少対策とともに、地域の産業や生活を支える担い手の確保についても対応を考えることが求められている。自治体のなかでも外国人住民との多文化共生を視野に入れた取組みについて考える動きが各地で出てきている。

では、実際に外国人住民の生活支援等について、自治体ではどのような対応を図っているのかを見ていくこととしよう。

5　自治体アンケートとヒアリングにみる外国人住民の行政ニーズと政策課題

(1)　ヒアリングとアンケートの概要

本節では2020~21年度に実施した自治体ヒアリング及びアンケート調査について紹介し、結果の分析を行う。

調査は、外国人住民の受入れが進み、その環境整備について国の交付金を受給するなど、積極的に取り組む意向があると考えられる自治体を対象に実施した。受入環境整備を進める自治体の状況を知り、課題を把握することで、今後さらに拡がる多文化社会における自治体の課題について検討するためである。

調査は、外国人受入環境整備交付金制度が導入された2019年より申請を行い交付対象となった101市区町村に加え、外国人住民数ないし住民割合が比較的高く、先駆的な施策を行っている6市区町村を合わせた107の自治体を対象に実施した。アンケートは郵送し、メール、郵送、電話による回答を依頼した。回答自治体数は61であり、回収率は57%であった。アンケート項目については、それぞれの質問事項で特記事項として自由記入を設けた。

また、アンケート調査内容についてさらに詳細かつ具体的な事柄について確認するため、2021年からZoom、電話調査、対面調査を組み合わせて15の市区町村で担当課や国際交流協会などにヒアリング調査を実施した。さらに、アンケート調査の選択回答や自由記入欄では理解が十分できなかった回答、特徴的な自治体の取組みに関しては再度電話による追加ヒアリング等を実施した。これらの調査結果を用いて、自治体の外国人住民支援施策の概観と課題について整理することとする。

調査では、外国人住民に対する自治体の施策や事業に関する先行研究を参考に、自治体独自の対応が必要となる施策や事業、および国の法制度に照らして外国人住民を対象とした施策や事業とするにあたり自治体の判断をともなうもの、外国人住民に対する支援体制の構築や運営体制の整備に関わるものについて、設問を設定した。具体的には、①多文化共生政策の推進、②租税や社会保険料、③医療・介護、④所得保障、⑤保育、⑥防災・災害対応についての設問となっている（本書の最後に附録資料として質問票を掲載している。）。この他に、全国市区町村の教育委員会を対象に、外国にルーツを持つ子どもの健康に関する行政対応について調査を実施したが、これは第4章、第5章で取り扱う。

①　調査対象自治体と全国自治体の傾向の類似・相違

多文化共生推進計画の策定の有無に関して尋ねたところ、アンケート回答自治体の80％（N＝61）が「有」と回答した。これは先に示した総務省自治行政局国際室の「多文化共生に係る計画・指針の策定状況」（2022年4月）の結果と比べて高い傾向にある。一般的に多文化共生推進計画を策定している自治体は何らかの外国人住民支援施策に取り組む方針・計画があったり、実際に体制が整備されたりしていると考えれば、策定率の高さは外国人住民支援策の積極性と関連があると考えられる。

今回のアンケート調査の結果を踏まえると、アンケート対象自治体は策定率が高い傾向にあるので、どちらかといえば積極的に外国人住民支援策を実施している自治体といえるだろう。他方で、小規模市町村の場合、総合計画のなかで多文化共生について記載しているケースや、計画策定はしていなくとも、個別に対応を図っているケースもあるなど、自治体の規模や外国人数によって異なる状況もみられた。

② 調査自治体の外国人住民

次に調査自治体の外国人住民の特徴について、表4に整理した。回答のあった自治体の外国人住民数の平均1万7738人は全国平均1630人の10倍以上となるが、外国人住民の割合は1・48％と全国平均2・20％と比べて低いことがわかる。これは回答自治体に政令指定都市が多く含まれることが理由であると考えられる。回答自治体の外国人住民高齢化率を見ると5.9％と全国平均の6.6％よりも若干低い。オールドカマーが多く集住する地域では外国人住民の高齢化率も全住民平均の高齢化率とそれほど乖離がないが、地方部の比較的年齢が若い外国人住民が多く集住する自治体では、外国人住民の高齢化率が平均のそれと比べて大きく乖離していた。

回答自治体は全国平均と比べて財政力指数が高く（＝0・81）、普通交付税不交付団体も9自治体（ただし、これとは別に東京特別区が4自治体ある）含まれている。また、政令指定都市も12市含まれているなど、比較的財政力が高い自治体が多い傾向にある。地域別で見ると関東地方の自治体の割合が

表４　回答自治体の特徴

			回答自治体に占める割合(％)
回答自治体数(調査対象自治体数)		61(107)	
回答政令指定都市数(全20都市中)		12	19.7%
回答自治体平均住民数(人)		517,321	
		回答自治体平均	全国平均(令和３年)
外国人住民数(人)		17738	1630.8
外国人住民割合(％)		1.48%	2.20%
外国人住民高齢化率(％)		5.8%	6.6%
		回答自治体平均	全国平均(令和４年６月末)
外国人住民在留資格別割合(％)	永住者	29.3%	28.6%
	家族滞在者	5.5%	7.1%
	技能実習	16.1%	11.1%
	特定技能	0.2%	3.8%
	留学	9.9%	8.8%
	定住者	9.6%	6.8%
		回答自治体分布割合	全国分布割合(令和５年２月)
回答自治体(市区町村)地域分布	関東	28.3%	18.2%
	中部	28.3%	18.2%
	近畿	16.7%	13.0%
	中国	8.3%	6.1%
	四国	0.0%	5.5%
	九州	6.7%	15.7%
	東北	3.3%	13.0%
	北海道	8.3%	10.3%
		回答自治体平均	全国平均(令和４年６月末)
外国人住民国籍別割合(％)	中国	24.9%	25.1%
	ベトナム	12.4%	16.1%
	韓国	16.6%	13.9%
	フィリピン	7.2%	9.8%
	ブラジル	6.5%	7.0%
	ネパール	3.9%	4.2%
	インドネシア	1.9%	2.8%
	米国	1.5%	1.9%
	タイ	1.3%	1.8%
	台湾	1.8%	1.8%
	その他	13.4%	15.4%
		回答自治体平均	全国平均
財政力指数（令和3年度）		0.81	0.50

出典：出入国在留管理庁HP、総務省HP、アンケート調査より

高く、四国・九州・東北地方の自治体の割合が低い傾向にある。外国人住民の国籍を見ると、全国平均とおおよそ同じ割合となった。

調査では様々な行政サービスについて外国人への配慮や独自の対応について聞いたが、その回答を見ると、ほとんどの自治体で、災害支援や日本語教育支援については何らかの対応を行っているのに対して、医療支援や就労支援の実施については市町村によって大きくばらつきが見られた。

今回のヒアリング・アンケートは全国的な調査ではなく、回答は、自治体の外国人住民支援政策を代表するものではない。だが、ヒアリング調査を組み合わせることで、これまでの調査では十分に明らかでなかった外国人住民支援策の課題とその傾向を明らかにすることができたので、以下で確認していきたい。

③ 回答の傾向

図3は、各設問における支援や支援体制の「有」と「無」の回答割合の傾向について整理したものである。

まず、自治体の外国人住民への対応・事例の有無は施策によって大きくバラツキがあることがわかる。また、施策・事例による対応の有無について特定の要因による一貫した傾向も見られず、後に述べるように一定のニーズが見込まれるにもかかわらず、対応「有」の割合が低い場合もある（災害時の外国人向けの避難誘導マニュアルなど）。

図3　アンケート調査結果にみる外国住民対応等の有無の割合

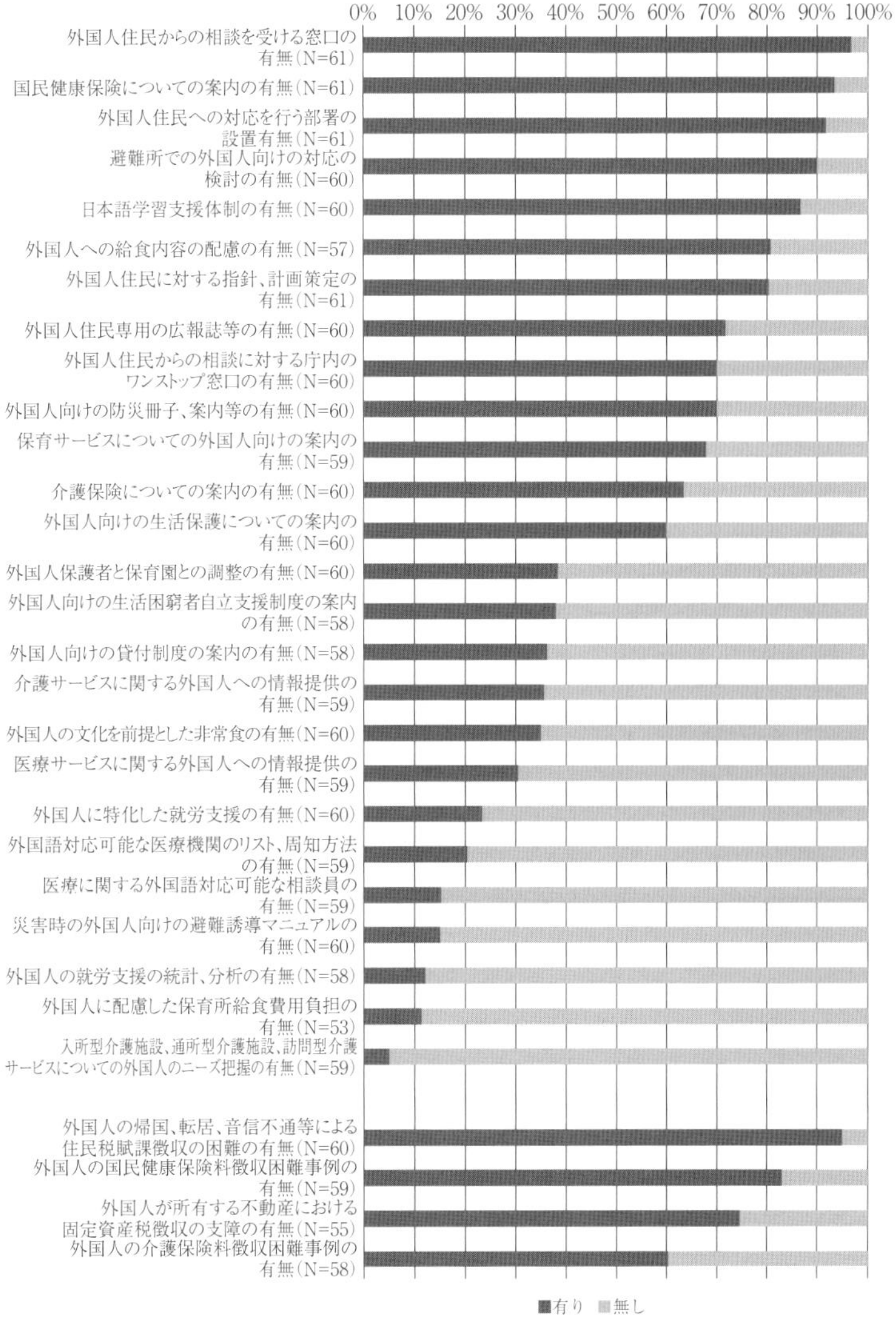

とはいえ、外国人住民の相談窓口の設置、外国人住民対応の部署設置、避難所での外国人住民の対応、日本語学習支援体制の整備といった多くの外国人住民にとって特に必要と思われる行政サービスについては「有」の割合が高いことがわかる。

一方で、介護サービスに関する外国人住民への情報提供、介護サービスのニーズ把握、介護保険についての案内など、自治体内の事例が少なかったり、現時点でニーズが顕在化していなかったりした施策については対応「有」の割合は高くない。また、外国人向けの生活保護や生活困窮者自立支援制度の案内など個別制度の案内はしていないが、外国人向けの広報誌や行政サービスの全般的な説明資料にこれらの制度に関する説明が書かれている場合もある。そのような理由から生活保護や生活困窮者自立支援制度の案内などの「有」の割合は低くなっていると考えられる。他にも外国人に特化した就労支援やそれに関する分析、医療サービスに関する情報提供、外国語対応可能な相談員の設置など、都道府県や国が中心に取り組んできた施策については、市町村の対応はそれほど図られていないというものも見られた。

最後に図表の下段に示した租税や社会保険料の徴収困難事例についてである。回答の傾向では、個人住民税や国民健康保険料での徴収困難の「有」とする回答割合が高く、固定資産税や介護保険料の徴収困難のそれは低い傾向にあることがわかった。個人住民税や国民健康保険料は外国人住民の多くが徴収対象であり、それゆえ困難事例も多くあると考えられるが、一方で固定資産税に関してはそもそも不動産を所有している外国人住民自体が多くない地域や外国人住民の高齢化が進んでいない地域も多いことから、困難事例有りとする回答割合が低く出ていると考えられる。[8] 以下では、これらの傾向を踏まえ、そこでの課題について、ヒアリング調査を通じて明らかになったことを紹介する。

(2) 調査から明らかになった課題

① ワンストップサービスについて

まず、今回の調査対象自治体の大半は、出入国在留管理庁の「外国人受入環境整備交付金」の初期の交付自治体である。「外国人受入環境整備交付金」は第2章でも論じるとおり、外国人向けのワンストップ窓口を設置することをねらいに導入された交付金制度である。そのため、交付金を受け取っている自治体が実態としてどのようなワンストップサービスの体制を採っているかを確認した。

調査から、窓口設置方法にはいくつかのパターンがあることがわかった（図4参照）。第一に、自治体の多文化共生推進課や国際課など外国人住民を対象とする専用の部署あるいは市民課のような一般住民の窓口の部署に多言語対応の職員を配置して専用の部署を兼ねるパターン（外国人住民への対応を行う部署の設置割合92％（N＝61））である。これにはさらに2つのパターンがあり、一つは「ワンストップ」という名称がついたワンストップ対応の窓口が設置されているパターンであり、そこに行けば文字通りワンストップで窓口対応をしてくれる[9]（ワンストップ型）。もう一つは「紹介・仲介型」の窓口が設置されているパターンであり、その窓口でどの部署に行けばサービスを受けられるか

図4　ワンストップ窓口

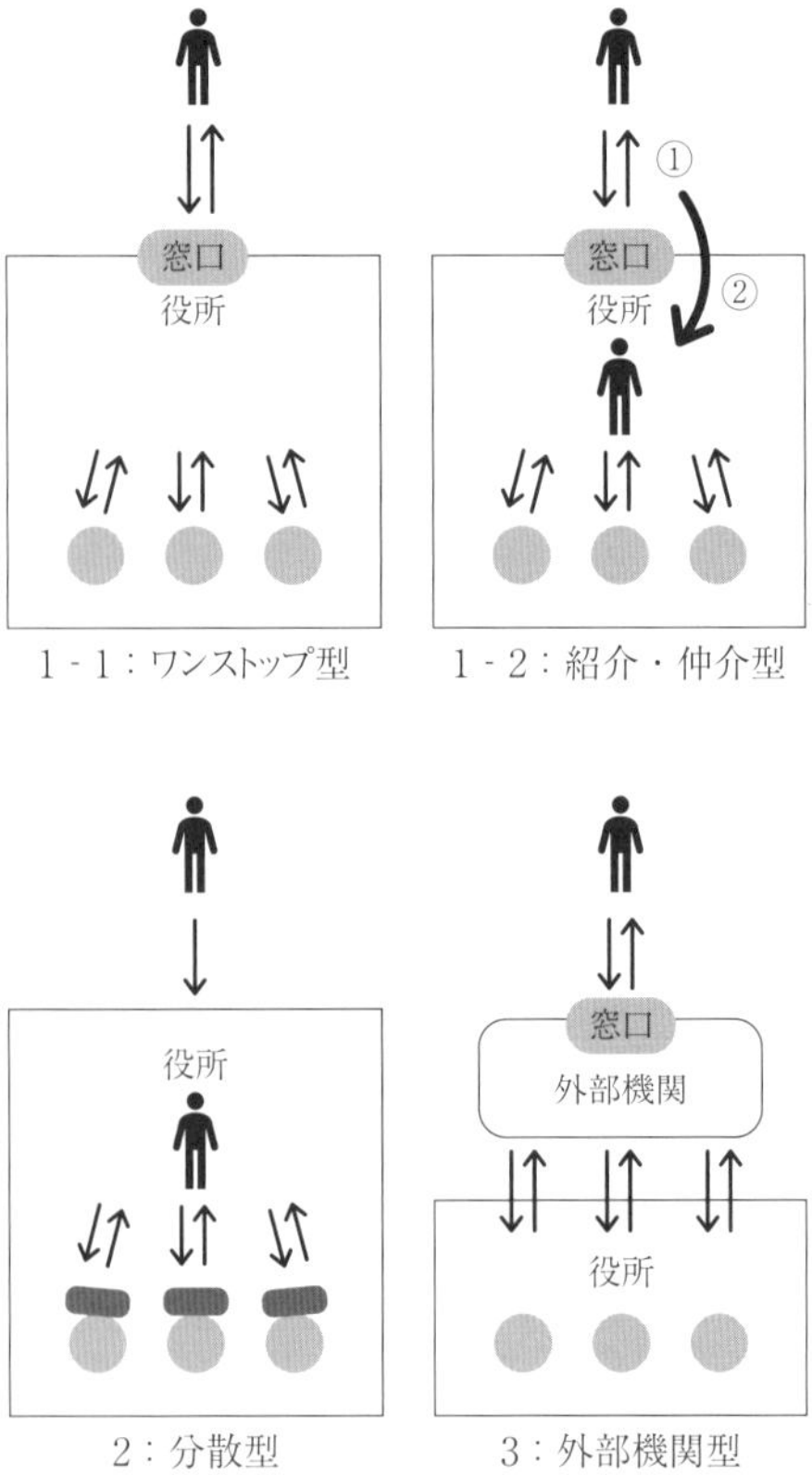

を紹介・仲介してくれる。したがって、相談者は受付したあと、係員に案内されて、所要の部署を回っていくことになる。アンケートでは「外国人住民から相談を受ける窓口の有無」では97%が「有」と回答（N＝61）しており、ワンストップ対応の窓口の設置率（70%）よりも高く、「紹介・仲介型」で対応している自治体が一定数あると考えられる。

第二に、外国人住民支援の専用の窓口はなく、それぞれの部署が多言語対応している場合である（分散型）。この場合は、各部署に翻訳機や通訳タブレットなどを導入することで対応している。

第三に自治体が直営で運営する外国人住民支援の専用（あるいはワンストップ型）の窓口が設けられておらず、国際交流協会や国際交流センターなどが窓口となっているパターンである（外部機関型）。これらの組織の窓口が役所内に設置されている場合もあれば、役所外の建物に設置されている場合もある。

このように外国人住民相談窓口の設置状況は自治体によって大きく異なる。自治体の規模がある程度大きければ、専用の一元的な窓口を設けたり、専従の多言語対応の職員を配置したりすることが多い。だが、小規模自治体の場合はそれが難しく分散型を採用している場合がある。また、各自治体のこれまでの国際化政策や外国人住民の集住の状況によっても部署の設置の仕方にばらつきが見られる。

② 多様な支援主体

次に明らかになったことは、外国人住民支援策は、自治体ごとに多様であり、また複層的な支援体制を構築していることである。このことは支援の現場からは周知のことのようにみえるが、制度構築の際に欠かせないポイントとなる。一方でそれぞれの自治体で、いかにして多様な支援体制が構築されてきたのかを観察していくと、そこに課題があることもわかってきた。

今回の調査から、外国人住民支援の主な担い手として、自治体の専門部署、国際交流協会、国際交流センター、社会福祉協議会、ボランティア団体（子ども塾支援、日本語教育など）が確認できた。

自治体の専門部署に関しては、国際課が担当する自治体と、人権や男女共同参画などの政策課題と一体的に多文化共生推進施策を位置づけ、それらを担当する課（多文化共生推進課、人権政策課など）が担う自治体がある。歴史的にオールドカマーが居住し、その生活支援や権利の保障を課題として扱ってきた自治体では、人権政策課などが担うことが多いのに対し、１９８０年代以降の自治体の国際化の流れのなかで設置された国際課が外国人住民に関する施策や事業も担う自治体もあるなど、様々なケースがみられた。

国際交流協会は現状の日本の多文化共生政策において、自治体に次ぐ支援の担い手であるといえる。国際交流協会や国際交流センターなどの組織は自治体の国際化（国際課の設置や姉妹都市の提携）にともなって設立されたものであり、歴史の長い組織もある。国際交流協会の運営費の一部は、住民・篤志家の寄付や国の交付金を基金化して賄われているものもあれば、国際交流協会が自前の事業を行い、そこで得られた収益を支援に活用するものもあった。

社会福祉協議会が外国人住民支援に注力しているケースは、今回のヒアリングでは、数は多くないものの存在している。社会福祉協議会の位置づけについては自治体によって異なり、一般化できないが、長い時間をかけて、コミュニティを巻き込みながら丁寧に外国人住民支援に取り組む地域もあった。

ボランティア団体に関しては、日本語教育支援に関わる支援の取り組みが最も多かった。これには自治体が日本語教室の枠組みを作って補助金を支給したり、会場を提供したりして支援する場合もあれば、住民あるいは外国人コミュニティが自主的に行っている組織もある。

自治体が外国人住民支援の担い手を養成するケースもみられた。多文化共生コーディネーター養成講座を自治体が主催し、外国人住民支援の担い手を増やす試みが行われている。だが、多文化共生コーディネーターは国家資格ではなく、これによって十分な収入が得られるとは限らないため、依然として専門知識を有する担い手をいかに持続可能な形で確保するかが課題である。

③　通訳や日本語教師のボランティア体制の課題

アンケート結果では「日本語学習支援体制の有無」で87％が「有」と回答（N＝60）しており、比較的多くの回答自治体が日本語学習支援体制を設けていることがわかった。しかし、先述したように外国人住民支援施策の実施主体は多様で多層的であるのに対し、支援の担い手の確保に関して多くの課題があることもヒアリング調査等で明らかになった。

自治体や国際交流協会等の部署・窓口の整備費や運営費に関しては、一般財源やワンストップ交付金等で財源を確保し、多言語に対応した職員を配置している自治体が少なくなかった。だが、これらの組織の外に目を向けると支援の担い手の多くがボランティアに依存している状況であった。ヒアリング調査では、いずれの地域でも、国際交流協会等で慢性的に人手が不足しているとの声もあり、支援の担い手をいかに確保するかが課題になっている。

自治体のなかには専門的な知識を有する医療通訳や日本語教育支援員を雇用しているケースもみられた。だが、この場合は実際には自治体の単費負担となることがあり、たまたま職員のなかに多言語対応ができる者がいたケース、財政状況が比較的余力のある自治体が実施しているケース、もともとは県の補助金で実施していたがその後補助金が切れたあともやむを得ず市町村が単費で実施しているケースなどがみられた。このほかにも、地域おこし協力隊制度や自治体国際化協会の国際交流員制度、JICAの国際協力推進員制度を活用して人員確保を図る動きもある。

地域住民が外国人住民とともに暮らしていくうえで、住民が支援の担い手となり、外国人住民と交流することは、コミュニティの形成やニーズの把握のうえでも望ましい側面がある。だが、通訳をはじめとする外国人住民支援には本来専門知識を要することから、長く外国人住民が地域で暮らすことを前提とするなら、専門知識を要する業務については適切な報酬を支払ったり、継続的な職員の雇用保障を行ったり、通訳サービス等の契約を進めることが必要であると考えられる。今回の調査先では、財源が限られているなかで、通訳機を各部署や保育所などに配布したり、(タブレットにアプリを入れる形の)遠隔通訳のサブスクリプション型のサービス、通訳が通話に入る三者間通話サービス(トリオホン）を契約している自治体もあった。なかには業者に対して、自治体の側から専門用語を事前に伝えておくなどして、税金等の複雑な手続きについてもこれらのサービスで対応できているという話もあった。また、これらのサービスは比較的安価であり、小規模な自治体でも現実的に導入可能なサービスであることもわかった。通訳に関しては中央省庁が翻訳サービスの導入ガイド[10]や各種ひな形を公開しており、それを自治体が活用しているケースもあった。

④　医療機関リストの提供について

今回のアンケートやヒアリング調査で課題として浮き上がってきたのが、外国人住民に多言語対応した医療機関の情報が十分に提供できていない実態である[11]。アンケート調査結果では、「医療に関する外国語対応可能な相談員の有無」の「有」の割合がわずか15％（N＝59）、「外国語対応可能な医療機関のリスト、周知方法の有無」の「有」の割合が20％であった（N＝59）。多言語対応の医療機関リストを提供している市町村は少なく、この場合外国人住民は知り合いの日本人や日本語が話せる外国人の友人や家族に同行してもらい医療機関を探し、受診しなければならない。また、医療機関の通訳をボランティア住民に依存している市町村もあった。なかには、自地域内にある医療機関のリストをそのまま多言語で用意し外国人住民に提供しているが、これらの医療機関が多言語対応しているか確認をとっておらず、日本語しかできない可能性のある医療機関を区分せずにまとめて紹介している例もあった。

医療提供体制については都道府県がその中心的役割を担っていることから、政令指定都市以外の市町村が独自の対応を図ることは難しい面もあると考えられる。基礎自治体が外国人住民に対して必要な医療機関情報を提供するには、市民病院などの基礎自治体が情報を把握できるリソースをもっていたり、都道府県との連携協力体制を構築してることが必要であることが明らかになった。生活者としての外国人住民には、府県事務と市町村事務の違いはわからない。市町村の窓口であっても県の医療情報をもとに対応できるような情報連携が求められる。

三重県では、病院に専用の通訳を雇用するトライアル事業を実施した。当初は県の補助金で通訳を雇用していたが、事業終了後は病院が独自に雇用しているところもあるという。また、愛知県の医療情報（県内情報以外の豊富な医療情報を含む）提供サービスに関するパンフレットを活用して外国人住民に情報提供を行う県外自治体もあるなど、先駆的な自治体のシステムと連携しながら対応を図るところも見られた。また、緊急電話で日本語が不自由な人が通話してきた場合に、通訳が入って三者間通話を行う体制を構築する自治体もあった。

⑤　来るべき高齢化問題

日本で暮らす外国人住民は若者が多い傾向にあり、日本国民と比べて高齢化率は低い。もちろん自治体によって外国人住民の高齢化率にはばらつきがあり、オールドカマーが集住している地域では日本人住民の地域の高齢化率とそれほど差はなかった一方で、技能実習生等の外国人労働者が集住する地方部の自治体では日本人住民と外国人住民の高齢化率の差は大きかった。

このようなばらつきもあることから、外国人住民の高齢化に係る課題は全国的に表面化しているわけではないが、今回のアンケート調査やヒアリング調査ではその一端を窺い知ることができた。

ひとつは外国人の高齢者の数が相対的に少ないため、介護等のニーズを把握している自治体が必ずしも多くはない現状である。そもそも日本政府は正式に「移民政策」を行っているわけではなく、永住を見据えた外国人住民の受入体制整備をしっかりと進めているわけではない。そのため、すでにオールドカマーが集住し、高齢化が進んでいる自治体を除いて、外国人住民の高齢者にどのようなサービスや情報提供すればよいかというノウハウは蓄積されていないと考えられる。

今ひとつは外国人住民の高齢者の介護問題である。オールドカマーが高齢により介護施設に入居する際、認知症などにより日本語を忘れ、母語を話すようになることもあるという。3世代同居や家族介護が一般的である国の出身の高齢者が、介護サービスを受けることに抵抗感があり、利用をやめてしまうケースもあったという。

1990年代に日系南米人をはじめとする多くの外国人住民が日本に移り住んで30年以上が経過し、これから外国人住民の高齢化が問題として表出すると予想される。介護施設の対応としては、通訳業務も兼務する介護者を雇用したり、通訳デバイスを購入、通訳サービスを契約することが求められる。だが、これには多くの費用がかかり、これを介護保険制度の財源から捻出することや、それにともなう保険料引上げが可能なのかを検討する必要もあるだろう。また、外国人の高齢者のなかには自国の家族介護の文化を経験してきたゆえに、介護保険制度・公的介護サービスの趣旨を十分理解をしていない者もいる。このことは介護保険料の未納問題につながりかねない。単なる情報提供だけでなく、制度そのものの趣旨や意義を丁寧に説明する努力が求められよう。

⑥ 税や社会保険料の徴収に係る課題

次に外国人住民の税や社会保険料の徴収に係る課題である。アンケート分析やヒアリング調査では、住民税、固定資産税、社会保険料の徴収に関する困難事例があることが確認できた。アンケートでは「外国人の帰国、転居、音信不通等による住民税賦課徴収の困難の有無」で「有」と回答したのが95％（N＝60）、「外国人が所有する不動産における固定資産税の徴収の支障の有無」で「有」と回答したのが75％（N＝55）、「国民健康保険の保険料徴収困難事例の有無」で「有」と回答したのが83％（N＝59）、「介護保険の保険料徴収の困難事例の有無」で「有」と回答したのが60％（N＝58）であった。そこにはいくつかの課題があることがわかった。

第一に、住民税の納付地確定時（1月1日時点）では日本にいたが、徴収時にはすでに出国してしまい、徴収が困難になるケースである。納税時点で納税者が国内にいないことがあらかじめわかっている場合は、納税管理人を事前に決める必要があるが、実際には納税管理人を決めていないケースもあるという。

第二に、社会保険料の未納付に関しては、外国人住民の社会保険制度に対する知識・理解不足も背景にある。もっともアンケートでは「国民健康保険についての案内の有無」について「有」が93％（N＝61）、「介護保険についての案内の有無」では「有」が63％（N＝60）と、比較的多くの自治体が制度の理解促進のために一定の取組みをしている。だが、仮に翻訳された資料を提供できたとしても、自国の制度と異なるために社会保険についての理解が進まない場合もある。国民健康保険や介護保険制度などは国によってはそもそも皆保険が実現されていなかったり、家族・親族介護が当たり前という場合もあったりするためである。

第三に、永住あるいは長期間在住することを前提としていない外国人住民にとっては、介護保険料や年金保険料を納めることのメリットは少ないことがあげられる。いったん納付した年金保険料にもとづく脱退一時金の支給率は納付済み期間に応じて増加するが、5年（60ヵ月）時点で支給率が上限に達し、それ以降は納付した年金保険料の脱退一時金の支給率は低下する。つまり長く働けば働くほど一時脱退金支給額は、保険料負担に見合わないものとなる[12]。

第四に、税金や社会保険料の納付状況と入管の管理情報がリンクされていないことである。そのため、税金や社会保険料を滞納したまま出国することが可能である。現行の仕組みでは納税管理人を指定していない者が出国した場合は、納税者の居住地に国際便で通知書を送付する手続きが必要であるが、これが届かなかったり、届いたとしても音沙汰がなかったりするケースがあるという。納税に関する通知の電子化などの見直しや納税管理人の指定の厳格化などの手続きに関する議論が求められる。

言うまでもなく、日本人と同様に「払わない」のではなく「払えない」場合もある。そこにあるのは外国人住民の貧困問題である。生活保護制度の対応については後に述べるが、そもそも生活保護の捕捉率の低さを考えると、貧困状態を行政がカヴァーできていない可能性が考えられる。さらに、生活困窮者自立支援制度の外国人住民への案内率は38%（N＝58）にとどまっており、潜在的に支援が必要な人々に情報が届いていない可能性がある。したがって、徴収に係る困難事例の一部は行政の支援の手が行き届いていないケースでもあることを念頭に置く必要がある。

また、日本の社会保険制度は1980年代の難民条約の際の国籍条項の撤廃により「内外人平等待遇」を適用しているが、2020年から健康保険における外国人家族の保険適用が国内在住に限定されるようになった。一方で住民税に関しては、国外在住の「家族」についても配偶者控除・扶養控除が認められるが、この「家族」の認定はそれぞれの国の証明書類を元にしているので自治体現場での判断が難しいという課題がある。

⑦　就労支援のあり方

外国人住民に対する就労支援を積極的に実施している自治体は、他の政策領域と比べて少なかった。（「外国人に特化した就労支援の有無」の「有」が23%（N＝60））。就労支援を行う自治体ももちろんあったが、外国人を雇用したい企業と留学生とのマッチング・説明会を実施するなど、支援対象が限られているところもあった。

だが、外国人住民に限らず基礎自治体が就労支援を行うことについては議論がある。ハローワーク

（公共職業安定所）は国（厚生労働省）の機関であり、広く職業相談・職業紹介などを行っている。近年では、自治体と連携した職業紹介事業も推進されており、生活困窮者自立支援制度をはじめ基礎自治体が地域に密着したワンストップサービスを提供する必要性が高まるなど、自治体の窓口で独自の課題に対応した就労支援も行われている。しかしながら、そこに外国人を対象とした就労支援の事業を導入している自治体は、北九州市など極めて限られており、依然国の役割だという認識も根強い。

もっとも、外国人住民への就労支援のあり方はそれぞれの自治体で暮らす外国人住民の就業（希望）パターン、事業者の求人ニーズ（介護人材の不足など）に応じて検討する必要があるだろう。その地域での仕事先を求める外国人住民が多い場合は、やはり自治体が積極的に地元企業をマッチングする意義は大きい。今後自治体が雇用対策を産業振興として一体的に行う視点も求められるだろう。

⑧　地域といかにつながるか

外国人住民支援において、そのニーズを自治体が十分に把握できていないケースがあることが今回の調査でわかった。

長く外国人住民が集住している自治体では、自治体が国際交流イベントなどをきっかけに、外国人住民のコミュニティと交流を持ち、情報を共有しあっている事例もあった。川崎市の外国人市民代表者会議などのように住民参加の一環として外国人住民が自治体行政に提言を行う制度もある。それは、地域の担い手、外国人住民の「リーダー」を育てる試みでもある。また、自治会や町内会などの自治組織が外国人住民も含めた自治組織を作り、積極的に交流イベントを実施するケースもあり、自治体はそれに補助金をつけることで支援していた。このように制度化された外国人住民との地域交流や、そこから派生した／あるいは偶発的でインフォーマルな地域交流など様々なものがある。

しかしながら、地方部の自治体で技能実習生が集住している地域では、受入企業側が外国人住民を物理的にも情報的にも事実上囲い込んでおり、地域住民や自治体との交流がまったく持てていない事例も少なからずみられる。この場合、地域住民からすればある建物にたくさんの素性のわからない外国人が住んでいる状況であり、自治体でも、もちろん住民票の届出等の最低限の手続きは行われていて外国人住民数は把握しているが、どのような支援ニーズがあるかはほとんどわからない状況であるという。実習先の事業者や監理団体が技能実習生らを地域から隔絶する背景には、自治体や地域コミュニティと地元企業の間のコミュニケーションが不足していることもあると考えられる。

今回の調査で明らかになったことは、外国人住民と地域をつなぐ役割として自治体以外の国際交流協会やボランティア団体などの力が重要になってくるということである。例えばコミュニケーションツールの例をあげると、自治体窓口は主に対面、電話、メールなどで支援相談を受けるが、移動手段の限られた地方部に住む外国人住民は気軽に自治体窓口にアクセスすることが難しい。また、外国人住民のなかには、携帯電話は所有していても契約をしておらず電話番号を保有していないことがある。そのため、自治体とコミュニケーションを取る方法が非常に限られてしまう実態があることも確認された。

こうした状況に対し、国際交流協会のなかには、外国人住民の利用率が高いフェイスブックページを運用し、そこで広報活動を行いつつ、メッセンジャー機能で個別に相談を受け付けるなどの対応を取っている。行政ではこのような運用は非常に難しいが、国際交流協会のような自治体の外の機関であれば比較的柔軟な対応が可能になるというメリットがある。

ただし、このような国際交流協会の柔軟な対応は現場の職員の負担になっていることも課題としてあげられる。情報アクセスやコミュニケーションが容易だからこそ、帰国後の外国人からの相談を受けることもあるなど、どこからどこまでが支援業務の範囲なのかが曖昧になってしまうという課題もあるとのことであった。

最後にフリーＷｉ－Ｆｉの課題を取り上げたい。フリーＷｉ－Ｆｉはインバウンドなどの一時滞在者だけでなく、経済的困窮などから情報通信インフラへのアクセスが制限されている者にとっても欠かせない。先に述べたように、少なからぬ外国人住民にとって、電話・対面以上にインターネットによる情報アクセスやコミュニケーションは不可欠な手段である。日本では欧州諸国と比べて公共施設や地域公共交通においてフリーＷｉ－Ｆｉのアクセスポイントが限られている。情報通信インフラのあり方についても費用負担を含めて検討する必要があろう。

⑨　地方部の交通権の問題

外国人住民の「交通権」の問題はこれまであまり取り上げられることはなかったが、今回の調査で特に地方部の自治体において課題が明らかとなった。

地方部で暮らす外国人住民、例えば技能実習生などは自動車運転免許を保有していないケースが多く、交通手段は自転車に限定されていることがわかった。平坦な町並みで気温が温暖であれば自転車でも移動はある程度可能であるが、山間地帯や冬場で雪が積もる地域では自転車のみでの移動は非常に厳しいものがある。ある調査先では、冬場の移動はボランティアがマイクロバスを運行して買い物に連れて行くなどの対応をしていた。

もちろん外国人も日本人と同様に自動車免許を取得することができる。だが、これにはいくつかの障壁が存在している。

第一に、自動車運転免許試験の外国語対応は実は都道府県によって異なっている。一部の都道府県では英語と中国のみの対応であったりするため、居住する地域の自治体で母語が非対応言語である場合、自動車免許を取得することは容易ではない。

第二に、企業側の理解の問題である。自動車運転免許の保有までには至らなくても原付免許程度であれば1日で取得することができる。だが、企業側がそれを推奨しないケースがあることがヒアリングで明らかになった。

第三に、右であげた点に加えて、そもそも日本では宅配ドライバー等の物流業界において外国人雇用が進んでいない状況があげられる。宅配業務の複雑なオペレーションや事故時の対応などに相応の日本語コミュニケーションスキルが必要だと認識されているからである。

しかし、コンビニ勤務の外国人労働者が複雑なオペレーションに習熟している状況をみると、問題はむしろ業務プロセスの方にあるといえるかもしれない。長期的にみれば、外国人住民の免許取得を容易にして、保険加入への対応も円滑にしておくことは、これからの人口減少地域にとってポジティブな側面もあると考えられる。近年、人口減少が進む地域における交通弱者や買い物弱者問題に対して、「小さな拠点づくり」や「地域自治組織」などの住民同士がサービスを提供しあうことにより対応する試みが進められている。こういった仕組みに外国人住民もコミットしていくためには、免許取得や移動手段の提供などが有効ではないだろうか。支援の受け手だけでなく、ケアサポートや移動支援などの担い手として外国人住民の地域とのつながりづくりを考えることは、コミュニティ形成にもつながり、彼らの社会参加の機会を創出することにもつながるだろう。

⑩ 防災について

1995年の阪神淡路大震災で少なからぬ外国人住民が被災したことをきっかけに、外国人住民も含めた地域防災の必要性が認識されるようになった。だが、今回のアンケート調査では自治体の地域防災における外国人住民支援の実施状況には大きなバラツキがあった。

第一に、防災に関する情報提供についてである。自治体によっては防災パンフレットを多言語化し、住民登録時に配布するケースもある。逆に外国人向けの防災冊子の提供がまったくない自治体もあった。アンケートでは「外国人向けの防災冊子、案内等の有無」の「有」の割合が70%（N＝52）であり、外国人住民専用の窓口設置や広報誌の案内などの割合と比べて若干低い傾向にある。

第二に、避難時の放送の対応である。アンケートでは「災害時の外国人向けの避難誘導マニュアルの有無」の「有」の割合は19％（N＝60）であった。防災冊子・案内の有無と比べて、避難誘導マニュアルの有無の「有」の割合が低いことが特徴的である。アンケート結果をみると、過去に大きな災害を経験した自治体が必ずしも多言語対応できているというわけではなかった。地域防災の意識の差や外国人住民数などが、対応の違いに影響していると考えられる。

第三に、避難所での対応である。一部の自治体ではハラール認証を受けた非常食を準備・提供しているところもあった（多くはハラール認証を受けた米など）。アンケートでは「避難所での外国人向けの対応の検討の有無」では「有」が90％（N＝60）であり、「外国人の文化を前提とした非常食の有無」では「有」が35％（N＝60）であった。

⑪　**保育サービス**

アンケートでは、外国籍の子どもへの保育サービスの対応について、給食内容の配慮の割合が高い（81％（N＝57））のに対し、給食に対する費用負担対応はほとんどされていない（11％（N＝53％））ことがわかった。通常の保育でもアレルギー食材を取り除いて給食を提供し、それを補うために一部もしくはすべての食事を親が事前に用意する必要がある。ハラール食をはじめとする給食内容への配慮についても、同様の対応をしているものと考えられる。また、外国人向けの保育サービス案内や外国人保護者と保育園の調整の有無の割合（38％（N＝60））が高くないことから、保育所と外国人保護者とのコミュニケーションに課題が生じている可能性もある。さらにアンケート・ヒアリングでは、外国籍の子どもむけの保育サービスの対応は保育所によっても異なることがわかった。公立保育所であれば比較的自治体の方針が浸透しやすく、通訳機器の貸し出しも容易となるなどソフト・ハード面での支援もしやすいが、私立保育所では必ずしもそうではなく、対応の多くがそれぞれの保育所に委ねられている状況にある。近年、待機児童問題への対策として、公立保育所の民営化を進め、保育サービスの量的な拡大が進められ、それは一定の成果を収めつつある。だが、保育の質に関しては研修や審査項目が厳格化する一方で、それが現場の待遇や保育の質の改善につながっていない状況も見られる。そのなかで、例えば外国籍の子どもなど多様な子どもへの特別な配慮は十分な対応が難しい状況があると考えられる。

⑫　**生活保護**

最後のセーフティネットとされる生活保護制度は、外国人住民への適用をめぐって、以前から国内で外国人住民支援に関する議論がされてきた。今回の調査では、生活保護制度についての情報提供は、他の介護や医療などと比較して、多言語対応や制度紹介などの点で比較的充実していることがわかった。（「外国人向けの生活保護についての案内の有無」が「有」が60％（N＝60））。

もっとも、先述したとおり自治体の外国人住民への就労支援はそれほど進んでいない状況である。

生活保護に陥る前の段階での支援（生活困窮者自立支援制度）や生活保護から脱却していく過程での支援（就労支援や貸付制度）が行き届いているかについては、検証が必要である。「外国人向けの生活困窮者自立支援制度の案内の有無」について「有」との回答は38％（N＝58）であり、「外国人向けの貸付制度の案内の有無」では「有」の割合が36％（N＝58）であった。

⑬ 外国人住民支援に関する財源

アンケート調査では外国人住民への行政サービス等に係る財源に関する質問は行わなかったが、ヒアリング調査等とあわせて分析することでその課題もみえてきた。

先述したように自治体の外国人住民支援は、現状多くのボランティアに依存している状況であり、自治体が設置する日本語教育支援なども支援枠組みの立ち上げ、教材費、ボランティアへの交通費支給などにとどまり、支援の幅と規模は非常に限定的である。

特に専門的知識を必要とする通訳業務をボランティアに依存していることは持続可能な形とはいえない。自治体によっては常勤で雇うことが難しいため、スポット利用の形で報酬を支払うパターンもみられたが、通訳などの専門的な知識や技術をともなう仕事でありながらも、その水準はかなり低いものであった。

国や県の補助金制度が時限的である場合、年度を超えて職員を雇用する計画が立てづらい。また補助金が切れた後に制度を継続する場合、それは自治体の単費負担になる。ヒアリング調査では国による安定した財源保障を求める声も聞かれた。

6　回答自治体の分類の検討

⑴　分類の考え方

これまで、ヒアリングやアンケート調査結果をもとに外国人住民のニーズや支援策の課題を見てきたが、実際にはこれらの課題は自治体ごとによって濃淡があるため、自治体の状況にあわせた外国人住民支援策のあり方が求められる。だが、「多様な自治体が多様な外国人住民支援策を実施している」というだけでは、自治体現場において本稿の知見を活かすことが難しくなる。そこで以下では、ヒアリングやアンケート調査でみえてきた外国人住民のニーズや支援策のパターンで、回答自治体を分類することを試みる。もちろん、これらの調査は全数調査ではないし、実証分析を経ていないため、さらなる追加のアンケート・ヒアリング実施をしていく必要があるだろう。

⑵　分類の基準

まず、分類にあたっては、学術的な厳密さよりも、読者である自治体職員や外国人住民支援に関わる方々が読んだ後に、自分の自治体がどこに当てはまるかを理解しやすい基準で考えることを心がけた。具体的には、分類には直接的に取り上げていない基準も含むが、主に①財政力指数、②支援の有無、③在留資格、④高齢化率、⑤就業就学パターンの5つをあげることができる。

① 財政力指数

財政力指数は一般的に自治体の財政的な豊かさを示す指標の一つであり、1を超えると不交付団体となり普通交付税が交付されなくなる。アンケート・ヒアリングの回答自治体は先述したとおり財政力指数が比較的高い自治体が多かった。財政力指数が高いと一般的に留保財源が多くあり、その分単独事業を実施する余裕があることを意味する。外国人住民支援のように財政措置がほとんどない施策の場合は、財政力指数の高さが支援策の充実度や継続性の確保につながりやすい。今回の回答自治体のうち財政力指数が比較的高い自治体は、都市部で人口が比較的多く、地価も高く、支援の担い手（通訳などの専門家）も確保しやすい状況であった。また、オールドカマーが集住している地域では外国人住民のコミュニティが存在し、それと自治体が接点を持ちながら支援を行うことができる。

一方で財政力指数が低い自治体は、指数が低ければ低いほど依存財源の割合が高まり、留保財源が小さくなる。留保財源が小さいということは単独事業を新たに、継続的に実施することは難しくなり、外国人住民支援策の充実度の確保につながりにくい。もっとも国際交流協会やボランティア団体など、限られた財源・人的リソースでも支援を展開・継続している自治体は一定数ある。だが、多くの現場では慢性的な財源・人手不足に悩まされている。今回の回答自治体で財政力指数が低い自治体は、地方部で人口が少なく、支援の担い手が確保しづらいケースが多くあった[13]。また、技能実習生のように

図５　外国人住民への行政対応の「有・無」と財政力指数

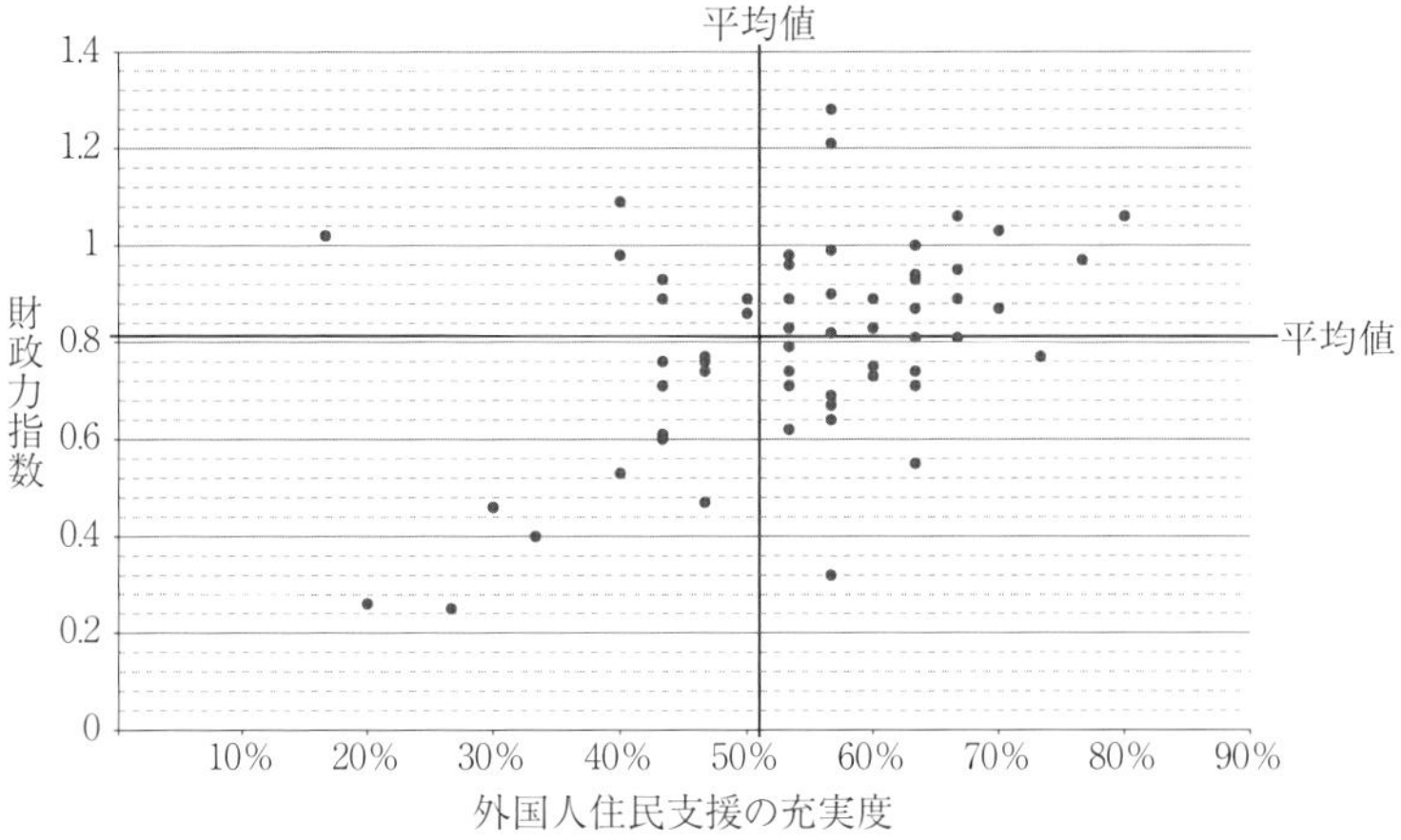

注）平均の対応率は50.7％、財政力指数は0.81。外国人住民支援の充実度は、アンケート調査のうち「税・保険料徴収の困難事例の有無」を除いた対応「有」の回答割合を算出している。

一部の地域に局所的に外国人が集住する自治体もあったが、支援の担い手不足、財源不足もあいまって、自治体が彼らと十分にコミュニケーションを取れていないケースもみられる。

もちろん、財政力指数は財政の豊かさを測る一つの指標にすぎず、多様な外国人住民支援策を保証するものではない。だが、多くの自治体では他自治体の施策を参照する際に、同じぐらい財政的に余裕があるかをみているので、一つの参照点になるのではないかと考えられる。

②　支援の有無

次に支援の有無である。各自治体で支援体制や支援制度がどのくらい整備されているのかをみるために行政サービス（税・保険料徴収除く）の対応「有」と回答した数を一つの指標とし、図５にあるように、自治体の財政力指数との関係を散布図に示した。回答のあった自治体の財政力指数平均は0・81であり、また支援「有」の回答率の平均は50・7％であった。アンケートでは、質問内容のジャンルが重複しているところもあり、支援「有」の回答数をもってその充実度を図ることは難しいが、財政力との関係を分布から見てみることとした。まず、財政力指数が高い自治体では、外国人住民に対し様々な分野での支援体制充実を行う自治体はあるが、他方で、財政力指数が高くても支援体制がそれほど充実していない自治体もみられた。そもそも外国人住民支援のニーズが顕在化していないというところもあれば、自治体現場が十分な対応をとっていないパターンなどもあった。

財政力指数が低い場合は、一般的には支援体制が充実していない傾向がみられる。特に過疎地域においては外国人住民数がそもそも少なくニーズが少ない場合、後に述べるように技能実習生が地域や自治体と事実上つながりがないがゆえに支援体制の構築までにつながらないパターンがある。

だが、財政力指数が低かったとしても、一定の支援体制構築に取り組む自治体もみられた。先に述べたように外国人住民支援には自治体以外にも国際交流協会、日本語学校、社会福祉協議会、ボランティア組織など様々な支援主体が存在しており、限られた財源でもこれらの支援主体が自治体と連携しながら充実した支援を展開している場合があった。

このように財政力指数が豊かであるほど支援体制が充実しているという単純な相関はみられず、在留資格の構成、外国人住民と地域の関わり、集住・就労パターンなど、自治体の様々な文脈によって結果として多様な支援体制が構築されているのである。そのため、先進自治体の事例共有だけではそれぞれの自治体にあった外国人住民支援のあり方を提示することは難しい。様々な分類を示し、それとの類似性や相違を確認していくことで外国人住民支援政策のあり方を模索することができると考えられる。

③　在留資格の状況

先に述べた自治体の様々な文脈について確認しよう。まず在留資格の状況についてである。在留資格そのものが外国人住民のニーズの性質を示すわけではないが、どのような在留資格を持つ外国人住民がいるかを把握することで、その自治体で長く在住する（あるいは一生日本で暮らす）外国人住民がどれくらいいるかを確認することができる。

定住・永住ではなく数年間の滞在を前提とする外国人住民、例えば留学生や技能実習生が集住している自治体では、多文化共生の取組みを推進するにあたり、まず地域コミュニティにつながっていない外国人住民とコミュニケーションをとり、交流を持つことから始める必要があるだろう。留学生に関しては就労支援のマッチングを行うことや、技能実習生については生活支援などを行うことなど、地域のなかでつながりをつくる必要がある場合もある。

定住あるいは永住を前提としている外国人住民が集住している場合は、生活支援に加えて、外国人児童生徒への学習支援や地域で事業支援等も必要であろう。

外国人児童生徒への学習支援に関しては、自治体が外国人児童生徒向けの学習塾を設置するケースや、学校単位で特殊な事情を持つ生徒に対する学習支援（放課後教室）を行うケースなどがあった。前者は大学生や高齢者のボランティアが、後者の学校単位の支援では校長先生や退職教員等が支援の担い手となっているようである。また、自営業を行ったり、不動産契約をしたりする外国人住民には、税務等のより専門的支援が必要になることもある。

④ 高齢化率

在留資格とやや重複する点もあるが、高齢化率は自治体における外国人住民の集住パターンを簡便に把握する指標の一つである。一般的に外国人住民の高齢化率は全体の高齢化率よりも低い、つまり若い外国人住民が多い傾向にあるが、自治体によってバラツキがある。外国人住民の高齢化率が高い場合はオールドカマーが多く集住している自治体であり、逆に高齢化率が低い自治体は技能実習生や留学生など若い外国人住民が多く集住していることが考えられる。この場合、在留資格と同様に外国人住民のニーズや支援体制のあり方も大きく変わってくる。

⑤ 就業就学パターン

最後に就業就学パターンである。就業就学パターンには主に、①農林水産業、②製造業、③観光業、④留学生、⑤自営業、⑥専門職、などがある。

農林水産業での就労割合が高い自治体では、技能実習生が集住している場合がある。先述したように技能実習生の行政ニーズについて自治体が把握できていない場合もあり、ニーズ把握とともに生活支援等が求められよう。製造業の割合が多い自治体は農林水産業と同じく技能実習生が多く集住するパターンと、主に自動車など製造業に従事する日系南米人の定住や永住によるコミュニティのパターンがみられる。前者は農林水産業の就労割合が高いケースと同様の支援策が求められる。後者については自治体が定住するコミュニティと適切にコミュニケーションを図りながら、生活支援、子育て支援、就労支援などのニーズに対応する必要があるだろう。観光業の割合が高い自治体では観光産業で従事する外国人住民が多い。留学生については基本的にどこかの日本語学校や大学などに所属し、一定の就労制限のなかでアルバイトに就業していることが多く、生活支援、地域交流、所属機関との連携・情報交換が重要になる。自営業については、中古車販売業や飲食店をはじめとする自営業で生計を立てる場合であり、税金や社会保険料など専門知識を要する支援サービスが重要になる。また、専門職については、高度な技術などを提供する職業が考えられ、外資系企業に務めている外国人住民が集住しているケースであり、比較的経済的にも恵まれた外国人住民が多く、子育て支援や教育で独自のニーズがある。

(3) 分類から見えてくること

以上の整理を手掛かりに、回答のあった自治体の代表的分類を示した。もちろん実際にはこれ以外の分類も多くあり、今後も変容していく可能性がある。また、自治体が人口減少対策、地方創生の戦略として積極的に外国人住民を受け入れる過程で異なる分類に変化していく可能性もあるだろう。

① 大都市自治体／多様な在留資格の住民が集住

オールドカマーやニューカマーが長く暮らしてきた大都市圏の自治体においては、すでに外国人住民への支援体制が構築されているところも少なくない。このような自治体では歴史的な支援のストックがあり、ワンストップ体制が構築される以前に各部署で多言語対応を図っているところもある。生活支援だけでなく、外国人住民の市民参加、地域交流の促進などコミュニティをいかに形成するかも課題になっている。

一方で、所得水準が高く、首都圏の大企業等に勤務している長期滞在の外国人住民が多くいる自治体では、生活支援へのニーズは限定的であり、外国人児童生徒への教育支援ニーズが高いようである。また、財政力が比較的高い都市部の自治体のなかで留学生や技能実習生等のような一定年限滞在する外国人住民が集住する自治体もある。彼らに対しては生活支援、医療情報提供支援、就労支援が求められる。

② 技能実習多／農林水産業

地方部の自治体をみていくと、農林水産業の担い手として一定年限で滞在する外国人住民（技能実習生等）が集住しているパターンもある。こうした地域では、実習生と地域住民とのつながりは必ずしも豊かではない。今日、消費者が生産プロセスの抱える社会的課題に目を向ける動きもあるなかで、実習生をはじめとする外国人住民の就労環境や生活環境を支える取組みを行うことが、産地ブランドに結びついてくる可能性もある。外国人住民のニーズ把握や生活支援が考えられよう。

③ 技能実習・特定技能など／製造業

製造業の担い手として一定年限で滞在する外国人住民が集住しているパターンがある。農業のケースと同様の支援体制の構築が求められる。製造業に関しては、景気悪化によって製造業の失業者が急増するため失業した外国人住民への就労支援や生活支援などの対応も求められるだろう。

④ 定住者多／製造業

自動車産業などの製造業に従事する日系南米人の外国人住民コミュニティのパターンである。この場合は、自治体は外国人住民コミュニティと協同しながら地域づくりを行い、長期的な視点に立った生活支援政策、子育て支援政策、就労支援政策を展開していく必要がある。

⑤ 専門職・特定技能等の就労／観光業

観光産業の担い手として一定年限で在留する外国人住民が集住しているパターンである。インバウンドが注目されるなかで、観光産業の担い手として外国人労働者が今後増えていくだろう。だが、コロナ禍で観光地自治体が観光需要に依存しすぎることの弊害もみえてきた。観光地自治体の経済・財政の持続可能性を見据えた自治体運営のなかで、外国人受入れについて検討する必要がある。

⑥ 永住者・定住者多／自営業など

地方都市などで、中古車販売や飲食業などの第三次産業に従事する自営業の外国人住民が多く集住するパターンもある。子育てや教育、医療等での生活支援と併せて、不動産や税制などの専門知識を必要とする支援拡充が考えられよう。

⑦ 留学多／大学・専門学校

留学生が多く集住している地域もある。彼らの多くは日本語で学修しているため、多言語対応のニーズは必ずしも高くはないが、他方で大学や専門学校等と連携しながら、生活支援や就職支援に向けた体制を構築することが考えられる。

以上のように今回の調査結果に基づいて代表的な分類を析出した。外国人住民支援策のあり方は自治体によって差異があり、在留資格・高齢化率などの集住パターン、外国人住民と地域の関わり、就業就学パターンなどの地域の文脈によってすでに異なる支援体制が構築されている。もちろん実際にはこの分類には当てはらない事例もあった。一般的に財政力指数が高い自治体ほど支援体制を充実させやすいと想起されるが、必ずしもそうではない自治体もあった。また、財政力指数が低かったとしても自治体現場の工夫で様々な施策を行ったり、国際交流協会やボランティア団体のように自治体調査からは必ずしも把握できない領域で支援体制が充実している場合もあり、実際は分類以上に多様なパターンが存在している。むしろ、自治体が今後他の自治体の運営体制からヒントを得るとすれば、代表的事例というよりも例外的なケースであったりする場合もあるだろう。本書では、コラムとしていくつかの自治体のケースを紹介しているので参照されたい。

このように必ずしも自治体の特徴をきれいに整理できている分類パターンではないが、少なくとも豊かで支援体制が充実した先進事例だけを共有・横展開しても必ずしも上手くいくとは限らないことが、この分類から見えてくる。むろん、支援体制の多様な姿を前に、各自治体が現場で対応できる範囲で取り組む姿こそが望ましいということを伝えたいわけでもない。多くの自治体現場は限られた財源・人的資源のなかで懸命に対応しているが、それが支援の担い手を持続的に確保し、外国人住民の自己決定を保障するとは限らないからである。そのため、自治体現場のノウハウ共有や工夫だけでなく、ナショナルミニマムの保障と多様な支援体制の構築を可能とする、持続可能な地方行財政制度のあり方を模索する必要があるのである。

注

（1）本章の1から4節は、沼尾（2021）の一部を大幅に加筆修正したものである。

（2）「技能実習」についてはOECD（2021）の区分により、期間限定型での労働者受入れと整理し、「就労」に計上した。

（3）移民の受入をめぐる各国の政策を評価する指標として、MIPEX（移民統合政策指数）などがある。MIPEXについては第4章ならびに第5章を参照。

（4）近藤（2015）を参照。

（5）2023年4月時点における外国人集住都市会議の構成自治体は、群馬県太田市・伊勢崎市・大泉町、長野県上田市・飯田市、静岡県浜松市、愛知県豊橋市・豊田市・小牧市、三重県津市・四日市市・鈴鹿市、岡山県総社市である。

（6）受入環境整備交付金は整備事業と運営事業があり、整備事業は補助率10分の10、運営事業は補助率2分の1で、それぞれ都道府県交付限度額1000万円、市町村交付限度額200〜1000万円（外国人住民数による）とされた。

（7）2020年度については、在留外国人への新型コロナウイルスに関する情報提供や相談対応を多言語で行う上で一元的相談窓口を活用することが効果的であるとして、臨時に特別な体制を取る場合に要する経費について、交付限度額を倍増する措置が取られた。

（8）租税や社会保険料の徴収困難事例は国籍とは関係なく生じうるものだが、ここでは多言語での情報提供体制の整備や、帰国後の対応等、外国人住民固有の課題や対応について把握する目的で調査を行った。

（9）「外国人住民からの相談に対する庁内のワンストップ窓口の有無」については「有」との回答が70％（N＝60）であった。

（10）総務省「地方公共団体における「多言語音声翻訳サービス」の導入ガイド」など
（11）「医療サービスに関する外国人への情報提供の有無」で「有」との回答割合は31％（N＝59）であった。
（12）ただし、日本と社会保障協定を結ぶ国から来日した場合、日本と母国のどちらかの国の年金に加入すればよく、加入期間の通算に関する定めもある。
（13）東京都特別区は、東京都と特別区の財政需要が合算算定されており、そこでは財政力指数は1を超えているが、各区ごとの財政力指数は統計上、都区財政調整制度における基準財政需要額と基準財政収入額に基づいて財政力指数が算定されている。すなわち特別区間での財政調整の基準に基づいて算定された財政力指数が用いられている。なかには全国平均よりも低い値をとる区もあるが、これは自治体の財政上の豊かさを特別区の間で比較することはできるが、全国の自治体と比較できるものではない。

引用文献

OECD（2021）“International Migration Outlook 2021”.
近藤敦編（２０１５）『外国人の人権へのアプローチ』明石書店。
沼尾波子（２０２１）「在留外国人の増加と自治体行財政の課題」、地方自治総合研究所『地方財政レポート２０２０　地域経済と社会保障―新型コロナウィルス対応を中心に』第８章、地方自治総合研究所

❖コラム　自治体の特色

広島県安芸高田市

国際交流協会との連携によるきめ細かな支援

外国人住民数は931人（2023年4月1日）で総人口2万6863人の約3.5％を占める。国籍別には、ベトナム、タイ、フィリピン、ブラジル、中国の順に多い。在留資格別では技能実習生が多く、定住者は少ない。製造業の担い手として、多くの技能実習生が在住している。

多文化共生の推進体制

安芸高田市は歴史的に、移民に出た人が多くいた地域でもあり、近年では人口減少対策として、外国人住民の積極的な受け入れ体制構築を行うべく多文化共生政策に力を入れてきた。多文化共生支援は市民部人権多文化共生推進課が担当し、2018年度には第2次安芸高田市多文化共生推進プランを策定し、相談員や翻訳支援員の設置などを行った。2022年度から組織改編により、社会環境課が多文化共生政策を担う。

国際交流協会による柔軟で機動力のある支援

市役所と国際交流協会の連携による外国人住民支援が活発である。国際交流協会は日本語教室、英会話教室、子ども学習支援、災害時支援、外国人相談窓口の設置・対応など多岐にわたる幅広い支援体制を構築してきた。国際交流協会ならではの柔軟性・機動性を活かして、周知・広報から継続的な支援に繋げる取り組みを行っている。市在住の外国人住民は電話番号を持っていないものも多く、また国際交流協会や役所へのアクセスに時間がかかることもあり、情報収集や連絡手段としてのSNSが重宝されている。さまざまSNSの中でフェイスブックメッセンジャーの利用が最も多かったことを踏まえて、国際交流協会ではメッセンジャーで随時情報発信・連絡を採用している。さらに、外国人住民コミュニティのリーダーと連携することでコミュニティ内に必要な情報を迅速に伝える体制を構築してきた。

支援にあたっての課題

市役所と国際交流協会の連携で進めている多文化共生であるが、多文化共生の拠点施設の確保、多文化共生を現場で担う日本人市民の人材確保、国際交流協会に指定管理している施設の委託費の確保、国際交流協会に委託している事業費用の確保（日本語学習支援事業と子ども達への学習支援事業等）、市が行う多言語化等の予算確保に苦慮している。関係する人や組織がもっと必要である。外国人住民の多様なニーズに対してきめ細かく支援を行うには、業務時間外の対応などを行う必要もあり、現場の負担が課題となっている。

また、外国人住民の移動の問題もある。技能実習生にとって日本の自動車免許を取得することはハードルが高く、自転車での移動が基本となるが、国際交流協会・役所や近所のスーパーまでは距離があり、特に冬場は自動車以外での移動は厳しい。国際交流協会では地域で余った自転車を外国人住民に提供し、自動車での買い物支援も行っているが、こうした交通弱者としての技能実習生に対する支援体制づくりが課題である。

第2章

在住外国人と外国人相談体制の動向

関　聡介

1　はじめに

本章においては、在住外国人[1]の動向を踏まえつつ、外国人相談体制の現状とその課題・展望について論じる。

この分野においては、２０１９年度以降に政府による新しい外国人労働者受入れ施策とそれにともなう総合的対応策が開始されたことや、２０２０年以降の新型コロナウイルスの感染拡大が発生したことによって、実務に大きな変動が生じつつあることが注目される。

そこで、冒頭で、①従前の日本政府による外国人労働者受入れ施策と、外国人相談体制構築の重要性を確認する。次に、②外国人相談の特性と相談体制に求められる条件を一般論として論じたうえで、③その相談者となるべき在住外国人の、１９９０年代以降の30年ほどの動向、すなわち、その人数、国籍・言語構成、在留資格構成、地域別分布等の変動について確認する。そして最後に、④２０１９年度以降の外国人相談をめぐる新しい動向について検討し、今後の展望を論じることとしたい。

2　外国人労働者受入れ施策の推移

(1)　在住外国人の動向と政府の外国人受入れ施策

日本の人口、とりわけ若年層の人口が減少局面に転じて久しい。労働力不足への懸念が継続的に指摘され、政府もこれを十分に認識しながらも、有効な手を打つことがないままに数十年間が経過した。出生率／数の向上施策は奏功したと言えず、執筆現在においても率／数ともに底なしの、かつ予測以上に急速な低下という様相を示し続けている（図1）。日本の場合には、生産性向上という施策も他の先進諸国と比べて周回遅れであることから、労働力不足に対応する切り札は、外国人労働力導入の一択というのが偽らざる実情というべきであろう。現に、日本人人口が減少局面に転じるなかにあっても、在住外国人の人口は、リーマンショック・東日本大震災・新型コロナウイルス感染拡大といった例外的時期を除いては、ほぼ一貫して増加を続けてきた（図2）。

とはいえ、政府が「移民政策」をとらないとの建前に拘泥しつつ、いわば〝裏口〟からの労働力受入れ、すなわち、研修や海外への技術移転や留学生受入れといった事実上の労働力確保施策に終始したため、その過程では多数の深刻な人権侵害の指摘を受けることとなった。ここ半世紀ほどの流れ（詳細は第1章2参照）を、おおざっぱに示すならば以下のとおりとなろう。

図１　日本人人口及び日本人人口増減率の推移（1975～2020年）[2]

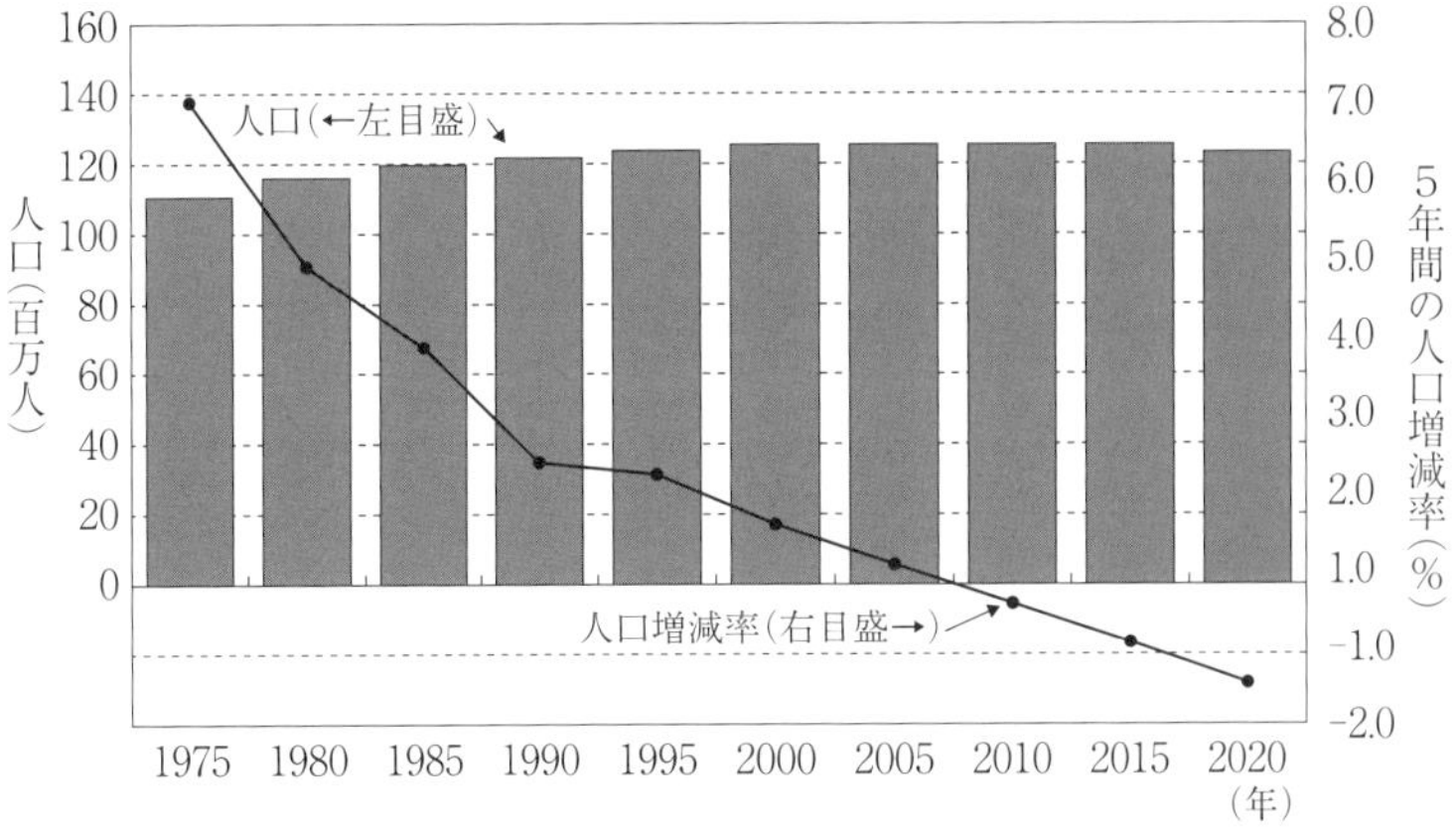

注）2015年及び2020年の人口は不詳補完値による。
　なお、2020年の人口増減率は不詳補完値により、2015年以前の人口増減率は原数値により算出

図２　外国人人口及び外国人人口増減率の推移（1975年～2020年）[2]

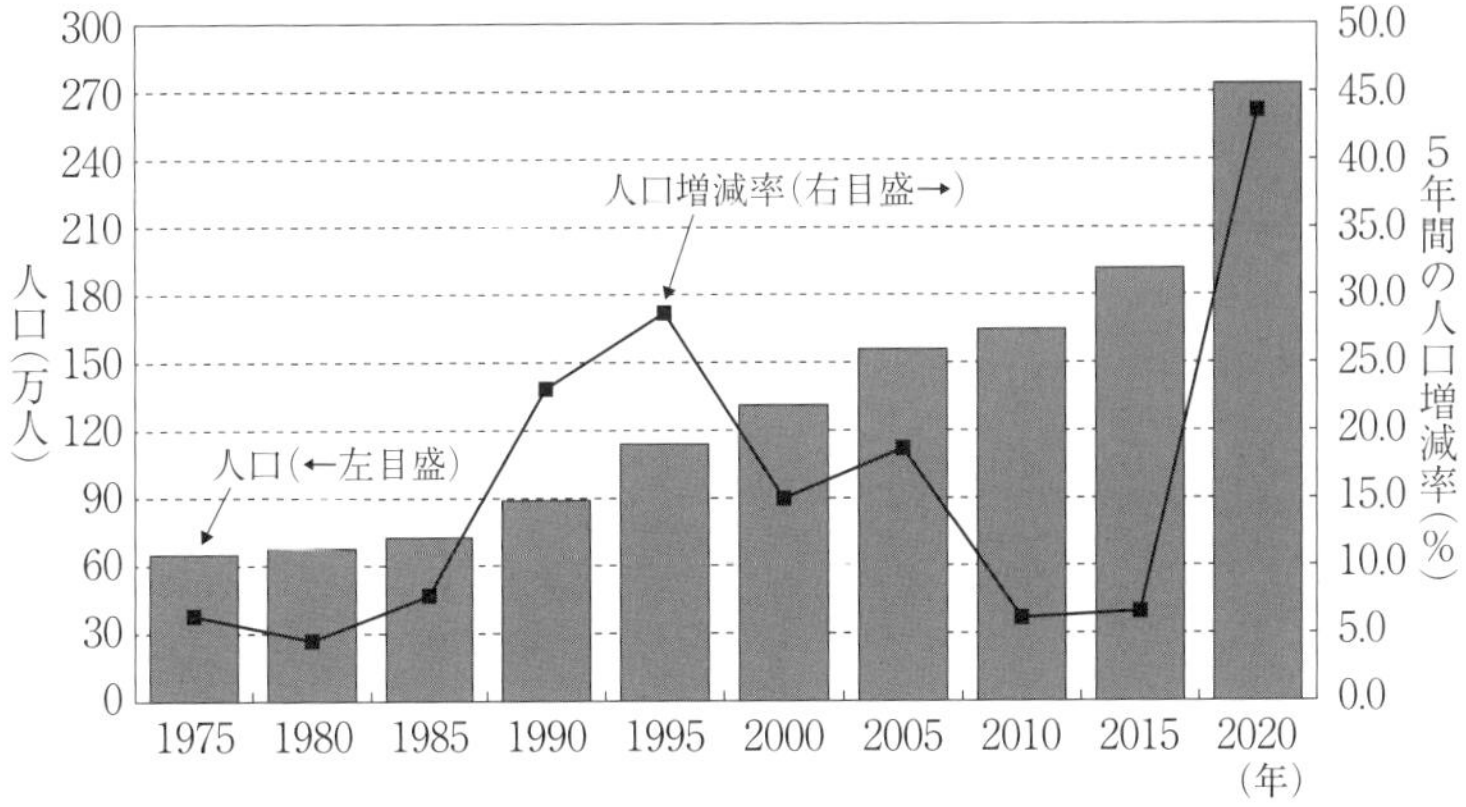

注）2015年及び2020年の人口は不詳補完値による。
　なお、2020年の人口増減率は不詳補完値により、2015年以前の人口増減率は原数値により算出

○１９８０年代　〝不法就労〟を事実上黙認
○１９９０年代　「日系人」労働者を導入
○２０００年代　「研修」↓「技能実習」へ衣替え、「留学生」「家族滞在」アルバイト（資格外活動）増加
○２０１０年代　技能実習制度見直し（技能実習法）
○２０２０年代　「特定技能」制度創設、技能実習制度廃止を視野に入れた外国人労働者受入れ施策再構築

このなかで２０１９年度に新設された「特定技能」（在留資格）を中心とする新しい外国人労働者受入れ施策は、まがりなりにも、日本人との血縁を前提としない非熟練の現業系労働者を正面から受け入れる施策がついにとられたものとして、注目を集めている。さらに、２０２３年度に入ってからは、「特定技能二号」資格の対象業務拡大や技能実習制度廃止の方向性も示されるなど、事態は流動的であるものの、外国人労働者の正面からの受入れの扉が相当程度開かれたことは、間違いがないものと言えよう。

(2)　外国人相談体制の重要性

本来、外国人労働力の受入れにあたっては、受入れ対象となる労働者及びその家族等が日本で安定的に在留できるようにするのはもちろんのこと、生活者として円滑に社会生活を送ることができるよ

うにするため、各種の支援体制を構築することが求められる。

しかしながら、前述のように、日本におけるここ40年間ほどの外国人受入れはなし崩し的になされてきた感が強く、政府が正面から外国人労働者に対する支援体制を構築することはないままとなった。すなわち、外国人労働者受入れに関する総合的施策を構築／執行する官庁（外国人庁や移民庁のようなもの）も存在せず、従前の縦割り行政のなかで各省庁がばらばらにその場限りの対応を行うことが中心であったといわざるを得ない。

そのような状況下にあっても、多数の外国人労働者が現に日本で日々働き、日々生活をしてきた。その過程では、在留資格の問題や労働問題はもちろんのこと、教育・医療・社会保障、結婚・離婚・出生・死亡、近隣との紛争、労災を含む各種事故等、様々な問題に直面することになるものの、外国人労働者の多くは日本語を第一言語とせず、日本の諸制度にも精通しておらず、日本における人脈も限られていることから、これらの問題の相談先へのアクセスには困難を抱えざるを得ない。

そのため、外国人労働者の相談を一元的に受け付ける仕組みの構築に対するニーズが大きいことは、明らかであった。ところが、すでに述べたとおりの政府の体制のもとで、そうした仕組みの構築は各自治体やNGO等に任された状態となり、地域別／分野別の起伏が大きく、不統一な体制が続いてきたのである。

このようななか、2019年度から本格開始された政府による新しい外国人労働者受入れ施策は、様々な条件付きであるとは言え、初めて非熟練労働者を正面から受け入れた（「特定技能」）という前述の特徴に加え、外国人労働者に対する政府としての総合的な支援策（「総合的対応策」）を打ち出したことが注目される。この支援策のなかには、いわゆるワンストップで外国人労働者の相談を受け付ける一元的相談窓口の全国規模での設置も含まれている（第1章3参照）。つまり、縦割り行政やたらい回しの弊害を排することを前提とした、外国人相談体制の新たな局面が始まったものとみることができる。

3　外国人相談の特性と相談体制に求められる条件

以上のような重要性を有する外国人相談体制であるが、具体的には、どのような特色を有していて、どのような体制構築が望ましいのか、という点を最初に確認してみよう。

(1)　外国人相談の特性（その1）――相談の特色とそれに対する対応体制

図3は、東京弁護士会の2017年度上半期の外国人相談の内容別内訳であるが、これによれば、在留資格に関する問題の相談が約半数を占めるものの、それ以外は、民事／家事／行政／刑事の各分野において様々な相談が幅広く寄せられていることがわかる。

外国人相談と言っても、基本は一般的な相談と変わることがなく、外国人であることを過度に強調するのは適切とは言い難い、ということがここでも示されている。

図３　相談センターの相談項目
（東京の三弁護士会の外国人相談／2017年度上半期）[(3)]

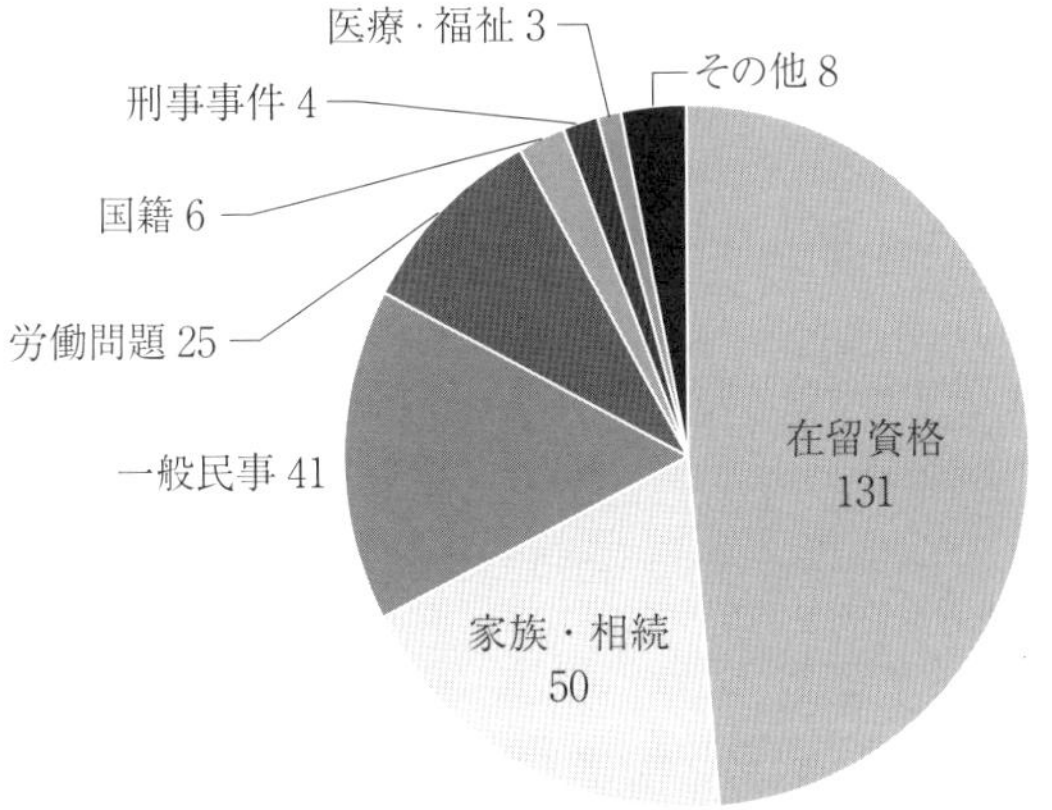

とはいえ、外国人相談特有の特徴があることも、また事実である。以下のような点には留意しつつ、外国人相談の対応体制を構築することが望ましい。

①　国籍・入管手続関連の相談対応：具体的な事案の検討にあたって、まず大前提として、相談者がそもそも「外国人」なのか「日本人」なのかという点が問題となり、それによって手続や対応が大きく異なってくる場合が多い。仮に「外国人」ということになれば、厳格な出入国・在留管理制度の対象となり、在留資格の有無や種類の問題が前面に出てくるという点が大きな特徴である。したがって、国籍法や入管法に関する対応力を備えた相談体制が必要となる。

②　言語対応：外国人相談者は、第一言語が日本語でない場合が多く、その場合には相談体制の最優先課題が通訳／翻訳の確保となる場合が多い。

③　準拠法・管轄に関する対応：相談者や相手方が外国人の場合、「準拠法」が外国法となる可能性があり、

その結果として解決策や見通しがまったく異なってくる場合がある。また、相談者や相手方が外国人の場合には、「管轄」が外国裁判所となる可能性もある。したがって、準拠法や管轄に関する対応力や、場合によっては外国法に関する対応力を備えた相談体制（さらには、外国の専門家につなぐネットワークを持つ対応体制）が必要となる。

④　特有の制度や地位に関する対応：外国人に特有の制度として、領事通報制度、難民認定制度、帰化申請制度等が挙げられる。また、外国人の場合には、参政権、公務就任権等を初めとして、日本人と比してそもそも基本的人権が制約された現状にある。そこで、これらに関する対応力をも備えた相談体制が求められる。

(2)　外国人相談の特性（その２）——通訳対応体制

(1)②で述べた言語対応について、もう少し詳しく見てみる。

在住外国人については定住化／永住化の傾向も強まっており、それにともなって日常の日本語会話に困ることがない相談者も相当数存在する。それでもなお、日本語の場合には往々にして、会話は流ちょうであっても読み書きは不得手とする外国人が多い。

したがって、必要に応じて様々な文書を参照したり、複雑な内容を厳密にやりとりしたりすることとなる外国人相談の場面では、やはり、相談者の第一言語による通訳を付することが大原則となる。

また、外国人相談のための通訳人の選定にあたっては、単に第一言語の通訳であれば良いということ

図4　通訳を選定・評価する場合の基本的視点[(4)]

- A　通訳の言語種類
  - ①第一言語
- B　通訳の資質・能力
  - ②語学力
    - 日本語に関する語学力
    - 外国語に関する語学力
  - ③法的知識
  - ④本国の文化・制度・習慣等に関する知識
- C　通訳の態度・立場
  - ⑤公平・中立性（利害関係の不存在）
  - ⑥忠実さ・正確さ
- D　通訳との契約条件
  - ⑦通訳料などの通訳条件
  - ⑧守秘義務と職業倫理
- E　その他
  - ⑨通訳人の予定確保の容易さ
  - ⑩通訳人の国籍
  - ⑪通訳人の性別

ではなく、通訳体制の構築にあたっては、図4の①〜⑪記載の要素を検討しつつ人選を行うことが望まれる。

①　相談者の第一言語の通訳であれば望ましいが、やむを得ない場合には第二言語以下の言語の通訳を用意する場合もあろう。ただし、その場合にはコミュニケーションに一定の限界があることが意識されるべきである。

②　語学力は当然高ければ高いほど良いが、日本語能力と外国語能力の双方のバランスが重要である。

③　また、法律相談の場合には法律用語を完全に避けることは難しく、通訳人にある程度の法的知識が必要となる（医療通訳であれば医療知識）。

④　さらに、相談者の相談背景を理解して的確に通訳するためには、相談者の本国における文化や制度等に関する基礎知識も備えていることが求められる。

⑤⑥　他方、通訳人には公正／中立性や忠実さ／正確さが求められる。そのため、相談者の知人や親族等に通訳を依頼することについては慎重であらねばならない。

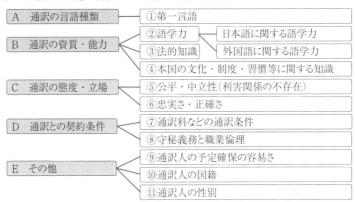

⑦⑨　そして、通訳料やスケジュール等に関する条件も重要である。相談時間が長くなったり相談が複数回にわたる場合もあり、高額な通訳人や多忙すぎる通訳人が相談実施の足かせになるおそれもある。

⑧　加えて、通訳倫理を遵守する通訳人を用いなければ、相談体制自体に瑕疵が生じることもある。

⑩⑪　相談内容が性別に関わる問題の場合や、難民問題の場合には、通訳人の性別や国籍にも注意を払わなければならない。

――以上のように、通訳人の手配条件を挙げればキリがないが、外国人相談体制の構築にあたっては、可能な選択肢のなかから、各要件を吟味したうえでの通訳体制を準備すべきであろう。

4　外国人相談者の動向

前記3で述べた特性を意識した外国人相談体制の構築が基本であるが、さらには近時の動向をも踏まえながら柔軟な体制構築と維持／管理を続けることが望ましい。

そこで、次に外国人相談体制に影響を及ぼす近時の相談主体の動向について確認する。

(1)　在留外国人人口の増加（相談ニーズの量的増加）

冒頭に述べたとおり、日本人人口は減少局面に入って久しいのに対して、在留外国人の数は、リー

図5　在留外国人数の推移と我が国の総人口に占める割合の推移[5]

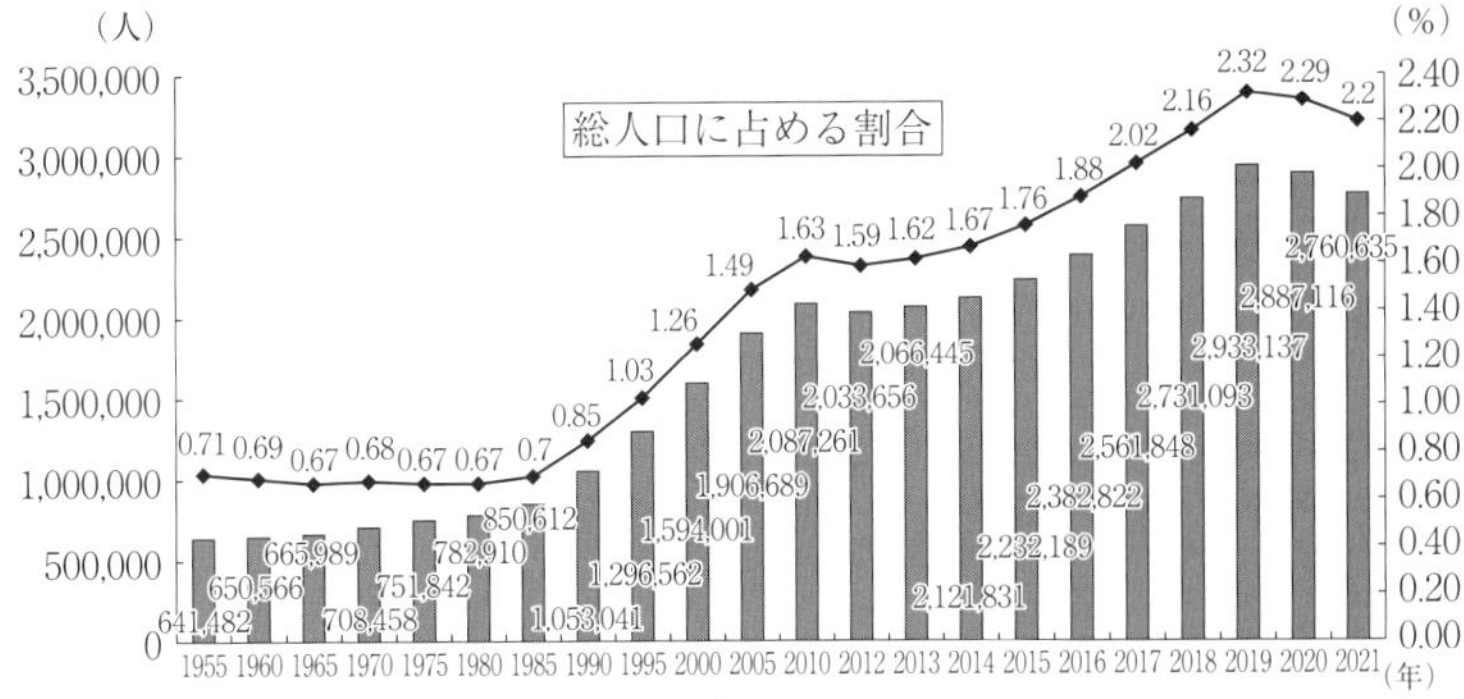

（注1）本数値は、各年12月末現在の統計である。
（注2）1985年末までは、外国人登録者数、1990年末から2011年末までは、外国人登録者数のうち中長期在留者に該当し得る在留資格をもって在留する者及び特別永住者の数、2012年末以降は、中長期在留者に特別永住者を加えた在留外国人の数である。
（注3）「我が国の総人口に占める割合」は、総務省統計局「国勢調査」及び「人口推計」による各年10月1日現在の人口を基に算出した。

マンショック・東日本大震災・新型コロナウイルス感染拡大の影響時期を除いては、一貫して増え続けており、今のところ増加傾向を維持している（図5）。

そのため、外国人相談の相談者となり得るべき当事者の数も、未だに増加を続けている。すなわち人数ベースで言えば、2020年においては1985年の3倍以上の相談ニーズが存在することとなり（図5）、相談体制も3倍以上の規模感が求められる状況となっている。

そして、在住外国人としては、主として中長期在留資格者で構成される統計上の「在留外国人」のほかに、非正規滞在状態にある外国人も相当数存在し（図6）、やはり外国人相談の対象者となるべきことを看過してはならない。

図６　外国人不法残留者数の推移（各年1月1日現在）[6]

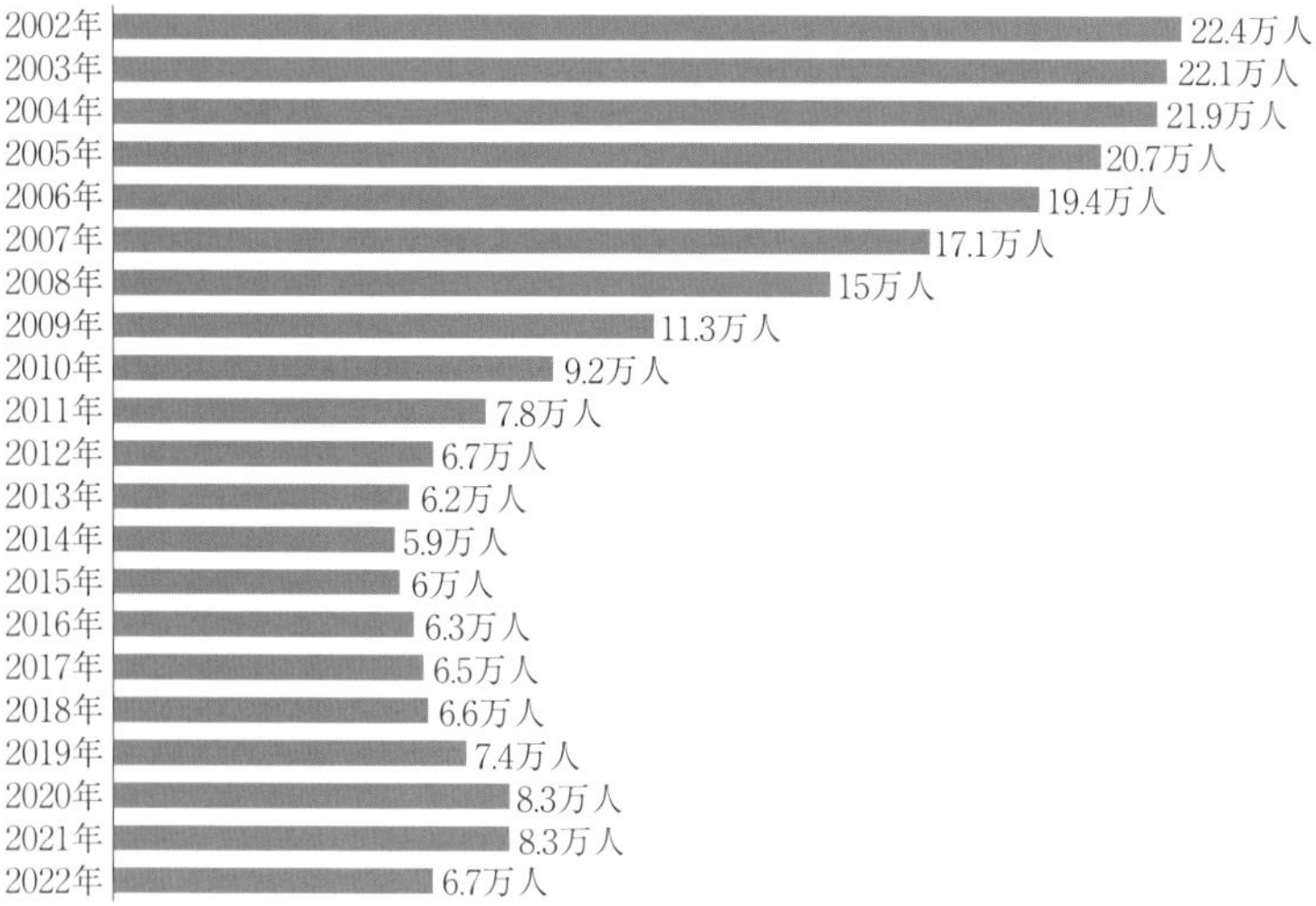

(2)　国籍構成の変動（言語ニーズの変動）

さらに、在住外国人の国籍や出身国の構成も、常に大きく変動している。それは、すなわち相談者の第一言語の構成変化へと直結するものと考えられる。表1は、刑事裁判の法廷通訳の言語推移であるが、在住外国人の相談における通訳言語ニーズの変動と相当程度比例していると言えるのではないだろうか。

急激な言語構成の変化に対応するためには、外国人相談通訳の言語についても、迅速かつ柔軟な変動対応を求められることになるが、そのような変化を先取りした通訳人の養成が行われているわけでもないことから、需要と供給のミスマッチの問題が、外国人相談現場において広く認識されている。[8]

表１　言語別有罪人員の推移[7]

（地方裁判所・簡易裁判所総数）

言語＼年次	平成22年	23	24	25	26	27	28	29	30	令和元年	2	3
総　数	3,317	2,635	2,437	2,254	2,372	2,688	2,614	2,980	3,712	3,880	4,424	4,090
中国語	1,031	881	755	738	824	878	745	907	1,189	1,079	1,032	830
北京語	981	837	720	709	796	858	723	869	1,140	1,050	983	815
広東語	14	16	11	15	13	8	15	29	36	25	42	11
台湾語	7	5	2	2	4	3	2	3	6	2	1	—
福建語	8	5	4	1	1	—	—	1	2	—	—	—
上海語	1	1	4	2	2	4	1	3	2	—	1	2
その他	20	17	14	9	8	5	4	2	3	2	5	2
韓国・朝鮮語	377	250	225	170	157	125	137	114	119	74	87	58
ポルトガル語	332	219	235	218	225	218	239	212	214	219	208	210
フィリピノ(タガログ)語	394	324	277	221	216	248	235	242	254	263	263	225
スペイン語	243	199	162	167	152	133	145	128	125	125	134	100
ベトナム語	229	206	191	222	274	483	538	705	986	1,175	1,655	1,608
タイ語	141	85	109	94	102	132	122	140	164	219	290	262
英語	194	197	169	145	165	196	173	185	203	212	165	184
ペルシャ語	116	74	69	61	43	37	35	40	30	27	21	20
シンハラ語	35	25	23	33	25	32	17	28	58	70	89	104
インドネシア語	28	15	13	16	17	25	47	51	60	95	112	117
ベンガル語	25	12	25	18	10	22	11	11	15	10	10	20
ウルドゥー語	21	13	26	18	21	13	17	14	23	17	11	18
ロシア語	27	23	30	16	24	15	13	25	36	13	22	10
トルコ語	10	14	18	13	15	16	25	36	36	25	44	48
モンゴル語	17	16	10	6	7	19	19	23	32	27	25	28
ミャンマー語	14	5	12	13	3	6	9	18	30	22	15	18
ネパール語	13	8	6	12	7	13	16	29	37	74	73	71
タミール語	6	1	2	4	1	3	5	6	8	9	11	12
フランス語	21	19	16	17	15	15	14	15	15	24	9	18
パンジャビ語	6	2	12	4	8	5	8	4	7	7	5	13
ヒンディー語	8	5	7	6	6	10	8	9	8	13	16	14
ヘブライ語	6	3	5	—	1	1	1	—	—	1	1	1
その他	23	39	40	42	54	43	35	38	63	80	126	101

（注）被告人に通訳翻訳人が付いた実人員である。

(3) 在留資格の変動（定住化傾向にともなう相談傾向の変動など）

次に、在留資格別の構成を見てみると（図7・8）、特別永住者（いわゆる「在日」の当事者）が漸減する一方で、一般「永住者」や「定住者」「日本人の配偶者等」といった身分に基づく安定的な在留資格を有する外国人が増加し、在住外国人の定住化／永住化が進行していることが窺われる。

もはや在住外国人は一時的に日本に滞在する存在ではなくなり、外国人相談の内容も、日本人の場合と変わらない介護や年金、遺言・相続等の相談も順次増加して行くと考えられる。

また、もう一つの傾向として、「技術・人文知識・国際業務」資格者の増加を指摘することができる。これは留学生が卒業後に日本企業に就職するという道筋が安定して形成されつつあることを示していると思われる。とはいえ、「技能実習」「留学」「家族滞在」資格の比率も依然として高止まりしていて、外国人労働者という観点で見ると、名実の乖離が相変わらず解消されていない実情を認めることができる（図9）。

(4) 地域別分布（集住と散在傾向の継続、地域ごとの国籍構成の差異）

さらに、都道府県別の在留外国人の分布を見ると、上位10都府県に7割が居住するという偏在傾向が認められ（第1章1(2)参照）、この傾向は長期間にわたって維持されている。

もう少し細かく見れば「集住都市」と言われる基礎自治体も点在し、同一都道府県内でもさらに偏

図7　在留資格別　在留外国人の構成比（令和 4 年 6 月末現在）(9)

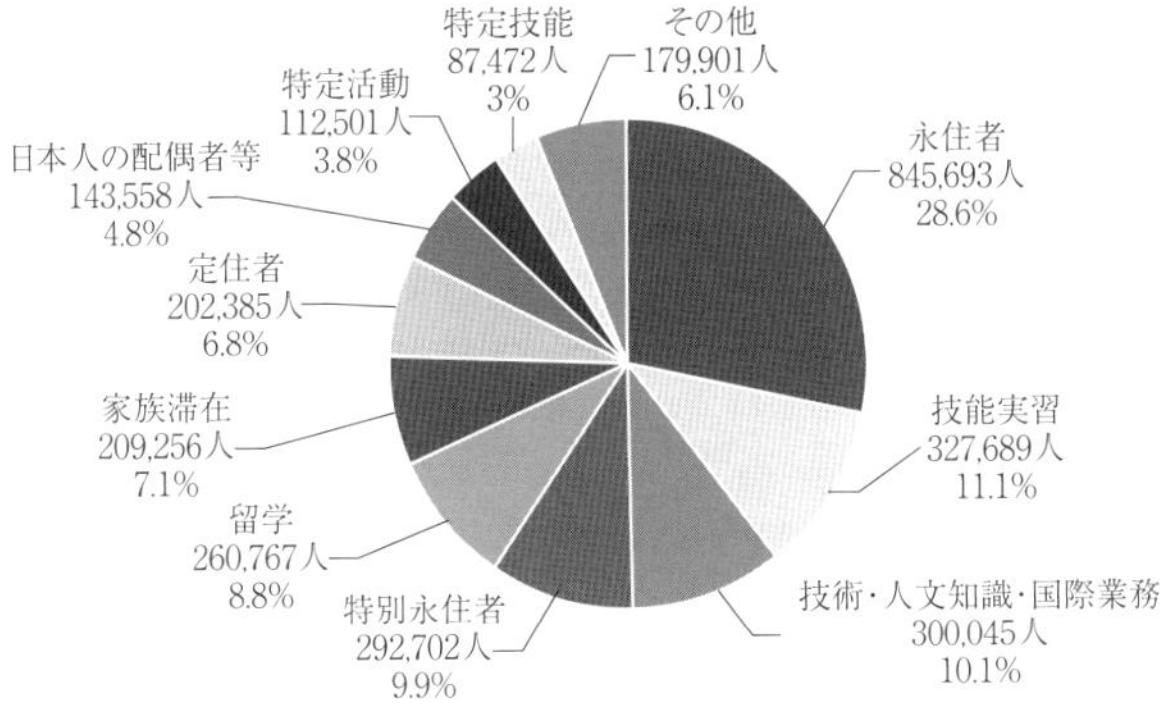

図8　在留資格等別　在留外国人数（平成 26 年末現在）(10)

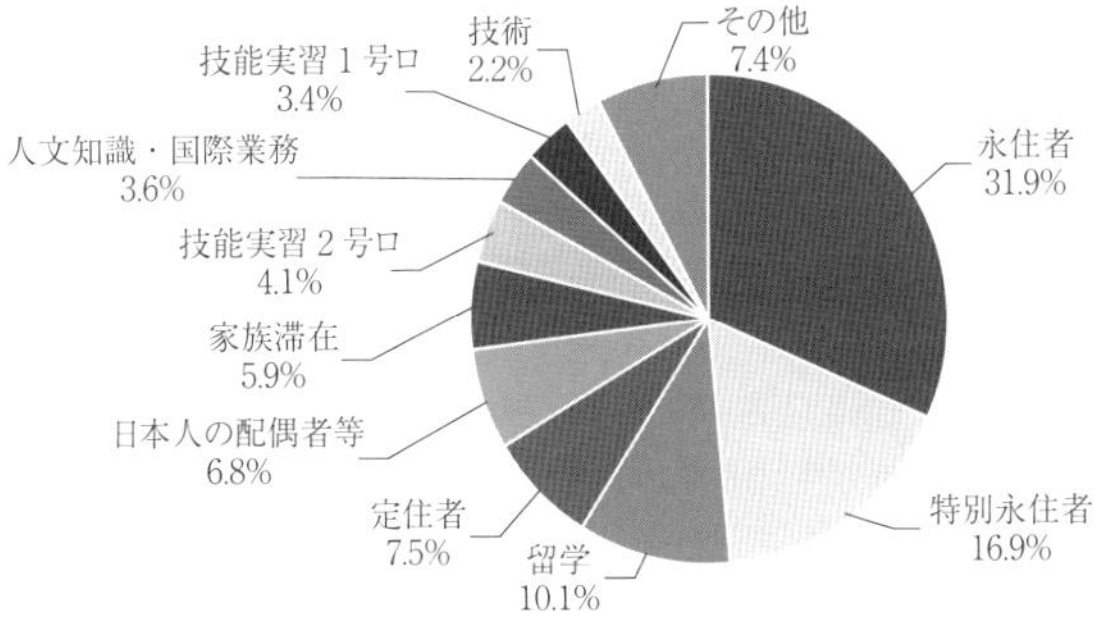

図9　在留資格別　外国人労働者の割合（令和 3 年 10 月末現在）(11)

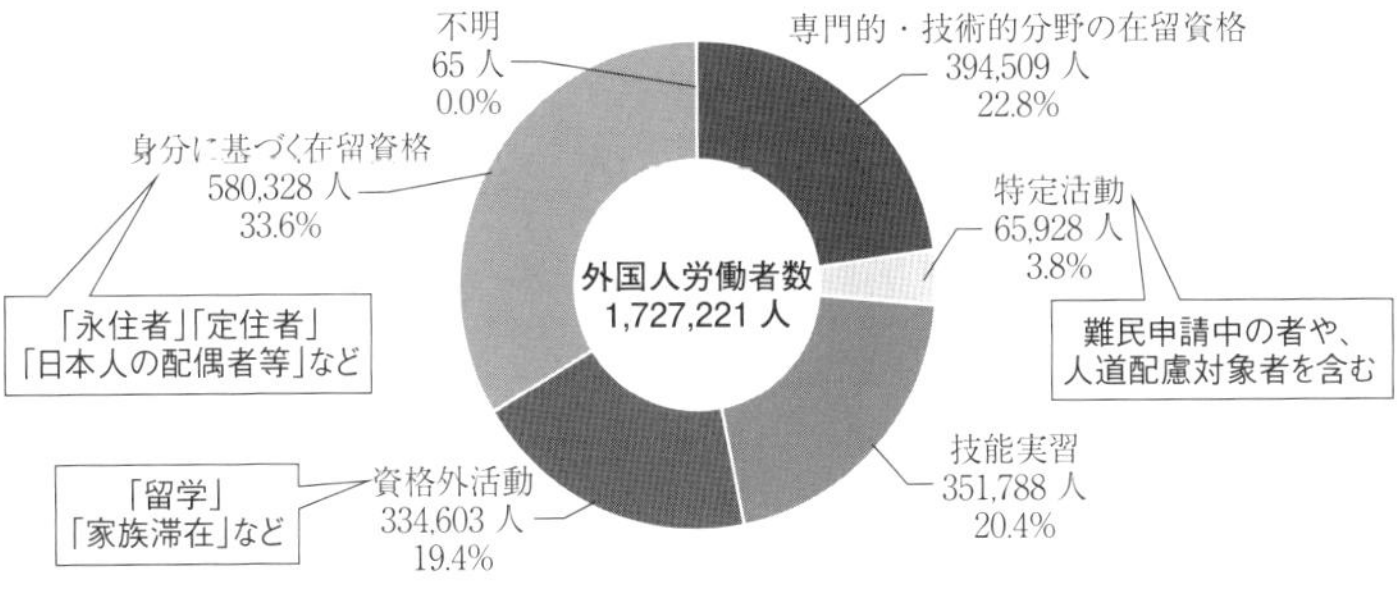

表2　在留外国人の地域別の国籍構成(12)

	総数	国籍・地域数	上位5ヶ国（人数）				
			1位	2位	3位	4位	5位
北海道	41,048	143	ベトナム (10,440)	中国 (8,980)	韓国・朝鮮 (4,625)	フィリピン (2,405)	インドネシア (1,757)
宮城県	23,249	124	中国 (5,212)	ベトナム (4,500)	韓国・朝鮮 (3,205)	ネパール (2,157)	フィリピン (1,474)
東京都	566,525	185	中国 (222,218)	韓国・朝鮮 (92,006)	ベトナム (37,167)	フィリピン (33,941)	ネパール (26,643)
愛知県	280,912	159	ブラジル (60,014)	ベトナム (48,608)	中国 (44,396)	フィリピン (40,983)	韓国・朝鮮 (29,241)
大阪府	262,681	170	韓国・朝鮮 (94,211)	中国 (66,715)	ベトナム (45,344)	フィリピン (9,944)	ネパール (8,117)
広島県	18,765	105	ベトナム (13,927)	中国 (11,940)	フィリピン (7,932)	韓国・朝鮮 (7,514)	インドネシア (2,538)
香川県	14,234	85	ベトナム (3,690)	中国 (2,987)	フィリピン (2,115)	インドネシア (1,347)	韓国・朝鮮 (843)
福岡県	85,065	157	ベトナム (19,365)	中国 (18,668)	韓国・朝鮮 (15,230)	ネパール (10,672)	フィリピン (5,984)
全国	2,961,969	194	中国 (744,551)	ベトナム (476,346)	韓国・朝鮮 (438,211)	フィリピン (291,066)	ブラジル (207,081)

在傾向が認められる。他方で、それ以外の自治体に在留外国人がいないかと言えばそんなことはなく、文字どおり散在している状況にある。

したがって、集住地域では集住地域なりの、散在地域では散在地域なりの外国人相談ニーズへの合理的な対応方法を考える必要がある。

また、国籍別構成をみると、地域によって国籍構成に少なからぬ差異が生じていることがわかる（表2）。このことは、通訳・翻訳言語のニーズの構成の差異に直結すると考えられることから、相談通訳の準備に関しても地域ごとの国籍・第一言語構成の差異に応じた対応が求められるということがわかる。

5　外国人相談をめぐる、近時の注目すべき動向（その1・新しい外国人労働者受入れ施策）

これまで述べてきたように、外国人相談の相談主体たる在住外国人については、少なくとも1990年代以降の約30年間にわたり、人数、国籍・言語構成、在留資格構成、地域別分布等に大きな変動が生じており、外国人相談についてもそのような変動に応じた体制の構築／維持が必要であったものと言える。

にもかかわらず、政府がこのような変動に対して適時かつ主体的に相談体制構築を実施する動きは、残念ながら長年にわたって見受けられないままであった。

そのなかにあって、まず、2019年度から開始された新しい外国人労働者の受入れ施策の実施にあたって、政府が、ある意味初めて主体的に省庁横断的な総合的対応策を打ち出し、そのなかに外国人相談体制や通訳体制の構築についての施策が含まれていることは、注目に値するので、まずこの点を取り上げたい。

(1)「総合的対応策」

①　入管庁発足と在留支援業務の開始

2019年4月からの改正入管法等の施行にともない、新たな外国人労働者の受入施策が開始された。具体的には、「特定技能」の在留資格が新設されるとともに、法務省入国管理局が出入国在留管理庁に改組されるなどの対応が実施された。

「特定技能」の在留資格は、政府が初めて、非熟練・非専門的・非身分系の就労資格を正面から認めたという点で一定の意義を有する。また、入管の職掌事務に、従来からの出入国在留「管理」に加えて、在留「支援」が追加されたことも目新しい。

② 総合的対応策の制定・改定

前記①の改正法施行に先立って、政府は、「外国人材の受入れ・共生に関する関係閣僚会議」を実施し、施行3ヵ月前の2018年12月25日の第3回会議で「外国人材の受入れ・共生のための総合的対応策」を決定した。

この総合的対応策の関連においては、改正法施行後も、本章執筆時までの間においても以下のとおりアップデートが重ねられている。

○2019年6月18日　第5回会議で「～総合的対応策の充実について」を決定
○2019年12月20日　第6回会議で「～総合的対応策（改訂）」を決定
○2020年7月14日　第8回会議で「～総合的対応策（令和2年度改訂）」を決定
○2021年6月15日　第10回会議で「～総合的対応策（令和3年度改訂）」を決定
○2022年6月14日　第12回会議で「～総合的対応策（令和4年度改訂）」とともに、新たに「外

国人との共生社会の実現に向けたロードマップ」を策定

(2) 総合的対応策のもとでの外国人相談体制

① 一元的相談窓口（ワンストップセンター）

２０１８年12月の最初の総合的対応策においては、「適切な情報や相談場所に迅速に到達することができるよう、都道府県、政令指定都市及び外国人が集住する市町村約１００ヵ所において、地方公共団体が情報提供及び相談を行う一元的な窓口である『多文化共生総合相談ワンストップセンター（仮）』」を設置するという方針が打ち出された。具体的には、政府から、対象自治体に対して、一元的な外国人相談窓口の「整備費」と「運営費」を一定程度交付してワンストップ相談拠点の設置を促すというものであった。

当初はこの政府からのある意味唐突な自治体選定と呼びかけに対して、〝指名〟を受けた自治体の反応は鈍く、補助金申請も低調であった。しかし、その後は徐々に浸透する一方、選定対象外だった自治体からも適用の要望が相次いだ結果として、最終的には補助金申請可能な自治体は全自治体に拡大された。

実際の申請例を見ると、外国人相談との関係では、「整備費」を用いて相談ブースの設置等を行う例が見られ、「運営費」を用いて通訳端末を契約する例などが見られた。

なお、２０１９年６月の「総合的対応策の充実について」以降、ワンストップセンターの名称は

「一元的相談窓口」という呼称に変更されたものの、〝ワンストップセンター〟の名称がすでにかなり広く浸透していたため、実務上の呼称は若干混乱気味である。とはいえ、執筆時現在、この一元的相談窓口は、全国232ヵ所以上も設置されるに至っており[13]、そのこと自体、外国人相談のアクセス先の増加・充実という意味での大きな前進と言うべきであろう。

ただし、同じ一元的相談窓口として位置づけられていても、各自治体・各拠点別にその組織や対応体制やレベルはまちまちであることから、今後は、全体的な底上げと、必要かつ相当な範囲でのサービス統一化が課題となろう（この点に関連しては、入管庁が、「一元的相談窓口設置・運営ハンドブック」を公開し、一定程度の効果が見込まれるところである。また、同ハンドブックのなかでは、自治体の取組事例も順次紹介されており、参考になる[14]）。

② **外国人在留支援センター（ＦＲＥＳＣ）**

前掲の総合的対応策のうち、2019年6月の改訂（「総合的対応策の充実について」）において、ワンストップセンターとは別に、「関係部門の窓口を集約させた」組織として「外国人共生センター（仮称）」新設の方針が打ち出された。そして、この方針に基づき、2020年7月に東京・四ッ谷駅前の再開発ビル内に「外国人在留支援センター（英訳名：Foreign Residents Support Center／FRESC」が開設されるに至った。ＦＲＥＳＣには、法務省・厚労省・外務省・経産省関係の多数機関が同居し、それ自体として一元的相談窓口を形成している。

本来であればFRESCには、全国200ヵ所以上も展開された一元的相談窓口を総括・バックアップする〝ハブ〟的存在となることこそが想定されるべきところ、実際には、FRESCのフロア構成を見るに〝東京ローカル〟の大規模一元的相談窓口という色彩も強い。今後はむしろFRESCが、各地の一元的相談窓口に寄せられた高度・困難な相談や、全国規模での対応や統一見解が必要な相談、少数言語の通訳／翻訳確保が必要な相談等について、強力にバックアップしつつ統括する機能を果たすことを期待したい。

6　外国人相談をめぐる、近時の注目すべき動向（その2・〝コロナ対応〟〝ウクライナ対応〟）

前述の新しい外国人労働者受入れ施策と総合的対応策が開始されて1年も経たないうちに、日本を含めた世界各地は新型コロナウイルス感染拡大に晒され、その状況は予想以上に長期化している。これにより、社会的には様々な分野で甚大な不利益と損害が生じていることは間違いないし、執筆時現在もなお収束に至ってはいない。その結果、外国人相談の分野でも、これまでにはなかった様々な深刻な相談ニーズが多数生じ、相談現場ではその対応に追われることとなった。

他方、こういった〝コロナ対応〟によって、期せずして大きく進展した分野もあった。それがオンラインによるコミュニケーション手段の発達と浸透である。

以下では、新型コロナウイルス感染拡大を契機として生じた、外国人相談分野での顕著な変化について論じる。

(1) 新型コロナウイルス感染拡大にともなう、外国人相談のニーズ変動

新型コロナ感染拡大にともなって、日本における外国人相談のニーズにも大きな変動が生じた。主なものとして以下のものが挙げられる。

① 出入国制限にともなう相談変化

新型コロナ感染拡大にともなって世界各国は出入国についても前例のない厳しい制限と緩和を繰り返すこととなった。日本政府の場合、とりわけその出入国の制限と緩和の開始や終了は唐突で予測困難であり、そのことは、多数の在住外国人に大きな困惑と混乱をもたらした。そのため、永住者でありながら一時的な里帰りの結果として長期にわたって日本に戻れなくなったり、再入国許可を取って出国したにもかかわらず日本に戻る目処が立たないままに再入国期限が迫る事案や、何日間も空港周辺に留め置きされる事案等が発生し、前例の乏しいカテゴリの外国人相談ニーズが多数発生する事態となった。

他方で、新規入国者がほぼなくなった時期においては、来日直後の難民申請の相談も消え、入管収容施設がコロナ対応で大規模な仮放免措置をとった結果として収容下での相談が急減するという状況

も見受けられた。

② ワクチン接種や給付金にともなう相談

また、新型コロナについてはワクチン接種も社会的に大きなテーマとなったが、在留資格を有しない外国人や、短期滞在で住民登録対象外の外国人へのワクチン接種については、当初政府から明確な方針が示されず、当事者も自治体・保健所も混乱を極めていた。

他方、給付金については、住民登録対象外の外国人が早々に支給対象から除外された。しかし、本来であれば、就労許可がなく経済的に最も困難な場に置かれている短期滞在者や非正規滞在者を給付金対象から除外して何の対策もしないで放置して良いわけもなく、結局は民間ベースで政府の施策の穴埋めをすることになった。

(2) 新型コロナウイルス感染拡大に対応した外国人相談

(1)で述べたところからもわかるとおり、新型コロナによる制限の典型は「行動制限」「移動制限」である。

そのような制約下で新たに生じた多数の外国人相談ニーズは、図らずも、オンライン（非対面）による対応の大幅な進展を招いた。

① 電話相談

新型コロナ感染拡大下における相談対応では、電話対応が大きな効果を発揮した。

2011年の東日本大震災後においても、地震・津波や原発災害に晒された外国人からの相談対応に当たっては電話相談が大きな役割を果たしていたが、その経験を踏まえつつ、新型コロナ感染拡大下でも、外国人を対象とした電話相談が初動において大きな効力を発揮したのである。

とりわけ、東京都（生活文化局）が2020年4月17日という比較的早い段階に設置した「東京都外国人新型コロナ生活相談センター（TOCOS）」は、多言語による外国人からの電話相談（通訳つき）を広く受け付け、有益な受け皿としての機能を発揮した。このように相談会場をまったく設置せず、専ら電話相談で完結する態様にて成果を収めたことは、その後の外国人相談の運営実務に対しても影響を及ぼすものと言えよう。(15)

② オンライン相談

さらに、一般的なビジネスの現場から個人的な交流の場まで、オンラインツールが新型コロナ感染拡大下で一気に普及し、それは外国人相談の現場にも及んだ。

従来型（会場設営型）の外国人相談においては、相談者にとって相談会場へのアクセスが必ずしも容易ではなく（交通に不案内な場合や、職務質問を恐れる場合など）、また少数言語の通訳人を近隣から確保することが一般的には極めて困難であるといった問題を抱えていた。

しかし、オンラインツール（Ｚｏｏｍなど）が一般にも広く利用されるに至り、かつ、動画でのコミュニケーション品質も向上した結果、外国人相談の現場においては、オンラインでの相談運用が一般化し、そのことは結果として外国人相談へのアクセス向上と相談運営費用の低減に大きく貢献することとなったのである。

③ 遠隔（オンライン）通訳

②とも重複するところがあるが、通訳の方式については、むしろ電話やウェブ会議システムを通じてのいわゆる遠隔通訳が一般化した。それと合わせて、遠隔通訳を前提とする通訳会社（通訳サービス）も複数登場し、官公庁や一元的相談窓口等が通訳会社と契約することによって、一気に通訳対応言語を10～20言語に増強するという状況も珍しくなくなった。

これも、新型コロナ対応を契機としたオンライン通訳の一般化と切り離せない事象である。

(3) ウクライナからの難民（〝避難民〟）に対応した外国人相談

以上に述べた新型コロナウイルス感染対応をしているさなかの２０２２年2月、ロシアによるウクライナ侵攻が開始され、それにともなって日本にもウクライナから避難した難民が到着した。ただし、日本政府がこの難民を「避難民」という括りで処遇し、一般の難民認定の対象とは必ずしもしないこととしつつ、他方で特例的な保護措置を講じたことによって、様々な混乱が生じた。

ウクライナ侵攻勃発の半年ほど前の２０２１年8月にはアフガニスタンでタリバンが政権を奪取したばかりであり、そのさらに半年前の同年2月にはミャンマーで軍部が政権を奪取したばかりであった。たとえば、こうした状況下に置かれたアフガニスタン難民（申請者）やミャンマー〔ビルマ〕難民（申請者）との処遇の格差、すなわちウクライナからの〝避難民〟優遇については、議論や不満を呼び起こすこととなった。

その結果として、新型コロナ感染拡大下で新規入国者は激減している一方で、ウクライナ〝避難民〟からの相談や、ウクライナ〝避難民〟との格差に不満を持つ他国出身難民申請者からの相談が多く寄せられるようになり、外国人相談の現場では対応に追われることとなった。

7　外国人相談の実践事例の紹介

ここまで述べてきたような外国人相談者の数や内訳の中長期的な変動に対しては、限られた相談資源を有効活用する動きが、各地で見られる。加えて、２０１９年度以降の、新しい外国労働者受入れ施策開始～新型コロナウイルス感染拡大～ウクライナ侵攻勃発といった一連の短期的変動に対しても、試行錯誤ながらも注目すべき動きが見られる。

そこで、本章の末尾として、いくつかの注目すべき取組み事例を紹介することとしたい。

(1) 複数主体による「連携」相談

① 広域連携（自治体持ち回り）方式

一元的相談窓口でもそうであるが、各自治体の各拠点で外国人相談の運営を完結させようとすると、どうしても予算上・人員上の壁にぶつかるし、相談ニーズの増減（ムラ）に対する対応力も薄れる。

この観点からの古くからの取組み事例として知られるのが、東京都において長年実施されてきた「リレー相談会」である。これは、東京都内各地の区市等が年間1回ずつ持ち回りで対面型の外国人相談会を開催することとして年間予定を組み、いつでも都内で直近に行われる相談会を紹介できるように企図したもので、２００２年度から20年間以上続いている。[16] 各相談主体の負担を極小化しながらも、年間を通じて平準化されたサービスを行き届かせる工夫として合理的であるからこそ、これほど長期間にわたって続いてきたものと言えよう。

② 法テラスと自治体・弁護士会等との連携方式

日本司法支援センター（法テラス）は、資力のない当事者等に対するリーガルサービスの提供を主目的として、政府によって設置された組織であり、資力（相談料や通訳料）に困難を有したり、司法アクセスに困難を有したりしている外国人についても、法テラスの支援対象となるか否かは大きな影響力を持つ。とはいえ、法テラスの拠点（本部、地方事務所、支部、出張所、地域事務所）は全国で

110ヵ所であり（2020年3月末現在）、そのネットワークには空白があるし、110ヵ所全部が外国人相談に対応しているわけでもない。そこで、法テラスと他の主体との連携も重要となる。

たとえば、法テラス東京（東京地方事務所）は、2019年7月から東京都生活文化局（現・生活文化スポーツ局）と連携し、都の「都民の声生活相談室」を法テラスの「指定相談場所」に指定したうえで、法テラスから弁護士を派遣して外国人法律相談を実施している。また、法テラス大阪は、大阪弁護士会と連携し、同弁護士会（弁護士会館）を「指定相談場所」と指定して、外国人相談を実施中である。

③ 行政機関同居による連携方式

前掲5⑵②の「FRESC」では、法務省関係（入管庁在留支援課、東京入管、東京法務局人権擁護部、法テラス国際室）、厚労省関係（東京労働局外国人特別相談・支援室、東京外国人雇用サービスセンター）、外務省関係（外務省ビザ・インフォメーション）、経産省関係（日本貿易振興機構＝ジェトロ）の各組織が同居して一元的相談窓口を形成している。

縦割り行政打破と文字どおりのワンストップ相談の実現の観点からは、このような省庁横断的な窓口設置は有効であろう。その意味で、せめて各地の合同庁舎内に入居した省庁が外国人総合相談窓口を設けて協働する動きがあっても良いと思われる。

④　一元的相談窓口による、他組織連携方式

仙台市は、「仙台多文化共生センター」を一元的相談窓口として設置し、2019年6月からそこにおいて他団体との恒常的連携を開始した。具体的には、地元の弁護士会、行政書士会、労働局、入管の4組織と連携したうえで、各組織から月一回ずつ担当者の派遣を受けてセンター内で専門性の高い外国人相談を実施するという対応を行っているものである[17]。

また、山形県は、「山形県外国人総合相談ワンストップセンター」を一元的相談窓口として設置していたところ、2020年8月から、山形県弁護士会と連携して毎月定例で外国人法律相談を実施している[18]。

このように、一元的相談窓口が、いわゆる士業団体や行政組織と連携することによって、相談対応の範囲とレベルを改善するという施策は、限られた相談資源の合理的活用という観点で有効であろう。

(2)　新規発生事態に即応した、「テーマ別」相談

①　新型コロナ相談、ワクチン接種相談

次に、新たな事態が発生した場合に即応するための、テーマを絞った相談についても、注目すべき実践例がある。

まず、2020年4月に開始された前掲6(2)①の「東京都外国人新型コロナ生活相談センター（TOCOS）」が、初動の早さや多言語対応という意味で大きな役割を果たしたと言えるが、2021

年３月の同センター終了後は、同年４月発足の東京都つながり創生財団による「東京都多言語相談ナビ（ＴＭＣナビ）」へと引き継ぎがなされている。

他方、その後の対応フェーズの変動に応じて、２０２１年10月からは、「外国人新型コロナワクチン相談センター（COVID-19 Vaccination Information Center for International Citizen）」がＴＯＣＯＳ同様の電話による多言語対応方式で実施され、これも相当程度の成果を収めた[19]。

② ウクライナからの避難者向け相談

さらにウクライナからの避難者向けに特化した相談についても、以下のとおり実践例が認められる。

まず、政府系としては、２０２１年５月まではＦＲＥＳＣのヘルプデスクとして、６月からは「ウクライナ避難民ヘルプデスク」として、電話とメールによる相談を受け付けている。加えて入管庁のウェブサイト上で「日本に在留しているウクライナのみなさんへ　Українцям, які проживають в Японії.」と題する特設サイトを設けて情報提供を開始した。

他方、民間系としては、ＮＰＯ法人「国際活動市民中心（ＣＩＮＧＡ）」が、ウクライナ出身の心理士（ウクライナ語・ロシア語対応）による電話やＳＮＳ（WhatsAppとTelegram）での相談窓口「心のよりそい電話（Натисніть щоб перейти на українську）」を開設した。

執筆時現在、いずれも継続されている。

(3) 相談へのアクセス向上施策の実施

① オンライン特化相談

新型コロナ感染拡大は、社会一般において、オンラインツールの発展と浸透を一気にもたらした。その結果、外国人相談の運営においても、オンラインによるコミュニケーションは主要な選択肢に昇格し、オンラインツール（Ｚｏｏｍなど）を使った相談がごく当たり前に実施されるようになった。また、通訳についても、遠隔通訳が当たり前となり、通信環境とオンラインツールの急速な改善にともなって、オンライン上でも違和感のない通訳の実施が可能になった。

これにより、少数言語の通訳人が遠隔地にいる場合であっても、そのことが支障とならずに第一言語の通訳を付した相談の実施が可能となった。また、多忙な専門家に移動を強いる必要がなくなったことにより、スケジュール確保の面でも費用の面でも負担が激減し、移動困難や交通不案内の外国人相談者を無理に会場に導く必要もなくなった。

このようにオンライン相談のメリットが、デメリットを大きく凌駕したために、近時は当初からオンラインのみで設定される外国人相談も増えてきている（図10）。

② 入管収容施設出張相談

移動困難な相談者を対象とする場合に、①のオンライン相談は有効な手段であるが、相談者が移動のみならず通信手段の利用をも制約されている環境にいる場合には、さらに別の相談アクセス方法を考えなければならない。

その典型例が、入管収容施設に収容されている外国人であり[20]、これらの外国人からの相談については、相談担当者及び通訳が出向いて相談アクセスを確保せざるを得ない場合が一般的である。

そのため、いわゆる「アウトリーチ」施策の一環として出張相談の充実化が進められつつある。たとえば、関東周辺においては、各弁護士会によって出張法律相談が設定されるに至っている（表3）。

8 まとめにかえて――外国人相談の今後の展望

以上、概観してきたとおり、在住外国人の相談については、その基本的な特性に応じた相談体制の構築が要請されることについては常に変わらないものの（前記3）、在住外国人の人数、国籍・言語構成、在留資格構成、地域別分布等に発生してきた大きな変動に対応してその体制については常に迅速かつ柔軟な変更が求められていることに留意が必要である（前記4）。

この点についての政府の対応は長年にわたって停滞気味であったものの、2019年度からの新たな外国人労働者受入れ施策の開始にともなう全国規模の「一元的相談窓口」展開等によって、局面は大きく改善される可能性が出てきた（前記5）。そして、その状況下において生じた新型コロナウイルス感染拡大にともなうオンライン対応の急速な普及を契機に、外国人相談へのアクセスや相談運営

図10　Zoomを利用したオンライン相談の実践[21]

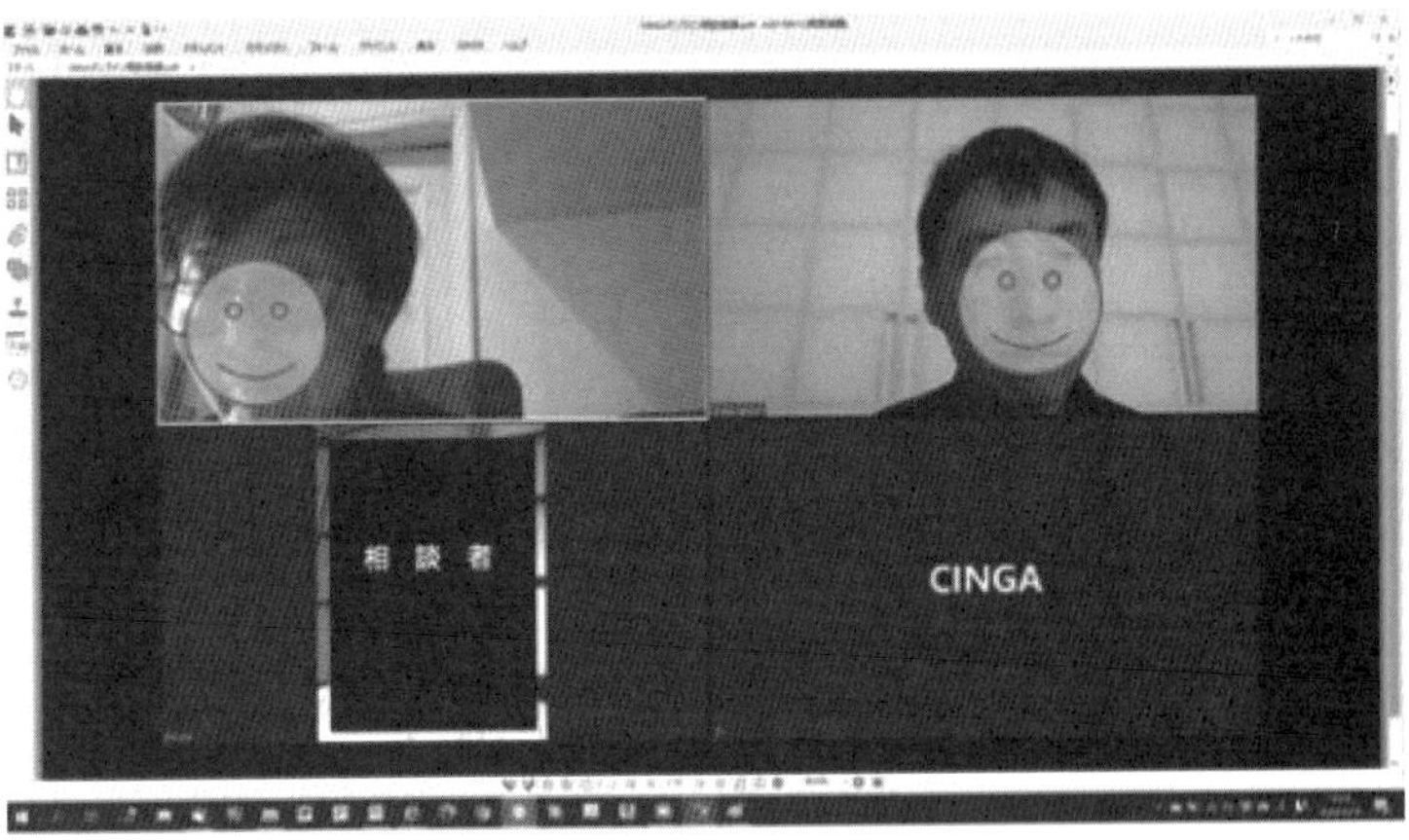

表３　各弁護士会の入管収容施設出張法律相談

手続き段階	アウトリーチ先具体例	アウトリーチ実践例			
		実施	内容	主体	備考
退去強制手続中&退令発付後	東京入管収容場	○2009年度頃～	出張相談	東京・第一東京・第二東京弁護士会	電話申込→弁護士出張面会
	東京入管横浜支局収容場	△(2013年度頃～)	出張相談	神奈川県弁護士会	同上
	東日本入国管理センター(茨城県)	○2010年度～	出張相談	関東弁護士会連合会	手紙申込→弁護士出張面会
		○2011年度～	一斉出張相談	関東弁護士会連合会／東京・第一東京・第二東京弁護士会	年2回定期出張／各約24件一斉相談所内事前申込受付
	その他の入管収容施設	○各々	電話相談または出張相談	各地の弁護士会	名古屋・大阪入管、大村入管センター(長崎県)で各実施中

筆者作成

の効率が一気に高まるという展開が見られる（前記6）。とはいえ、その過程で発生したウクライナ問題等により外国人相談には新たな難題が突きつけられている側面もある（前記7）。

これらのニーズの変化や高まりに対しては、各地の様々な主体が、それぞれ工夫を凝らして対応を行っており、近時は、複数の相談運営主体の連携やオンライン・遠隔相談の活用、そしてアウトリーチ等の試みが地道に続けられている（前記8）。

今後の動向から、一層目が離せない状況になっているものと言えよう。

注

（1）政府統計で用いる「在留外国人」は中長期在留者を中核とするが、一定の事情のもとで、在留資格を有さずに長期仮放免状態で生活をしていたり、短期滞在の在留資格で更新を繰り返して生活をしている外国人も相当数いるため、これらも含めて、本章では便宜上「在住外国人」という用語を設定して論じる。

（2）小松（2022）2頁より抜粋。

（3）浦城ほか（2018）5頁より抜粋。

（4）大木ほか（2014）64頁の拙稿部分の図を調製。

（5）出入国在留管理庁（2022a）24頁より抜粋。

（6）出入国在留管理庁（2022b）21頁の表と、法務省（2011）10頁の表を、筆者において合体・調製。なお、「不法残留者」という用語は、原資料の表における表題をそのままとしてある。

（7）最高裁判所（2022）61頁より抜粋。

(8) 筆者の所属するNPO法人「国際社会市民中心」(CINGA)でも、近年需要が急増したベトナム語やネパール語などの通訳確保には苦労している。
(9) 出入国在留管理庁(2022c)添付の公表資料より抜粋。
(10) 法務省(2015)添付の公表資料より抜粋。
(11) 厚生労働省(2021)の「本文」5頁より抜粋。
(12) 出入国在留管理庁(2022d)の表22-06-03-1「市区町村別 国籍・地域別 在留外国人」の数値に基づいて筆者において作表。
(13) 出入国在留管理庁(2022e)の文中説明では、「外国人受入環境整備交付金の交付決定を受けて一元的相談窓口を設置・運営している地方公共団体は、令和3年度末時点において、232団体」とされ、「令和3年度の一元的相談窓口における相談受付件数(相談内容ごとに計上した件数の合計)は、52万1699件」とされている。なお、CINGA(2022a)によれば、交付金の交付決定を受けていない団体を含めて、2022年11月時点で一元的相談窓口として約300拠点が認識されている。
(14) 出入国在留管理庁(2022f)30頁以下において、①長野県、②千葉県船橋市、③埼玉県ふじみ野市、④仙台市、⑤北九州市、⑥群馬県太田市、⑦広島市・府中市・海田町・熊野町・坂町、⑧浜松市の一元的相談窓口の取組み事例が選定され、具体的に紹介されている。
(15) 東京都生活文化局(2021)の「報告書ファイル」等を参照。
(16) 協議体である「東京外国人支援ネットワーク」が運営。執筆時現在は、東京都つながり創生財団が、「東京都多文化共生ポータルサイト」(https://tabunka.tokyo-tsunagari.or.jp/)上で年間スケジュール等の案内をしている。2023年度は年間15回(15ヵ所)開催である。なお、この相談会は、当初東京都武蔵野市で実施されていた方式に端を発していることから、基本的のこの武蔵野方式に則って実施されている。(多分野の専門家と多言語の通訳ボランティアとを会場に集めておき、コーディネーターが、相談者ごとに最適通訳と最適専門家を割り当てて行く方式。専門家や通訳ボランティアらは、待機時間中にはバックヤードで情報交換をしたり勉強会をしたりして過ごしつつ交流を深めるという点にも特色がある。）

(17) ２０１９年５月15日河北新報記事及び筆者によるセンター関係者からの聴取による。

(18) ２０２０年８月13日朝日新聞（山形版）記事、同月23日山形新聞記事。

(19) 既に終了した事業ではあるが、ＣＩＮＧＡ（２０２２ｂ）に、事業の概要に関する情報がある。

(20) 入管法39条（収容令書）・52条５項（退去強制令書）に基づき、全国の入国者収容施設（茨城県牛久市・長崎県大村市）や地方入管収容場に収容されている当事者を指す。

(21) ＣＩＮＧＡ（２０２０）掲載の報告書より。ＣＩＮＧＡ実施のオンライン外国人相談の例。四者が全て自宅等にいる状態で、法律相談を実施している。契約書面などは画面共有で表示するなどの工夫もした結果、対面相談と変わらぬ成果を出すことができている。画面の左上：通訳　右上：弁護士　左下：相談者　右下：コーディネーター（※一部画像処理済み）

引用文献・ウェブサイト

ＣＩＮＧＡ（２０２０）「報告書完成「活動報告会―新型コロナウィルスの影響下の東京でいまわたしたちが取り組んでいること」」（https://www.cinga.or.jp/703/　２０２３年５月27日最終アクセス）

ＣＩＮＧＡ（２０２２ａ）「全国１００か所ワンストップセンター相談センター訪問キャラバン」（https://www.cinga.or.jp/projects/　２０２３年５月27日最終アクセス）

ＣＩＮＧＡ（２０２２ｂ）「活動終了　外国人新型コロナワクチン相談センター」（https://www.cinga.or.jp/2108/　２０２３年５月27日最終アクセス）

浦城知子ほか（２０１８）「特集　外国人の法律相談」『ＬＩＢＲＡ』東京弁護士会（２０１８年１月号）(https://www.toben.or.jp/message/libra/pdf/2018_01/p04-18.pdf　２０２３年５月27日最終アクセス）４～18頁。
大木和弘・金竜介・児玉晃一・関聡介（２０１４）『外国人刑事弁護マニュアル　改訂第３版』現代人文社。
厚生労働省（２０２１）「『外国人雇用状況』の届出状況まとめ」(https://www.mhlw.go.jp/content/11655000/000887554.pdf　２０２３年５月27日最終アクセス）
小松聖（２０２２）「令和２年国勢調査―人口等基本集計結果からみる我が国の外国人人口の状況―」『統計Ｔｏｄａｙ』総務省統計局（１８０）(https://www.stat.go.jp/info/today/pdf/180.pdf　２０２３年５月27日最終アクセス）
最高裁判所（２０２２）『裁判所データブック　２０２２』(https://www.courts.go.jp/toukei_siryou/databook/index.html　２０２３年５月27日最終アクセス）
出入国在留管理庁（２０２２ａ）『出入国在留管理　２０２２』（白書）
出入国在留管理庁（２０２２ｂ）『出入国在留管理のしおり　２０２２』(https://www.moj.go.jp/isa/content/001329982.pdf　２０２３年５月27日最終アクセス）
出入国在留管理庁（２０２２ｃ）「令和４年６月末現在における在留外国人数について」（報道発表資料）(https://www.moj.go.jp/isa/publications/press/13_00028.html　２０２３年５月27日最終アクセス）
出入国在留管理庁（２０２２ｄ）「在留外国人統計（２０２２年６月末）」
出入国在留管理庁（２０２２ｅ）「令和３年度外国人受入環境整備交付金を活用した地方公共団体における一元的相談窓口の現況について」（報道発表資料）(https://www.moj.go.jp/isa/publications/press/12_00035.html　２０２３年５月27日最終アクセス）

出入国在留管理庁（２０２２ｆ）『一元的相談窓口設置・運営ハンドブック（令和４年11月改訂）』（https://www.moj.go.jp/isa/publications/materials/12_00067.html　２０２３年５月27日最終アクセス）
東京都生活文化局（２０２１）「東京都外国人新型コロナ生活相談センター（TOCOS）※令和３年３月31日終了」（https://www.seikatubunka.metro.tokyo.lg.jp/chiiki_tabunka/tabunka/tabunkasuishin/0000001451.html　２０２３年５月27日最終アクセス）
法務省（２０１１）『出入国管理のしおり　２０１１』（https://dl.ndl.go.jp/pid/11096349　２０２３年５月27日最終アクセス）
法務省（２０１５）「平成26年末現在における在留外国人数について」（報道発表資料）

参考文献・ウェブサイト

外国人材の受入れ／共生に関する関係閣僚会議（２０１８）「外国人材の受入れ・共生のための総合的対応策」、同（２０１９）「・・総合的対応策の充実について」、同（２０１９）「・・総合的対応策（改訂）」、同（２０２０）「・・総合的対応策（令和２年度改訂）」、同（２０２１）「・・総合的対応策（令和３年度改訂）」、同（２０２１）「・・総合的対応策（令和４年度改訂）」（https://www.kantei.go.jp/jp/singi/gaikokujinzai/index.html　２０２３年５月27日最終アクセス）。
外国人材の受入れ／共生に関する関係閣僚会議（２０２２）「外国人との共生社会の実現に向けたロードマップ」（https://www.kantei.go.jp/jp/singi/gaikokujinzai/index.html　２０２３年５月27日最終アクセス）
外国人ローヤリングネットワーク（鈴木雅子・関聡介編集代表）（２０２０）『外国人事件Ｂｅｇｉｎｎｅｒｓ　ｖｅｒ２』現代人文社。
杉澤経子・関聡介・阿部裕（２０１５）『これだけは知っておきたい！外国人相談の基礎知識』松柏社。

関聡介（２００８）「行政境界を超えた連携・協働の一場面としての「外国人相談」」東京外国語大学多言語・多文化教育研究センター報告書『越境する市民活動～外国人相談の現場から～』23～29頁（http://www.tufs.ac.jp/blog/ts/g/cemmer_old/2009/10/post_110.html　２０２３年５月27日最終アクセス）。

関聡介（２００９）「外国人相談「通訳」に求められる条件と課題」東京外国語大学多言語・多文化教育研究センター報告書『越境する市民活動と自治体の多文化共生政策』88～98頁（http://www.tufs.ac.jp/blog/ts/g/cemmer_old/2010/02/808.html　２０２３年５月27日最終アクセス）。

関聡介（２００９）「外国人法律相談における２つの壁」東京外国語大学多言語・多文化教育研究センター報告書『外国人相談事業―実践のノウハウとその担い手―』63～72頁（http://www.tufs.ac.jp/blog/ts/g/cem-mer_old/2009/08/post_102.html　２０２３年５月27日最終アクセス）。

関聡介・阿部裕・指宿昭一・杉澤経子・内藤稔・広津佳子（２０１８）「外国人法律相談における通訳人の認定制度に関する研究」日弁連法務研究財団『法と実務 14』商事法務、１～73頁。

第一東京弁護士会人権擁護委員会国際人権部会（２０１９）『外国人の法律相談Ｑ＆Ａ（第四次改訂版）―法的ポイントから実務対応まで』ぎょうせい。

東京弁護士会外国人の権利に関する委員会（２０１８）『外国人の法律相談 改訂版』学陽書房。

特定非営利活動法人 移住者と連帯する全国ネットワーク（２０１９）『外国人の医療・福祉・社会保障 相談ハンドブック』明石書店。

※なお、本稿脱稿後に、遠藤理恵（２０２３）「日本におけるウクライナ避難民の受入れ・支援をめぐる現状と課題」『移民政策研究』（15）２１９～２２８頁に接した。

❖コラム　自治体の特色

三重県伊賀市

社会福祉協議会との連携を通じた地域のつながりづくり

外国人住民数は5649人（2023年3月末時点）、全住民数8万6418人の6.5%を占める。国籍別ではブラジルがもっとも多く、ベトナム、中国、フィリピンが続く。近年、特定技能や技能実習などの若い世代の外国人住民が多くなっている。

多文化共生の推進体制

2021年に策定された「伊賀市多文化共生指針」、2023－2026年を第一期とする「伊賀市多文化共生推進プラン」のもと、市の多文化共生課をはじめ、国際交流協会、社会福祉協議会、NPO法人等、各種団体が連携しながら支援体制を構築している。

社会福祉協議会による外国人住民支援

伊賀市の外国人住民支援については、コロナ禍において社会福祉協議会（以後、社協）の取り組みに大きく進展があった。伊賀市では社協の地域福祉部・地域支援課に地域福祉コーディネーターを設置していることが特徴的であり、13名のコーディネーターが各6ヵ所に配置され、第4次地域福祉活動計画ではマイノリティ支援の取り組みを位置付けた。具体的には、貸付金や生活困窮相談などで外国人住民の窮状に向き合ったことで、地域で取り残されがちな外国人住民に対しても、社協の役割を知ってもらう取り組みとして、多文化共生フェスタに紹介ブースを設けたり、防災教室やフードパントリーを開催した。また、これらの来場機会を捉えて多言語版救急医療情報キット（わたしの安心シート）の普及活動も行い、物資だけでなく生活に必要な情報の提供の場として認知度を高めるよう努めた。また、日本人住民にもその存在を知らせる取り組みとして、社協の広報紙でも取り上げ、共通課題としての認識を地域に発信した。

地域とのつながりづくり

外国人住民コミュニティや支援者と市の外国人相談窓口が連携できるよう、多言語でのHPを開設するだけでなくフェイスブックなどのSNSを活用した発信を行政が積極的に行っている。他にも地域のつながりを構築することに力を入れており、国際交流協会は外国人児童のための教室を開催し、「NPO法人伊賀の伝丸」や「伊賀日本語の会」という市民活動による教育、生活支援も活発である。

支援にあたっての課題

技能実習生のニーズを把握し、交流を持つためには、生活オリエンテーションや当事者が参加できるイベントなどを開催し、情報交換の場を創出することが必要である。社協では食糧支援や貸付相談を行うことが多く、それが支援の入り口となっているが、そこから制度や言葉の壁がある中で、次の継続的な支援にどのようにつなげていくかが課題である。

1990年代に入ってきた外国人住民の高齢化も課題である。介護保険制度の制度趣旨に対する通訳説明や理解促進、要支援、要介護状態になった場合の本人及び家族への支援や入所施設での受け入れなど、体制構築を早急に考えていく必要がある。

第3章

外国人の生活保障

――生活保護行政を中心に

池谷秀登

1　外国人への生活保護申請却下取消裁判から

外国籍のAさんは2015年に日本に留学し、その後日本国内で就労していたが、腎機能障害のため週3回の人工透析を受ける必要があり、じん臓機能障害（1級）の障害者手帳が交付された。国民健康保険にも加入しており、公費負担により医療費は無料とされている。Aさんの在留資格は「特定活動」とされ「指定する活動」を「療養する活動及び日常的な活動」に限定されていることから就労ができず生活に困窮したため、Aさんは生活保護申請を行ったが「Aさんが日本国民でないこと」「保護の準用資格を有さないこと」から却下され、千葉地方裁判所に生活保護申請却下取消訴訟を提起した。(1)

Aさんは身体障害者福祉法による身体障害者手帳を取得し、自立支援医療が適用され、国民健康保険にも加入しているものの、生活保護はAさんを排除している。Aさんに対しては、わが国の社会保障制度のなかで外国人への対応の違いが生じているということである。Aさんに対する生活保護却下決定は地方自治体（福祉事務所）独自の判断というよりも、生活保護法を根拠とした生活保護行政に内在している問題と考えられる。

そこで本稿では生活保護法（以下、法）、生活保護行政が外国人に対してどのような対応を行っているのか、そして外国人の命と生活を守るためにはどのように考えることが必要なのかについて検討することとしたい。

2　生活保護行政の外国人への対応(2)

(1)　外国人についての生活保護の旧法と現行法の違い

1946年から1950年まで実施されていた旧生活保護法（以下、旧法）は、国が要保護者を保護する責任を明記してはいたものの、要保護者についての規定はないことから外国人を保護から排除していなかった(3)。しかし、保護受給には行政の職権による保護が行われ、内外人を問わず保護受給を権利としては認めてはいなかった。

旧法の生活保護受給の権利性を認めない考え方を否定したものが現行法である。法は、その目的に国家責任としての国民への最低生活保障を明らかにし（法第1条）、申請保護を原則とすることを規定した（法第7条）。申請保護の原則とは、職権保護の名のもとに旧法に残っていた慈恵思想を否定し、国民が生活保護受給を主張する権利を明確にしたものである。そこで法第1条は法の目的に「国民」の文言を明記(4)したが、そのことで国民以外の者の保護の権利の扱いに問題が生じた。すなわち、旧法のような職権保護であるならば内外人ともに保護を請求する権利自体が生じないが、保護の請求を国民の権利としたことで外国人には保護請求の権利はないとされたのである。

(2) 現行法の外国人保護の根拠

生活保護法上の権利がないとされた外国人であるが、その保護については法制定直後に生活保護法の規定を準用する旨の通知が次のように示された。

「日本国民でないすべての者は、本法の対象とはなり得ないものであること。但し、その困窮の状態が現に急迫、深刻であって、これを放置することが社会的人道的にみても妥当ではなく他の公私の救済の途が全くない場合に限り、当分の間、本法の規定を準用して保護して差し支えないこと。この意味は、その者が一般国民に認められた保護を受ける権利はなく、恰も旧法における如き反射的利益を受けるに止まるものであること。」[5]

ここで述べる外国人とは主に在日朝鮮・韓国人[6]を対象としたものであり、敗戦時まで植民地とされ渡日者も多くおり、朝鮮半島情勢が不安定であったことから、彼らに対する生活保護の適用をどのようにするのかということであった[7]。

そこで、法立案者である厚生省の官僚は次のような説明を行っている。保護課長小山進次郎は、国民とは「国籍法に定められた要件を具備するものである（憲法第10条）、然し、実定制度上日本国民という言葉を必ずしも右の厳格な意義において使用せず、制度上の性質上の必要に基づき、朝鮮人を外国人として取り扱う例もあるが、生活保護法においては最も標準的な意義において国民という言葉を使用し、且つ、その運用においても朝鮮人、台湾人等を特に排除する取扱いはしていない。」[8]と述べ、社会局長木村忠二郎も「旧生活保護法では被保護者の国籍については、とくに問題にしていませんでしたが、新法では第一条に日本国民にたいして適用する旨の明文があります。したがって国籍法により日本の国籍をゆうする者でなければ、この法律の保護を受けることはできないわけでありますが、朝鮮人や台湾人のような、いわゆる第三国人については、現在のところ国籍の所在があきらかにされていませんので、諸種の事情にかんがみまして、終戦後ひきつづき日本国に居住していた者、または終戦後引揚船などで渡来してきた者で、適法に外国人登録令による登録をした朝鮮人や台湾人は、さしあたり日本国民としてとりあつかうことにいたしております。(9)」と述べている。

このように法制定時の生活保護行政では「さしあたり日本国民」として扱うこととされた在日朝鮮・韓国人等であるが、1952（昭和27）年4月に効力が発生した「日本国との平和条約」により、彼らは日本国民たる身分を失ったものとされ、生活保護の実施のうえでも外国人とされた。(10)

そこで、厚生省は1954（昭和29）年5月8日厚生省社会局長通知「生活に困窮する外国人に対する生活保護の措置について」により、外国人に対しては、生活保護の適用は行政措置により行われ、保護の内容などは国民と差をつけるべきではないが、権利としての保護請求権は無く、保護を受ける権利を侵害されてもこれに対して法的な救済手段は持ち得ないということを明示した。この通知は現在の生活保護行政においても適用されている。

昭和29年5月8日社発第382号　各都道府県知事あて厚生省社会局長通知

生活に困窮する外国人に対する生活保護の措置について

生活に困窮する外国人に対する生活保護の措置については、貴職におかれても遺漏なきを期しておられることと存ずるが、今般その取扱要領並びに手続を左記のとおり整理したので、了知のうえ、その実施に万全を期せられたい。

記

一　生活保護法（以下単に「法」という。）第1条により、外国人は法の適用対象とならないのであるが、当分の間、生活に困窮する外国人に対しては一般国民に対する生活保護の決定実施の取扱に準じて左の手続により必要と認める保護を行うこと。（中略）

問六　法の準用による保護は、国民に対する法の適用による保護と如何なる相違があるか。

（答）　外国人に対する保護は、これを法律上の権利として保障したものではなく、単に一方的な行政措置によつて行つているものである。従つて生活に困窮する外国人は、法を準用した措置により利益を受けるのであるが、権利としてこれらの保護の措置を請求することはできない。日本国民の場合には、法による保護を法律上の権利として保障しているのであるから、保護を受ける権利が侵害された場合にはこれを排除する途（不服申立の制度）が開かれているのであるが、外国人の場合には不服の申立をすることはできないわけである。

なお、保護の内容等については、別段取扱上の差等をつけるべきではない。

(3) 難民条約と生活保護法

1981年の「難民の地位に関する条約」(以下、難民条約)[11]の加入により社会保障法関連では国民年金法、児童扶養手当法、特別児童扶養手当等に関する法律で国籍要件が撤廃され、国民健康保険法でも厚生省令の改正により国籍要件が撤廃された[12]。

公的扶助についても難民条約第23条には「締約国は、合法的にその領域内に滞在する難民に対し、公的扶助及び公的援助に関し、自国民に与える待遇と同一の待遇を与える」と規定されているが、生活保護法では国籍要件の撤廃などの改正は行われなかった。

その理由について条約を所管する外務省は、すでに生活保護は外国人一般に日本人と同様の待遇が与えられていると次のように説明している。

難民条約第23条は、「公的扶助及び援助に関し、内国民待遇を与えることを規定しています。「公的扶助及び援助」について条文上明確な定義はありませんが、わが国の場合、生活保護をはじめ、その他公の負担による各種行政上のサービスがこれに当たると考えられます。生活保護については、外国人一般にすでに日本人と同様の待遇が与えられており、本条の想定する他の制度についても外国人一般に対し内国民待遇が与えられているといえます。」[13]

難民条約の加入にあたり生活保護法の扱いが国会で議論されたのは1981年の衆議院法務委員会

外務委員会社会労働委員会連合審査会である。ここでの議論では、政府は一貫して生活保護では外国人についてすでに国民と同じ措置を講じていることから、難民条約に合わせた生活保護法改正は必要ないと繰り返した[14]。

昭和56年5月27日衆議院法務委員会外務委員会　社会労働委員会連合審査会議事録（抜粋）

○山下政府委員　生活保護につきましては、昭和二十五年の制度発足以来、実質的に内外人同じ取り扱いで生活保護を実施いたしてきているわけでございます。去る国際人権規約、今回の難民条約、これにつきましても行政措置、予算上内国民と同様の待遇をいたしてきておるということで、条約批准に全く支障がないというふうに考えておる次第でございます。（略）

○山下政府委員　難民条約で、難民の方に対しましても日本国民と同じ待遇を与えるようにと書いてあるわけでございますが、それはその形がどうであれ、実質が同じ取り扱いをしておれば差し支えないという解釈であることは先ほど申し上げたとおりでございます。

生活保護法につきまして今回なぜ法律改正を行わなかったかということでございますが、一つには、国民年金等につきましては給付するだけではございませんで、どうしても拠出を求めるとか、そういった法律上の拠出、徴収というようなことにどうしても法律が必要だろうと思うのでございますが、生活保護で行っております実質の行政は、やはり一方的給付でございまして、必ずしもそういう法律を要しないでやれる措置であるということが一つの内容になるわけでございます。

ただ、改正してもよろしいではないかという御議論もあろうかと思うのでございます。その辺につきましては十分検討いたさなければならぬと思うわけでございますが、いろいろむずかしい問題がございます。（略）

○山下政府委員　すでにもう昭和二十年代に、外国人に対する生活保護の適用ということで明確に通知をいたしております。かつまた、予算も保護費ということで、国内の一般国民と同じ予算で保護費の中で処置をいたしておるわけで、特にそれを改める必要はないわけでございますが、こういった難民条約の批准等に絡めまして、一層その趣旨の徹底を図るという意味での通知、指導等はいたしたいと考えておるところでございます。（略）

このように難民条約の加入においても法改正はなく、外国人の扱いは変わらなかったのである。

(4)　在留資格による生活保護行政の対応

現在の生活保護行政は外国人の権利性を認めないことを前提として、１９９０（平成２）年には運用方針が変更され在留資格により保護の準用対象者を区分することとした。[15] このことにより、実態として保護の準用対象者を１９５４（昭和29）年通知よりも狭めることとなり現在に至っている。

厚生労働省社会・援護局保護課による『生活保護手帳別冊問答集』「問13-32外国人保護の適用対象

と実施責任」では、保護の準用を受けられる外国人とは①「出入国管理及び難民認定法」別表第2の在留資格を有する者（永住者、永住者の配偶者等、日本人の配偶者等及び定住者）②「日本国との平和条約に基づき日本国籍を離脱した者等の出入国管理に関する特例法」の特別永住者、③「出入国管理及び難民認定法」の認定難民とされている。また、入管法別表第1～5の特定活動の在留資格を有する者のうち日本国内での活動に制限を受けない者等の上記①～③以外の者について疑義がある場合には、厚生労働省への照会とされている[16]。

したがって、これらの資格に該当しない外国人は、いかなる状態であっても生活保護の準用は受けられないこととされている。つまり、保護の権利性は認めず在留資格により保護の準用を認める外国人と、保護の準用すら認めない外国人が生じることになっている。

(5) 外国人の生活保護法の適用を否定した最高裁判決[17]

2014年7月18日最高裁は永住資格を有する外国人の生活保護法による保護受給の権利を否定する判断を行った。

この裁判は、永住者在留資格[18]を持つ中国籍のBさんによる生活保護申請の却下処分についての争いである。Bさんは生活困窮に陥り、2008年に大分市福祉事務所へ生活保護申請を行ったが、福祉事務所はBさんに資産があり生活保護要件に欠けると判断し生活保護申請却下処分を行った。Bさんは知事あてに審査請求を行ったが、知事は「外国人に対する生活保護は法律上の権利として保護されたものではな」いとの理由で、審査請求は不適法であるとして却下裁決したため裁判に至ったものである。

大分地裁での判決[19]は「外国人について生活保護法の適用はなく、このことは永住資格を有する外国人についても同様であり、また、これが憲法25条等に反するものとも認められない」とした。このためBさんが控訴したところ、福岡高裁は「一定範囲の外国人も生活保護法の準用による法的保護の対象になるものと解するのが相当であり、永住的外国人である控訴人がその対象となることは明らかである。」「本件申請当時、控訴人には生活保護法第4条3項所定の急迫した事由が存在したことが認められ、これに基づいて生活保護を開始すべきであったものと認められる。」と判断[20]をしてBさんは逆転勝訴した。

しかし、最高裁での判決は福岡高裁判決を破棄して次のように述べた。「本件却下処分は、生活保護法に基づく受給権を有しない者による申請を却下するものであって、適法である。」「生活保護法が一定の範囲の外国人に適用され又は準用されると解すべき根拠は見当たらない。」

このようにBさんには生活保護法に基づく保護受給の権利はないとされたが、大分地裁でのBさん敗訴判決後にはBさんの保護は開始されており、最高裁もBさんの法第4条の保護要件については審理の対象とはしていない。

3　自治体による外国人向けの生活保護の案内

生活保護の権利性を認められないなかでも外国籍の者が世帯主である被保護世帯は２０２０年の調査では全被保護世帯１６１万６０９０世帯のうち４万５６２３世帯（2.8％）であり[21]（図１）、保護受給者数は６万５６４６人であった（図２）。ここでは、歴史的経過から韓国・朝鮮の世帯が63％であるが、そのうち68％が高齢世帯である。これは戦後の韓国、朝鮮籍の人たちへの年金等社会保障の不十分さの反映と考えられる。この表からはフィリピンの母子世帯の多さをはじめ、稼働能力者も含まれている「その他世帯」の多さなど保護の準用対象の外国人も多様化、多国籍化していることがわかる。また、19歳以下の者も18・５％であり各年齢層で保護を受けている。

このように外国人の生活保護の必要性は生じており、本研究会の自治体に対する調査でも、外国人向けの生活保護案内や生活困窮者自立支援制度の案内のある自治体も生じている。そこでは、外国人向けの生活保護案内にあたり、自治体の地域性をもとに外国人の母国語（スペイン語、ベトナム語、英語語、タガログ語、ポルトガル語、中国語、韓国語）による冊子、チラシ等についても考慮されている。

生活保護行政の一部ではすでに外国人の保護受給は所与のものとして、外国人に生活保護制度の理解を求めることの必要性とその対応が積極的に行われているのである。

図1　世帯主が外国籍の被保護世帯数、世帯主の国籍・世帯類型別表[22]

世帯類型	総数	韓国・朝鮮	中国	フィリピン	ベトナム	カンボジア	アメリカ合衆国	ブラジル	ブラジル以外の中南米	その他
世帯総数	45,623	28,952	5,744	5,125	620	83	192	1,679	1,067	2,161
高齢者世帯	23,809	19,807	2,379	210	163	32	66	526	289	337
母子世帯	5,041	711	587	2,481	140	14	16	277	270	545
障害者世帯	3,465	2,338	411	220	50	5	26	144	79	192
傷病者世帯	5,751	3,254	1,022	567	78	9	40	271	145	365
その他の世帯	7,557	2,842	1,345	1,647	189	23	44	461	284	722

出典：「令和2年度被保護者調査（個別調査）」令和2年7月末日現在。

図2　世帯主が外国籍の被保護世帯の人員－平均年齢・年齢階級別表[23]

年齢階級、平均年齢	総数	韓国・朝鮮	中国	フィリピン	ベトナム	カンボジア	アメリカ合衆国	ブラジル	ブラジル以外の中南米	その他
総数	65,646	34,327	9,206	11,380	1,264	137	251	2,988	2,120	3,973
～19歳	12,187	1,715	1,133	5,649	437	40	43	945	792	1,433
20～24歳	788	175	57	331	22	-	5	76	41	81
25～29歳	720	210	72	205	18	2	1	75	46	91
30～34歳	1,058	280	105	300	34	4	8	119	84	124
35～39歳	1,824	484	209	589	73	9	14	152	75	219
40～44歳	2,521	737	311	826	68	7	8	199	106	259
45～49歳	3,325	1,197	410	1,000	99	6	14	174	128	297
50～54歳	4,300	1,662	579	1,226	78	4	26	166	141	418
55～59歳	4,769	2,240	958	679	92	8	33	210	144	405
60～64歳	5,368	2,817	1,567	306	88	16	27	179	142	226
65～69歳	7,123	4,291	1,995	162	84	8	27	231	146	179
70～74歳	7,559	5,643	1,222	75	63	13	18	264	136	125
75～79歳	6,141	5,463	314	17	44	13	9	132	83	66
80歳以上	7,963	7,413	274	15	64	7	18	66	56	50
平均年齢	53.8	66.4	55.4	28.8	40.1	45.9	49.9	40.3	38.2	36.5

出典：「令和2年度被保護者調査（年次調査）」令和2年7月末日現在。本表は世帯主が日本国籍を有していない世帯の人員数の集計。

4　生活保護とはどのような制度なのか

それではかたくなに外国人の権利性を認めず、在留資格により保護の準用すら拒む生活保護とはどのような制度であり、どのように実施がされているのか。生活保護行政の実務運用をみていくこととする。

(1)　生活保護の実施と行政通知

生活保護行政は地方自治体に設置された福祉事務所により行われるが[24]、実際の運用に当たっては厚生労働省（旧厚生省）の各種通知（事務次官通知、社会・援護局（旧社会局）長通知、保護課長通知。その他に事務連絡も含められる）をもとに実施されている[25]。ここでは保護費の金額、支給対象、支給要件、収入の扱いなどとともに家庭訪問の回数、保護決定にあたっての調査方法などが示され、それに沿った生活保護行政が全国すべての福祉事務所で統一的に実施されている。

したがって、生活保護行政の実際を検討するにあたっては、社会情勢を背景にした時期ごとの厚生労働省の通知等により、現在どのような行政運用が行われているのかをみる必要があり、生活保護行政は時間とともに変化をしていることに留意する必要がある。

(2) 生活保護の特徴

生活保護の受給にあたっては無差別平等の原理（法第2条）により、健康状態、障害の有無、年齢や貧困に至る原因は問われずに、保護要件の有無のみで保護の可否が判断される。これは戦前の救護法や旧法にあった、保護受給者の稼働能力の喪失の有無、年齢等による受給制限[26]や、一部の者を排除する欠格条項[27]を否定したものであり、現行法では保護要件を満たしていれば（貧困状態であれば）保護の対象とされる。また、社会保険料等の納付や納税の有無、滞納の有無なども要件とはされていない。

保護の内容では、衣食住（生活扶助、住宅扶助）をはじめ教育扶助、出産扶助、生業扶助、葬祭扶助は原則として現金給付が行われ、医療扶助と介護扶助は原則として現物給付とされており生活全体が保障されている。保護費は現金で給付されることから、基本的に保護費の使途についての制限はない。

医療の内容は国民健康保険と同様の治療が医療扶助として行われるが（法52条第1項）、自己負担は原則として生じない。また、医療扶助では眼鏡等の支給や通院の際の交通費の支給も国民健康保険よりも広く給付が行われる。介護保険第1号被保険者についての介護保険料は介護保険料加算が扶助費として支給され、介護保険法に基づく介護を受けられるが、医療と同様に原則として自己負担は生じない。

また、保護受給の期間については、保護要件がある限り制限はなく保護受給することができる。

(3) 保護請求権としての申請保護

生活保護受給にあたっては、申請に基づくことを原則としている（法第7条）。申請保護をとった理由を法立案者は、国民には保護請求権が与えられることから、その発動形式としての保護の申請があるとする。(28) したがって申請は非要式行為であり、申請書の記載が整理されていなくとも、手紙の形をとっていても受理するべきとされ(29)、口頭による開始申請も認められている。(30)

保護申請があったときには、福祉事務所は保護の要否、種類、程度及び方法を決定し、申請者に対し書面をもって通知しなければならない（法第24条3項）。この通知は14日以内にしなければならない（法第24条5項）が、特別な事情がある場合には30日まで伸ばすことができる（同項ただし書）。

このように口頭申請も含めて保護申請があったときには、福祉事務所は原則14日以内、例外の場合でも30日以内には保護を決定しなくてはならず、年金や手当などと比べても決定にあたっての期間が短期間となっている。

福祉事務所が保護申請を受け付けない、窓口で追い返すなどの指摘があるが、これは申請権を侵害する違法な行為であり許されることではではない。厚生労働省も次のように監査項目に挙げ福祉事務所に対して、これらの行為を厳に慎むことを求めている。

生活保護法施行事務監査事項(31)

主眼事項　7　面接相談の体制、保護の開始、廃止の状況

(1)　面接相談

着眼点

(6)　相談者に対し、「居住地がなければ保護申請できない」、「稼働年齢層は保護申請できない」、「自動車や不動産を処分しなければ申請できない」等の誤った説明を行ったり、扶養が保護の要件であるかのように説明するなど、保護の申請権を侵害するような行為及び申請権を侵害していると疑われるような行為は厳に慎んでいるか。

(7)　相談者に対しては、保護申請の意思を確認しているか。申請の意思が表明された者に対しては、保護申請に当たって事前に関係書類の提出を求めることなく、申請書を交付し、申請手続についての助言は、適切にされているか。

(8)　申請書及び同意書を書面で提出することが困難な申請者に対しては、口頭申請など申請があったことを明らかにするための対応が執られているか。

(4)　保護の要件

保護を受給するためには保護の要件を満たさなくてはならない。法は保護要件を「保護は、生活に

困窮する者が、その利用し得る資産、能力その他あらゆるものを、その最低限度の生活の維持のために活用することを要件として行われる」（法第4条1項）としている。

ここでの「資産」とは預貯金、不動産、収入などであるが全てを活用することを求めているわけではなく、生活用品をはじめ、一部の手持ちの現金、一定の条件の不動産や保険等を含めて保有が認められるものも少なくない。また、収入であっても生活保護の実施のうえでは収入として認定しないものなどもある。

「その他あらゆるもの」とは、年金受給権のように、現実には資産となっていないが、要保護者本人の努力（手続き等）で、容易に資産となり得るものと解されている[32]。法は「あらゆる」という表現を使用しているがその範囲は広いものではない。

「能力」とは稼働（就労）能力を指す。稼働能力は個人ごとに異なることから個別性が強く抽象的であり客観化が困難である。また就労するには就労できる場も必要であることから、稼働能力の活用の判断は難しいこととなる。そこで、厚生労働省社会・援護局長通知では稼働能力活用の判断にあたっては、①稼働能力があるか否か、②その具体的な稼働能力を前提として、その能力を活用する意思があるか否か、③実際に稼働能力を活用する就労の場を得ることができるか否か、により判断することとしている[33]。

稼働能力があるか否かの評価については、年齢や医学的な面からの評価だけではなく、その者の有している資格、生活歴・職歴等を把握・分析し、それらを客観的かつ総合的に勘案して行うこととされている。そのうえで、稼働能力を活用する意思の有無、就労の場を得ることができるか否かの評価により判断されることとなる。

稼働能力の活用は保護の要件であることから、この要件に反していると判断された場合には保護の却下、廃止、停止、変更などの不利益処分が行われることがある。そこで、保護の申請者、受給者と福祉事務所との間で裁判による争いも生じているが、裁判所からは生活保護行政に対して厳しい判断が行われている。[34]

これらの裁判例はいずれも社会・援護局長通知の稼働能力活用判断の3項目に沿って判断しており、「実際に稼働能力を活用する就労の場」については、被保護者が求人側に対して申込みをすれば原則として就労する場を得ることができ、具体的かつ現実的な就労先が存在していることを行政側が挙証する必要がある等とされた。しかし、要保護者が申し込めば必ず雇用される雇用先があることを福祉事務所が把握することは現実的には難しい。つまり、福祉事務所が要保護者に就労の場があることを挙証することは事実上できないことから、稼働能力活用要件を根拠に福祉事務所が要保護者に対して不利益処分を行うことは困難となる。

厚生労働省社会・援護局保護課も、裁判例では稼働能力活用の場が認められるためには、一般的抽象的な就労可能性があるのみでは足りず、具体的かつ現実的な就労先が存在していることが認められなければならないと解すべきとの判断がされているが、これを福祉事務所が証明することは困難であるとしている。[35]

このように、稼働能力の活用要件で保護の却下、廃止などは事実上かなり困難となることから、保護受給にあたっての要件は「資産」（収入）の有無で判断されることが多くなる。

(5) 小括

生活保護は憲法に定めた国民の生存権を保障する制度（憲法第25条、法第1条）であることからその申請手続きは容易であり、保護申請の意思のある者に対して福祉事務所は保護申請を断ることはできない。申請受理後は原則として14日以内に保護の決定を行わなくてはならず、事情がある場合でも30日以内の決定が法で明記されており、他の社会保障、社会福祉の給付と比べて迅速に決定が行われる。

保護要件の審査では、「資産」（収入）の有無が中心となり行われる。能力活用要件については申請者が希望すれば直ちに就労できる就労の場の存在を福祉事務所が証明しなくてはならないが、このことは現実には難しいことから、能力活用要件で保護から排除することは困難となる。

このように生活保護は資産、収入がない場合に、簡易な申請手続きで短期間に保護が決定され、保護受給期間の制限はなく、保護の内容も現金が給付され、国民健康保険と同様の医療が自己負担なく行われるなど、全生活部門において国家による保障が行われる制度である。

5　外国人に対する生活保護行政の課題

(1)　外国人の権利と準用保護の対象

わが国が国際化し外国人が増加することにより、生活困窮に陥る外国人も今後増加していく可能性がある。このときに生活保護で問題となるのは、外国人の無権利性と在留資格による準用保護の可否であった。

つまり、①生活保護の受給を権利（わが国が保護する義務）として、入国したすべての外国人に認めるべきなのか、一部の外国人に制限をするべきなのか、あるいは外国人には認めないのかという問題と、②権利性を認めない場合に外国人の準用保護を一部の外国人のみを対象にするのか、在留資格を問わず生活困窮の外国人すべてを準用保護するのかという問題である。

入国目的、在留資格を問わず全ての外国人に対して生活保護を権利として認める場合、入国しさえすれば口頭申請も含めて申請後、原則14日以内の保護決定が行われる義務をわが国は課されることになる。すると、観光客などの短期滞在者に対しても権利性を認めるべきなのか、という議論も生じるが、生活基盤が母国にある短期滞在者にまで生活保護の権利性を認めることは妥当とは思われない。[36]するると、外国人に権利性を認める場合でも入国目的、在留資格による区分が必要となる。

外国人の無権利性の問題については、わが国の植民地政策により生じた外国人を中心に問われてきた。曾祖父母、祖父母の代から日本に定住し、日本で生まれ日本で育ち今後も日本で生活する日本社会の構成員である彼ら及びその子どもたちについて、「健康で文化的な最低限度の生活」を権利として認めないことは妥当なのかということである。[37] このことは特別永住者とともに在留期限は無期限であり活動の範囲に制限はない永住者についても同様である。

前述の最高裁判決で生活保護の権利性が否定されたBさんの父は、19歳の時に中国より京都市に移住し自営業を営んでいた。Bさんは1932年に京都市内で出生し、女学校に通い京都市内で父の自営手伝いなどをしていた。1954年に結婚し大分市内で生活を始め料理店の経営などを行っていたが、1980年頃に夫は体調を崩しBさんも自営を廃業した。Bさんは日本で出生し教育を受けて生活する一方で、中国に行ったことはなく中国語も知らない。[38]

Bさんには保護受給の権利はないとされたが、Bさんの生活保護受給については大分地裁でのBさん敗訴判決後の2011年10月26日付の保護申請に基づき保護は開始されており、そもそもBさんの大分市の保護却下決定自体の判断が正しかったのか疑問が生じるものであった可能性がある。つまり準用保護は権利ではないことから、行政の誤った決定に対しては救済されないことになる。

永住者は活動の範囲に制限はなく在留期間は無期限であることを考えるならば、永住者に対しては生活保護を権利として認めることは必要と思われるが、この場合永住者に権利を与える根拠はどのように構成するのかが問題となる。法は外国人に対して何ら規定を設けていないことから、法改正により明確化することが望ましいが、さしあたり法立案者が行ったように行政解釈による対応も可能と考えられる。

永住者に対して権利を認める場合、それ以外の在留資格の者はすべて準用保護とするのか、準用保護を認める外国人と認めない外国人が生じるのかという問題が生じる。在留資格により準用の可否を判断するということは、準用対象とならない外国人、あるいは在留資格のない外国人に対しては、生存が危ぶまれる状態の際にはどのようにするのかということである。

(2) 新規入国者と生活保護

外国人と社会保障の関係についてはビザ申請目的とは異なる治療目的の入国や、被扶養者資格に基づき保険診療を受ける問題が顕在化しているとの指摘がある。[39] 生活保護についてはその特性から、権利性を認めることや準用保護の対象を拡大することにより、保護受給を目的とした入国が生じることを危惧しているように思われる。

平成22年に16世帯46人の外国人から入国後すぐの保護申請があった。申請理由には「仕事がないから生活に困窮する」との記載があり、資産申告書には「預貯金などはすべてなし」と記載され、援助できる親族の記載もなかった。このため10世帯26人に保護決定後保護費の支給をし、3世帯6人には保護決定をしている。この事案では最終的に16世帯46人が保護の辞退、保護の取下げを行っている。[40]

この件を受け厚生労働省社会・援護局保護課は、入国後間もなく生活に困窮する外国人からの生活保護の申請に当たっては、当該者が在留資格の取得の際に地方入国管理局に提出した立証資料の提出を求めるように指示をし、[41]「入国後間もなく」の期間は1年程度を目安とし個別事案での判断とした。[42]

わが国への社会保障給付を目的とした入国については、生活保護行政では一定程度の対応は行えており準用保護の対象を広げることを妨げるものではない。この問題は、入国後やむを得ない事情により貧困に陥り、帰国できない外国人に対する保護の問題とは別に考える必要があるように思われる。

(3) 外国人の命をどのように守るのか

外国人と生活保護の問題は冒頭のAさんのように、医療費（医療扶助）だけの問題ではなく生活全体の問題となっている。冒頭のAさんは特定活動に制限があるため準用保護が受けられないとされたが、この制限がなければ準用保護の対象とされる可能性は高い。このことは法務省の在留資格の判断により実態として準用保護の有無の問題が生じているのである。つまり、この問題は生活保護行政だけの問題ではなく法務省による在留資格の問題、外国人政策が背景にある。

2022年に生じたロシア侵攻によるウクライナ避難民に対して厚生労働省は前述の「生活保護別冊問答集」問13の32で示された、入管法別表第1の5の特定活動の在留資格を有する者のうち日本国内での活動に制限を受けないものに該当する場合には生活保護の措置の対象となる旨の事務連絡を行ない、[43]疑義がある場合には厚生労働省への照会を指示している。そこで、地方自治体からの照会に対し、ウクライナ避難民で在留資格は特定活動であり「指定書に指定された就労活動のみ可」の世帯の場合には、入管法別表第1の5の日本国内での活動に制限を受けないものに該当する者は準用保護の対象とした。これはウクライナ避難民に対する法務省の在留資格の判断の結果である。

＊

外国人と生活保護の問題は当初、植民地政策により渡日した在日朝鮮・韓国人の問題として扱われた。しかし１９５０年代とはわが国の外国人をめぐる状況は大きく変化している。在留資格により定住者を中心に長中期在住の外国人に対して生活保護の権利性を認めることや、準用保護の適用を拡大することは必要であるが、この場合でもそこから漏れる外国人は生じることになる。すると「命を守る」ことを考えるならば在留資格を問題にせず全ての外国人を生活保護の対象とすることになるが、生活保護の特性から考えて妥当なのかは検討する必要がある。

国内在住の外国人の命と生活を守るためには、生活保護の適用の有無だけでなく、在留資格の問題などの法務行政や、場合によっては支援法の新設も含めた議論が必要であり、このことは外国人の問題というよりもわが国の社会のあり方が問われているように思われる。

注

（1） Aさんについては、２０２２年3月10日「外国人の生きる権利を考える会」での代理人弁護士の報告資料による。

(2) 本節は、池谷(2018)を加除修正し再構成した。

(3) 旧生活保護法第1条

この法律は、生活の保護を要する状態にある者の生活を、国が差別的又は優先的な取扱をなすことなく平等に保護して、社会の福祉を増進することを目的とする。

(4) 生活保護法第1条

この法律は、日本国憲法第25条に規定する理念に基き、国が生活に困窮するすべての国民に対し、その困窮の程度に応じ、必要な保護を行い、その最低限度の生活を保障するとともに、その自立を助長することを目的とする。

(5)「生活保護法における外国人の取扱に関する件」昭和25年6月18日社乙発第92号、各都道府県知事宛厚生省社会局長。

(6) この用語については池谷(2015年)44頁。

(7) 1950年の在日外国人58万4259人うち朝鮮・韓国人は53万5236人(総理府統計局 1950:32~33頁)、1951年の被保護朝鮮人5万9968人(「在日朝鮮人の生活保護について(5月23日発表)」(厚生広報 1956年6月)2頁。また、先の大戦で朝鮮半島出身者の軍人は20万9279人、軍属が15万4907人おり、特攻隊で戦死したものもいる(権 2022:12)。

(8) 小山(1950)94頁。

(9) 木村(1951)205頁。

(10) この時の外国人被保護世帯総数は2万2412世帯、内訳は朝鮮人世帯2万2021世帯、中国人世帯154世帯、その他237世帯であった(厚生省大臣官房統計調査部1955:233)。

(11)「難民の地位に関する条約」1951年7月28日国連総会で採択され1954年4月22日効力発生、わが国では「難民の地位に関する議定書」とともに1982年1月効力発生。
(12) これらの法改正等により拡大した対象者数は国民年金の適用対象は約77万人、国民健康保険の対象は43万8394人、児童手当の受給対象が約1万4800人、児童扶養手当の対象者約3000人、特別児童扶養手当の対象者約700人、福祉手当の対象者2500人と推計されている(河野1983:48)。
(13) 外務省人権支援室編集(2004)15頁。
(14) 衆議院会議録(1981)3~11頁。
(15) 厚生省は1990(平成2)年10月の生活保護指導監督職員ブロック会議において、生活保護法の対象となる者は入管法別表2に掲げる在留資格を有する者に限られる旨の指導を行った(総務庁行政監察局編1992:185)。
(16)『生活保護手帳別冊問答集2022年度版』(2022)458~459頁。
(17) 最2判平成26年7月18日『賃金と社会保障』1622号30頁。
(18)「永住者」とは出入国管理及び難民認定法第2条の2に定める「別表第2」に掲げられる者。別表第2では永住者は法務大臣が永住を認める者としており、在留中は活動の範囲に制限はなく在留期間は無期限であり入管法が定める最も安定した法的地位である(坂中・斉藤2012:158~159)。
(19) 大分地判平成22年10月18日『賃金と社会保障』1534号22頁。
(20) 福岡高判平成23年11月15日『賃金と社会保障』1561号36頁。
(21) ここでは世帯主、世帯員とも外国人の場合の他、世帯主は外国人であっても世帯員は日本人である世帯構成が含まれる。一方で、世帯主は日本人で世帯員は外国人の世帯構成の場合は除かれている。
(22)「令和2年度被保護者調査(個別調査)」令和2年7月末日現在。

(23)「令和2年度被保護者調査（年次調査）」令和2年7月末日現在。本表は世帯主が日本国籍を有していない世帯の人員数の集計。

(24) 社会福祉法第14条

(25) 昭和36年4月1日厚生省発第123号厚生事務次官通知「生活保護法による保護の実施要領について」、昭和38年4月1日社発第246号厚生省社会局長通知「生活保護法による保護の実施要領について」、昭和38年4月1日社保第34号厚生省社会局保護課長通知「生活保護法による保護の実施要領の取扱いについて」。これらは「生活保護手帳」（中央法規出版）各年度版に収載されており、保護課長事務連絡の一部の収載集として「生活保護手帳別冊問答集」（中央法規出版）各年度版がある。本稿では同書に搭載されている通知等の紹介は同書によることとする。

(26) 救護法第1条

左ニ掲グル者貧困ノ為生活スルコト能ハザルトキハ本法ニ依リ之ヲ救護ス

一　六十五歳以上ノ老衰者、二　十三歳以下ノ幼者、三　妊産婦、四　不具廃疾、疾病、傷痍其ノ他精神又ハ身体ノ障碍ニ因リ労務ヲ行フニ故障アル者

(27) 救護法第29条

救護ヲ受クル者左ニ掲グル事由ノ一ニ該当スルトキハ市町村長ハ救護ヲ為サザルコトヲ得（略）三　性行著シク不良ナルトキ又ハ著シク怠惰ナルトキ

旧生活保護法第2条

左の各號に一に該當する者には、この法律による保護は、これをなさない。一　能力があるにもかかはらず、勤労の意思のない者、勤労を怠る者その他生計の維持に努めない者、二　素行不良な者

(28) 小山（1950）162頁。

(29) 小山（1950）164，166頁。
(30)「生活保護手帳別冊問答集2022年度版」（2022）363〜364頁。
(31)「生活保護手帳2022年度版」（2022）759頁。
(32)「生活保護手帳別冊問答集2022年度版」（2022）141頁。
(33)「生活保護手帳2022年度版」（2022）259頁。
(34) 東京地判平成23年11月8日『賃金と社会保障』1553・1554号63頁、東京高判平成24年7月18日『賃金と社会保障』1570号35頁、大津地判平成24年3月6日『賃金と社会保障』1567号35頁、大阪地判平成25年10月31日『賃金と社会保障』1603・1604号81頁、静岡地判平成26年10月2日『賃金と社会保障』1623号39頁、東京高判平成27年7月30日『賃金と社会保障』1648号27頁。
(35) 厚生労働省社会・援護局保護課生活保護受給者に対する就労支援のあり方に関する研究会「第3回資料就労支援・稼働能力・指導指示の現状や論点等について」平成30年8月29日。
(36) 福祉事務所による母国にある資産の調査は困難である。
(37) 笠木他（2018）49頁。
(38) 瀬戸（2012）26〜27頁。
(39) 加藤他（2019）41頁。
(40) 大阪市HP「中国籍の方の生活保護集団申請について」2011年4月26日ページ番号86531（2023年1月21日アクセス）
(41)「外国人からの生活保護の申請に関する取扱いについて」平成23年8月17日社援保発0817第1号民生主管部局長宛厚生労働省社会・援護局保護課長。
(42)「外国人からの生活保護の申請に係る留意事項について」平成23年8月17日事務連絡民生主管部局長宛

厚生労働省社会・援護局保護課企画法令係長。

（43）「ウクライナ避難民の方々への支援について」令和4年4月28日事務連絡各都道府県・市町村生活保護制度担当課、生活困窮者自立支援制度担当課宛厚生労働省社会・援護局保護課、地域福祉課、生活困窮者自立支援室。

引用文献

池谷秀登（２０１５）「生活保護第一次適正化時の在日朝鮮・韓国人の状況」『東京社会福祉史研究』第90号。

池谷秀登（２０１８）「生活保護と外国人」『社会事業史研究』53号。

笠木映里・嵩さやか・中野妙子・渡邊絹子（２０１８）『社会保障法』有斐閣。

加藤智章・菊池馨実・倉田聡・前田雅子（２０１９）『社会保障法第7版』有斐閣。

河野正輝（１９８３）「外国人と社会保障―難民条約関係整備法の意義と問題点―」『ジュリスト』７８１号。

外務省人権支援室編（２００４）『難民条約』外務省国内広報課。

木村忠二郎（１９５１）『生活保護法の実務』時事通信社。

権学俊（２０２０）『朝鮮人特攻隊員の表象』法政大学出版局。

厚生省大臣官房統計調査部（１９５５）「第7回被保護者全国一斉調査」『昭和28年社会福祉統計年報』。

小山進次郎（１９５０）『改訂増補生活保護法の解釈と運用』中央社会福祉協議会。

坂中英徳・斉藤利男（２０１２）『出入国管理及び難民認定法逐条解説（改訂第４版）』日本加除出版。

衆議院（１９８１）「第94回国会衆議院法務委員会外務委員会社会労働委員会連合審査会議録第1号」昭和56年5月27日。

「生活保護手帳別冊問答集２０２２年度版」（２０２２）中央法規出版。

「生活保護手帳2022年度版」（2022）中央法規出版。

瀬戸久雄（2012）「永住外国人（中国籍のX）が生活保護の対象となることを認めた控訴審判決―平成23年11月15日福岡高裁判決について―」『賃金と社会保障』1561号。

総務庁行政監察局編（1992）『国際化時代外国人をめぐる行政の現状と課題　総務庁行政監察局の実態調査結果』（総務庁行政監察局）185頁。

総理府統計局（1950）『第2回日本統計年鑑1950』日本統計協会・毎日新聞。

※引用文等において現在では適切でないと思われる表現があるが、発出当時の内容どおりとした。
※本稿脱稿後に大沢優真『生活保護と外国人』（明石書店）に接した。

第4章

外国籍児の健康ならびに教育機会の確保にむけて

小島祥美

1　はじめに

「僕を見つけてくれて、学校に連れてきてくれて、ありがとう」

これは、かつて不就学児であった三重県松阪市に暮らすカイルくん（仮名）の言葉だ。

同市教育委員会では、２００９年度から毎年秋に就学実態が把握できない学齢時の外国籍児の家庭を訪問する調査を行い、外国籍児の「教育を受ける権利」を守ってきた（西山 ２０２１）。それは、日本政府が外国籍児を就学義務の対象外とし、公立学校での就学を「恩恵」として扱っているためにほかならない（小島 ２０１６）。日本の制度では、親が子どもを学校に通わせる就学義務であるが、子どもの立場からすれば、就学義務の確立によってみずからが教育を受ける権利が保障されることを意味する。この扱いによって当時12歳であったカイルくんは、幼い妹の面倒をみるために来日後の5ヵ月間、オンラインゲームをして終日過ごしていた。決して両親も、就学していなかったカイルくんと妹が外出することのない生活をよいこととは思ってはいなかった。だが、派遣社員として夜まで働き詰めの毎日で、どうすることもできなかったのだ。通訳者も同席して市教育委員会担当者が粘り強く1ヵ月間説得することで、二人は市内の公立小学校に通い出すことにつながった。それから4年が経過した今、カイルくんは高校2年生になった。もし松阪市で独自の訪問調査が行われていなかったら、しかも担当者が諦めずにカイルくん宅に通っていなかったら、カイルくんと妹はどうなっていただろうか。カイルくんのように「ぼく・わたしをみつけて!」という外国籍児が、最新の文部科学省の調査で日本国内に約1万人いることが明らかになった（文部科学省２０２３）。このなかに、何らかの助けを求める子どもがいるかもしれない。たとえば、ブラジル学校（外国学校）へ通わせるからと公立小学校を退学させられた外国籍女児が、「就学不明」（不就学状態）となったことで家庭内での虐待に気づかれずに命を落とした、という事件は記憶に新しい（毎日新聞２０１９）。つまり、不就学状態とは、「子どもの命の所在が不明な状態」でもある。

こうした現実の改善について、近年になって国際社会からも指摘されるようになった。たとえば、２０２０年12月に発表された移民統合政策指数（Migrant Integration Policy Index、略称ＭＩＰＥＸ）では、日本は56ヵ国中35位（スクア47）と評価された。ＭＩＰＥＸとは、移民政策を模索してきたＥＵを中心に移民統合に関する国際比較を行ってきた代表的な取り組みだ。第１回の結果が２００４年発表されてから、参加国数も拡大して、今回で5回目の調査結果（ＭＩＰＥＸ２０２０）となる（近藤２０２２、詳細は第6章参照）。８分野・計68指標[1]によって、日本は唯一の「統合なき移民受け入れ（immigration without integration）のやや好ましくない（Halfway unfavourable）」国として位置づけられた。分野別の評価をみると、教育を含む3分野のスクアが特に低い（Solano, G. and Huddleston, C. 2020）。そのため、「移民は定住できても、基本的権利や平等な機会が十分に保障されていない」[2]という理由から、「現在の政策は移民を隣人ではなく**下位の者**と見なしている」[3]と評価されている（太字は筆者）。なお、国民と同様の基本的権利も平等な機会も有して、かつ定住して安定した将来が保障されている国としての「包括的な統合（comprehensive integration）」トップ5（カッコ内はスコア）は、スウェーデン（86）、フィンランド（85）、ポルトガル（81）、カナダ（80）、ニュージーランド（77）であった。海外の詳しい事例については、第6章および第7章を参照されたい。

新型コロナウイルス感染症（COVID-19）の拡大が収まらないなかで本稿を執筆しているが、この間に、外国籍児が衛生的で健康な生活を送る権利すらも保障していない現実が明らかになった（小島2021ab、2022）。健康の維持さえも守ることのできない制度は、MIPEXが評価する通り、外国籍児を「隣人ではなく**下位の者**と見なしている」こと以外に、ほかならない（太字は筆者）。よって本章では、外国籍児を就学義務の対象外扱いとすることで起きている現実を示しながら、外国籍児の就学義務化に向けた議論の前進に一石を投じたい。日本に暮らす外国籍児の健康ならびに教育機会の確保が当然のこととされる社会をめざしたい。

2　外国籍児の就学扱い

まずは、日本での外国籍児の就学扱いから確認しよう。文部科学省の公式ホームページの就学事務Q＆A（13番）「外国人の子等の就学に関する手続」をみると、次のように示されている（太字は筆者）。

Q　外国人の子の就学に関する手続について、どのような点に留意が必要でしょうか。

Ａ　我が国においては、**外国人の子の保護者に対する就学義務はありません**が、公立の義務教育諸学校へ就学を希望する場合には、国際人権規約等も踏まえ、その子を日本人児童生徒と同様に無償で受け入れているところです。

この回答が示すとおり、国籍を問わず、すべての子どもにも日本の公立学校に通う道が開かれている。しかしながら日本政府は、外国籍児の保護者には義務を課さない、という姿勢であり、近年の国会でも繰り返し強調しているところである。(4) これは、日本での教育法規の根本に位置づく重要な規定が定められた、憲法第26条に関係する。すなわち、同条の第2項「すべて国民は、法律の定めるところにより、その保護する子女に普通教育を受けさせる義務を負ふ。」という条文の「すべて国民」が、「日本国籍者」と「解釈」されているからだ。日本に暮らす外国籍児の立場からすると、就学義務の確立によって、世界人権宣言で定められた第26条の「教育への権利（right to education）」が、制度的に保障されることになる。だが、「子どもが日本籍ならば保護者に就学義務はある」（毎日新聞取材班2020：63）という扱いが、公然と続く。

では、日本政府のいうところの義務教育の対象範囲とは誰を示すのか。筆者なりの可視化を試みたものが、表1である。

表1に基づけば、日本政府は外国籍児を公教育に「恩恵」として受け入れる、という図式の成立に頷けるだろう。そのために、多くの自治体の窓口では外国籍児の就学手続き時に、保護者に対して

表1　義務教育の対象範囲

		子ども	
		日本国籍	外国籍
保護者	日本国籍	有	無
	外国籍	有	無

「就学願い届」の提出を求めるというわけだ。その証拠に日本の学校への入学手続きを示した、文部科学省発行の「就学ガイドブック（英語版）」でも、入学（編入学）の手続きの流れのなかで、「外国人児童生徒入学申請書に必要事項を書き、提出する」「外国人児童生徒入学許可書をわたす（当日渡し又は郵送）」という説明が、しっかりと示されている（文部科学省 2015：15-16）。[5] なるほど、「就学願い届」があることで、その願いを許可したことの証明としての「入学許可書」が必要となるわけだ。しかし、「就学願い届」であるため、その願いが常に叶うわけでない。その代表例が、外国籍児の日本語力や届出の時期などを理由にした「不受理」あるいは「不許可」である。また、就学できたとしても「恩恵」であるために、いじめなどの理由で一定期間を欠席する外国籍児に不登校を認めず、学校長の判断で退学届の提出を求めることも可能になる。

こうした今日の外国籍児の就学手続き方法は、1953年の文部省初等中等局長「朝鮮人の義務教育諸学校への就学について」（文初財74号）[6] の通達によって全国展開されたとされる。「入学を願いでた朝鮮人親子に服従の誓いをさせたのちに就学を許すという雇主的な姿勢」（小沢 1973：374）が、なんと70年経った今も続く。この間で、日本人の家族形態も大きく変化しているにもかかわらず、戦後から一貫した外国籍児を排除した扱いによって、実は現場では多くの

表２　外国につながる子どもの出生数の推移

	a 総数	父母とも日本	b 父母とも外国	c 父母の一方が外国	比率(b+c)/a
1990年	1,229,044	1,207,899	7,459	13,686	1.7%
1995年	1,197,427	1,166,810	10,363	20,254	2.6%
2000年	1,202,761	1,168,210	12,214	22,337	2.9%
2005年	1,073,915	1,040,657	11,385	21,873	3.1%
2010年	1,083,616	1,049,339	12,311	21,966	3.2%
2015年	1,020,035	986,642	14,314	19,079	3.3%
2020年	859,632	824,028	18,797	16,807	4.1%

出典：厚生労働省の人口動態統計（各年）から、筆者作成

混乱を招いている。たとえば、親子間で国籍が異なる家族の場合である。

表２は、１９９０年からの30年間の外国につながる子どもの出生数を示したものであるが、「父母ともに日本」から生まれる子は減少しているものの、「父母ともに外国」と「父母の一方が外国」の子がいずれも増加していることがわかる。そして、２０２０年に出生した子ども（85万９６３２人）のうち、父母のどちらか一方が外国籍者から誕生した子どもは、4.1％（３万５６０４人）であった。つまり、24人に１人が外国につながる子の誕生であるため、親子間で国籍が異なることはいまや日常化する。

他にも、日本人の夫とフィリピン人の母から生まれた子どもの場合、夫と離婚したシングルマザーの家庭で育つ子どもの就学義務はどうなるのか。また、出生地や親の再婚の関係で、兄はブラジル籍だけど弟は日本籍という、兄弟間で国籍が異なる場合はどうなるのか。このような親子間でも兄弟間でも国籍が異なる家族は、グローバル化が進むなかで増加している。だが、

外国籍児を排除する日本政府の扱いによって、就学手続きからこぼれる可能性のある日本籍児の存在に、どうやら政府は気づいていないようだ。

さらに、日本政府の解釈とは、実にご都合主義であることも加えたい。なぜならば、納税の義務を定めた第30条の「国民」が租税法では「居住者」となり、外国籍者からも税金をしっかり取っているからだ。言い換えれば、政府の「解釈」の使い分けによって、外国籍児は「教育への権利」が奪われている、ともいえよう。

では、なぜ日本政府は外国籍児を就学義務の対象外と扱うのか。その理由について、元文部科学省事務次官の前川喜平氏は、次のように説明する。

朝鮮学校やブラジル人学校といった外国人学校の多くは、学校教育法第1条に規定され、義務教育の場として認められる「一条校」にはなっていません。したがって、外国籍の子どもの保護者に就学義務を課してしまうと、子どもが外国人学校に通っている場合は就学義務違反になります。これも外国籍の子どもの保護者を就学義務から除外する理由の一つです。（毎日新聞取材班2020：62）

つまり、就学義務の対象外扱いは外国籍児の外国学校[7]を通う道を担保するためという。なるほど、「日本語で行われる初等教育を外国人に強制的に受けさせることは実際的ではないと考えられることから、希望する外国人に対しては、初等教育を無償で開放することとしていますが、これを強制することまでは考えておりません。」（外務省 ２００８：16）という説明とも、合致するところである。だが、これは外国籍児のために寛容な方策として、決して評価できるものではない。なぜならば、外国籍児に外国学校に通う道を与えながらも、一方でその外国学校を「学校」として法的には位置づけていないという矛盾が起きているからだ。さらに、この矛盾によって、政府は学校健診などの子どもの健康や命にかかわる制度の対象からも外国学校を除外し、子どもの安全を守ることができていない社会をもつくる。そのことは、ＣＯＶＩＤ-19によって可視化されたところでもある。

では、ＣＯＶＩＤ-19によって可視化されたこととは何か。筆者がかかわった外国学校の事例を紹介したい（小島 ２０２１a、小島 ２０２１b、２０２２）。それは、２０２０年11月にＣＯＶＩＤ-19のクラスターが発生したことから始まった。感染症拡大の第３波が襲来した時期であったが、多くの外国人労働者の仕事はテレワークで働くことができる環境ではなかった。そのために、職場から子どもたち、そして学校へと感染が拡大したものの、行政はすぐに介入できなかった。その教訓からか、政府は翌２０２１年６月、外国学校の子どもの健康にかかわる有識者会議として、「専ら外国人の子供の教育を目的としている施設（いわゆる「外国人学校」）の保健衛生環境に係る有識者会議」（以下、「有識者会議」と略す）を文部科学省に設置した。文部科学省主導による、外国学校に通う子どもの保健衛生面での課題とその改善に向けた方策を目的に設置した初の有識者会議であったことから、外国学校関係者は多くの期待を寄せた。それに応えるかのように、同会議では外国学校を対象に保健衛生環境に関するアンケート調査が初めて実施されることで（回答率50％）、「調査に回答した学校のうち

25%で保健室がなく、健康診断の実施も約79%にとどまること」など、劣悪な環境が報告された。徐々に関係者の期待が高まるなか、半年後の2021年12月に最終とりまとめが発表された（文部科学省 2021）。だが、これらの調査結果を踏まえた特記すべき対応策は、まったく出されなかった。この最終とりまとめが発表される前の同年10月、文部科学省からは2022年度の新規事業として外国学校の保健衛生の確保に係る調査研究事業を含む保健衛生環境整備事業（116百万円）がすでに提示されていた。同省での調査研究事業とは、政治的な要求があったときに小規模なモデル事業を実施して時間稼ぎをしながら波風が収まるのを待つ、という旧文部省の「お得意手法」と言われているようだ。なるほど、有識者会議は「出来レース」とも解釈できる。外国学校に通う子どもの健康や命にかかわる制度改正の兆しは、それから2年経つ今もまったく見られない。

つまり、今回のCOVID-19の影響で特別な差別がはじまったのではなく、普段の差別や不平等が「見える化」されたにすぎなかった、という表現のほうが適切であるかもしれない（森・小島 2020）。

3　命と健康の維持さえもできない現実

(1)　外国籍児の就学状況

では、国内に暮らす外国籍児の就学状況がどのようになっているのか。文部科学省の調査から、実

図１　文部科学省・外国籍児の就学実態の調査結果

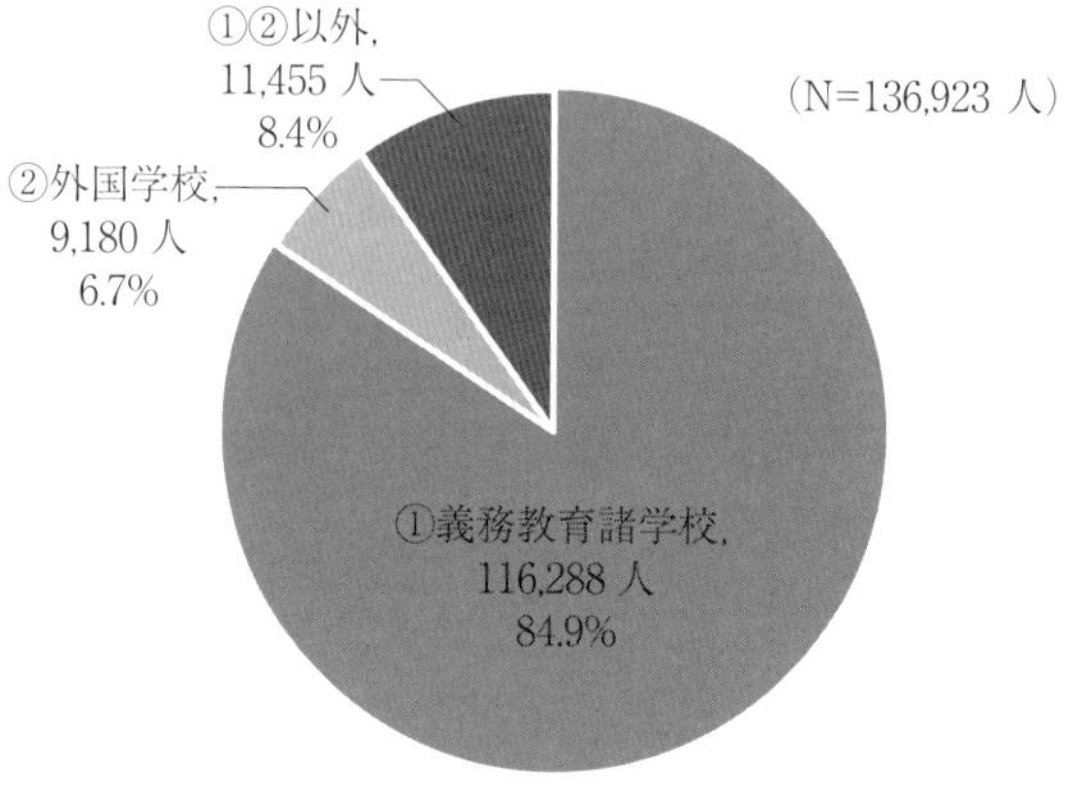

出典：文部科学省（2023）より、筆者作成。

態を確認していこう。

図1は、２０２３年4月末に発表された第3回目となる外国籍児の就学実態を把握した調査結果をまとめたものである（文部科学省 ２０２３）。「①義務教育諸学校」に通う子どもは全体の8割強（11万６２８８人）を占めていることがわかる。「②外国学校」に通う子どもは6.7％（９１８０人）で、残りの約1割（1万１４５５人）が不就学状態（①②以外）に置かれた可能性の高い子どもたちの割合を示す。不就学状態の子どもの数は初回の調査からは減少しているものの、外国籍児の約10人に1人が不就学状態に置かれているという実態が明らかになった。

初回の調査とは、文部科学省が２０１９年度に実施した調査を示す（文部科学省 ２０２０ａ）。それによって、外国籍児の約5人に1人（18・1％）が不就学状態に置かれていることがわかった。この数を同じ時期の２０１９年に発表されたUNESCO Institute of Statistics

（２０１９）リポートと照らし合わせることで、世界で最も学校（初等教育）に通っていない子どもの比率が高い「サハラ以南のアフリカ地域」（18・８％）と、ほぼ同率であることから、その深刻さも一目瞭然である（小島２０２１d）。

（2）外国学校の法的位置づけ

図１に示す「②外国学校」とは、どのような学校であるのか。まずは、法的位置づけから確認していこう。日本の法律で学校を法的に区分すると、学校教育法第一条で定めるところの日本の学校（以下、「一条校」と略す）、専修学校、各種学校の３つとなる。だが、一条校では教員資格や教科書使用などが制限されるため、また専修学校については、学校教育法１２４条で「我が国に居住する外国人を専ら対象とするものを除く」と定められていることから、外国学校は事実上、各種学校しか選択肢がない。各種学校とは、学校教育法第１３４条で定められた、都道府県知事が認可した学校で、自動車学校などが該当する。現行では、インターナショナルスクールは一条校から無認可までであるが、ブラジル学校は一部が各種学校であとは無認可、朝鮮学校はすべて各種学校という現状である。文部科学省は国内の外国学校数について２２３校以上と発表しており、法的区分の内訳は、一条校が８校、各種学校が１２６校、無認可が89校以上とする（文部科学省２０２１）。

外国学校の形態は多種多様である。そのため、ブラジル学校を例に、制度適用の状況を詳しくみていこう。

表3　一条校と学校種別ブラジル学校の制度適用の比較

	一条校	ブラジル政府認可校 各種学校認可校	ブラジル政府認可校 各種学校無認可校	ブラジル政府無認可校
大学受験資格	○	○	○	×
JR通学定期券購入	○	○	×	×
全国高等総合体育大会(インターハイ)全国中学校体育連盟(中連盟)主催の大会	○	○	×	×
高等学校等就学支援金	○	○	×	×
国庫助成	○	×	×	×
指定寄付金・特定公益増進法人への寄付金に対する税制優遇	○	×	×	×
学校保健安全法	○	×	×	×
学校給食法	○	×	×	×
独立行政法人日本スポーツ振興センター法(災害共済給付)	○	×	×	×

出典：文部科学省委託研究（2010）より、一部加筆。

かつてブラジル学校は外国学校のなかでも国内最大数（110校以上）であったが、2008年秋の世界的な経済危機（いわゆるリーマンショック）の影響で経営悪化して激減し、現在は約45校となった。このブラジル学校を大きく区分すると、ブラジル政府の認可校と無認可校の2つに区分され、ブラジル政府認可校のうちの15校が、都道府県からの各種学校として認可されている。表3は、一条校では適用されている制度の一部について、学校種別にブラジル学校の制度適用を比較したものである。各種学校認可校になると、多くの制度の適用対象となることがわかるだろう。

そのため、リーマンショック以降になると多くのブラジル学校では、安心して継続して教育できる環境整備の1つの方法として、各種学校化に興味を持つ学校も増えた（小島 2010）。

だが、学校種別にかかわらず、現行では学校健康・学校安全の対策にかかわる「学校保健安全法」「学校給食法」「独立行政法人日本スポーツ振興センター法（災害共済給付）」の3法は、外国学校を除外している。要するに、外国学校に通う子どもは、公費で健康診断さえも受診できないのだ。そのため、筆者はこれまでに複数のブラジル学校で医師や自治体などの協力を得て健康診断を行ってきたが、十分に両目で見えない子や両耳で聞こえていない子に出会ってきた。その理由をブラジル学校に通う子どもの保護者に聞いてみたところ、日々の仕事を忙しさや言葉の壁もあって、「子どもたちが痛みを訴えたりするときだけ医者に診てもらうような状況です」「子どもが病気の時だけしか医者に診てもらうことはないので、健診の結果で子どもの健康管理ができるのでよかったです」「時間がないことで、検査をする必要がないと思ってしまう」などの声が寄せられた（小島 ２０１５）。こうした子どもたちに共通していたことは、日本で初めて健康診断を受けたという点だ。つまり、世界に誇る養護教諭[8]と学校健診の役割の重要性が、際立つところである。

再び、図1を見てもらいたい。図1の「②外国学校」と「①②以外」を合計した2万６３５人の健康は、法的に守られていないと言っても過言ではないだろう。その割合は、全体の約６人に１人（15・1％）に相当する。とりわけ、図1の「①②以外」の子どもたちの相当数が、就学状況の確認すらされていない。言ってみれば、「子どもの所在がわからない」ということは、命が軽んじられているともいえる。それは、日本政府が外国籍児を就学義務の対象外扱いとすることで、外国籍児は就学だけでなく、健康さえも維持できない状況に自動的に置かれてしまうのだ。

なお、表3はブラジル学校の制度適用をまとめたものであるが、外国学校のなかでも、実は学校間で制度適用の内容が大きく異なることにも言及したい。たとえば、朝鮮学校はすべて各種学校認可校であるものの、ブラジル学校の各種学校認可校では対象とされている「大学受験資格」は、朝鮮学校は学校単位でなく個別審査とされ、「高等学校等就学支援金」(高校授業料無償化)は対象外扱いとされている。また、「指定寄付金」[9]・特定公益増進法人[10]への寄附金に対する税制優遇」については、ブラジル学校も朝鮮学校もいずれも対象外扱いであるものの、一部のインターナショナルスクールは対象とされている。こんな矛盾が外国学校間であることも、強調したい。

4　基礎自治体間での違い

(1)「就学願い届」までに至らない子どもたち

日本では、国籍を問わずに学齢期児は公立小中学校に就学できる。だが、前述のとおり、多くの自治体の窓口では外国籍児の就学手続き時に、保護者に対して「就学願い届」の提出が求められているが、その「就学願い届」の提出までに至らない場合がある。なぜ、そんなことが起きるのか。ここでは、「結核対策にかかわる検査費用」と「学齢超過の外国籍者の就学扱い」を例に、詳しくみていきたい。

まずは、「結核対策にかかわる検査費用」であるが、これは文部科学省による学校保健の推進と関係する。２０１２年3月に発表された「学校における結核対策マニュアル」によって、集団で生活をする学校は感染症がまん延しやすい環境であることから、問診による情報の把握についての具体的方法等が示された。そのため、基礎自治体ではこのマニュアルに従い、就学／編入の手続き時には結核対策にかかわる問診票が配布されている。特に、同マニュアル作成に至ったとされる「学校における結核検診に関する検討会報告書」（２０１１年8月12日）では、「平成15～20年度の小中学生の結核罹患率（人口10万対）は、（中略）いずれの年においても、外国国籍の者の罹患率は日本国籍の者及び国籍不明者の罹患率よりも10倍以上高かった」（文部科学省２０１２：29）ために、「特に学校保健制度が異なる外国からの転入生で、これまでの健康診断票がない等の場合は重点的に対応するべきである」（同掲：31）という、今後の対策が示された。これを受けて、「6カ月以上の高まん延国での居住歴のある児童生徒等は入学時または転入時の１回、精密検査の対象」（同掲：６）と提示されたことで、それを問う項目が問診票に明記されている。

問題は、ここからだ。図2は、筆者がフィールドワークから得た情報から、就学手続きからの流れを示したものだ。この図2に示した「結核対策のための問診票」によって、文部科学省から示された「高まん延国で6か月以上の居住歴」[11]の外国籍児も精密検査の対象となるが、その検査費用の扱いが基礎自治体によって「私費扱い／公費扱い」と異なることで、就学手続きができないということが起こってしまっている。つまり、検査費用が私費扱いの基礎自治体の場合、その費用を保護者が支払うことができないと検査ができないために、「就学願い届」の提出までに至らないというわけだ。外国

図2　就学手続きから検査費用の「私費扱い／公費扱い」の流れ

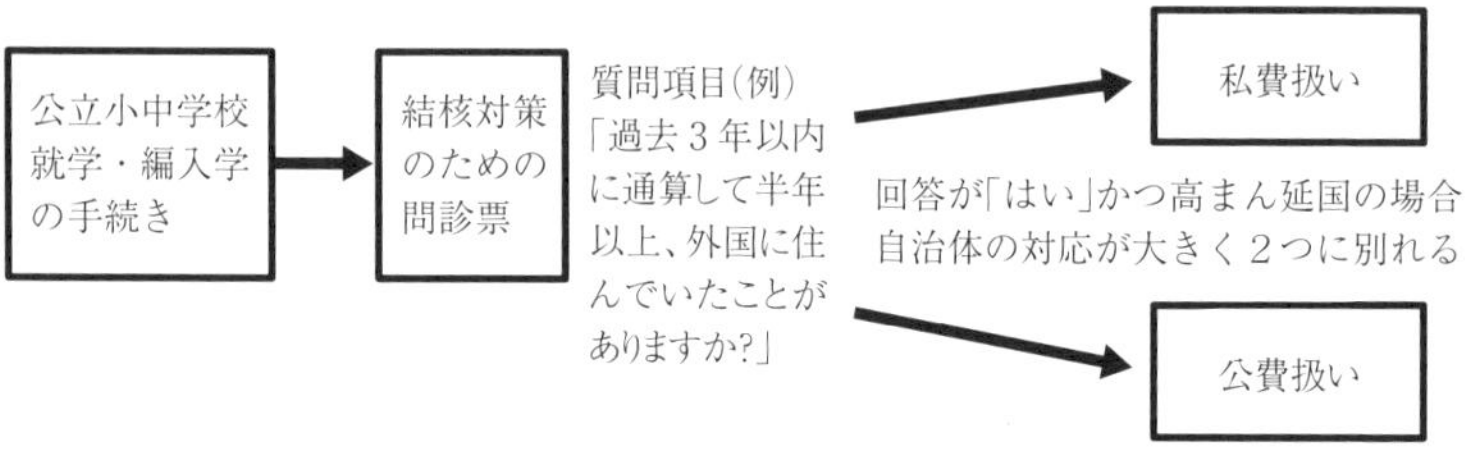

籍児の就学を支えるＮＰＯ関係者の話によると、来日したばかりの外国籍児が、この結核対策の狭間に置かれやすいという。

さらに、「就学願い届」の提出さえもできない場合として、「学齢超過の外国籍者の就学扱い」である。学齢超過者とは、日本の義務教育期を超えた者を指す。２０１６年12月の「義務教育の段階における普通教育に相当する教育の機会の確保等に関する法律（以下、「普通教育の機会確保法」と略す）」の施行によって、学齢超過者に対する政府の方針が激変した。とりわけ、同法律の基本理念を定めた第三条の四で「年齢又は国籍その他の置かれている事情にかかわりなく」（傍点は筆者）と明示されたことで、教育上での年齢や国籍での差別はしないことが示された。それによって、２０２０年7月に文部科学省から出された「外国人の子供の就学促進及び就学状況の把握等に関する指針」のなかでは、学校への円滑な受入れとして「学齢を経過した外国人への配慮」が、次のように言及された。（太字は筆者）

> 外国又は我が国において様々な事情から**義務教育を修了しないまま学齢を経過した者**については、**市町村教育委員会の判断**により、本人の学習歴や希望等を踏まえつつ、学校の収容能力や他の学齢生徒

との関係等必要な配慮をした上で、**公立の中学校での受入れが可能**であること。

つまり、外国でも日本でも義務教育未修了者については、学齢超過者であっても、昼間の公立中学校に就学できることが示された。だが、実際の基礎自治体では、積極的な公立の中学校での受入れはされていないようだ。筆者のフィールドワークによると、「前例がない」ことなどを理由に、門前払いされる場合があると聞く。例えば、2020年7月に文部科学省から出された「外国人の子供の就学促進及び就学状況の把握等に関する指針」では、受入れ学年の決定等を学校長の判断で、一時的又は正式に下学年への入学を認めている。そのため、A市では日本語能力・学習状況等に応じて14才のペルー出身のマリア（仮名）は2学年下げて小6に編入学となった。しかし、中学生になる時に保護者の就労事情で転居したが、転居先のB市では17才であることを理由に、中学生の転校生としての編入学の手続きをマリアはできなかったのだ。

すなわち、「就学願い届」の提出までに至らない場合とは、国と基礎自治体とのせめぎ合いによって、就学できないことを示す。政府は表面的には外国籍児の就学促進を行うものの、基礎自治体の立場からすれば、外国籍児は就学義務が適用されないという政府の姿勢が変わらないために積極的に外国籍児の就学促進の対応できない（予算化できない）という、矛盾の狭間によって就学できない子どもともいえよう。

図３　精密検査の費用について

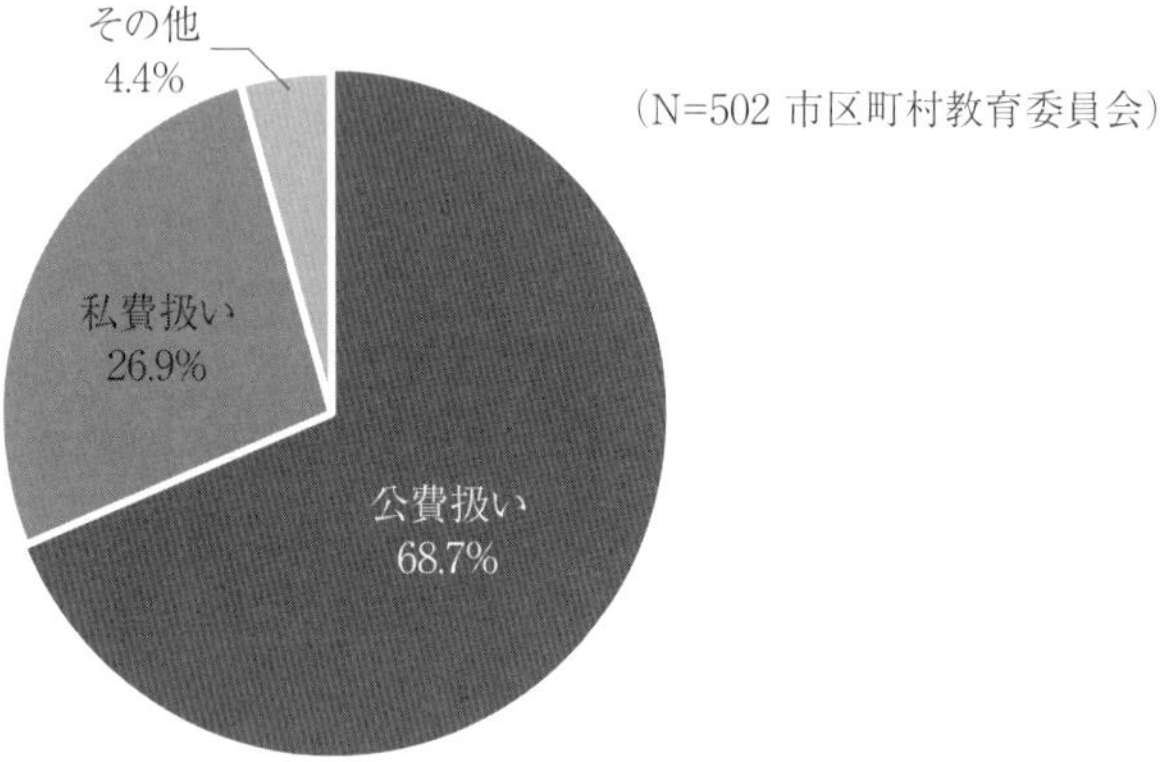

(2)　調査から明らかになったこと

では、この「結核対策にかかわる検査費用」と「学齢超過の外国籍者の就学扱い」が、自治体間でどのくらいの違いがあるのか。その実態を把握するため、全国すべての１７４１市区町村教育委員会を対象にアンケート調査（悉皆）を実施した。その結果、全体の約３割に相当する５０２市区町村教育委員会から回答を得ることができた。順に調査の結果をみていこう。

①結核対策にかかわる検査費用

まずは、「結核対策にかかわる検査費用」であるが、図３がその結果を示したものだ。全体の約３割が「私費扱い」であることに驚く。「その他」に分類した4.4%は、「前例がない（実績がない）ために不明」など、方針がないことを示す。

「公費扱い」と回答した教育委員会について、外国籍住民が多く暮らす市には具体的な方法を個別に尋ねた。すると、「公費扱い」でも自治体間で対応が異なる状況を示す声が寄せられた。ここで、担当者の声を紹介したい。

◎M市（総人口約15万人、うち外国籍者約４５００人）の担当者の声

「手続き時に教育委員会で契約している健診センターへ結核検診の予約を取り、受診をお願いしています。そして、検査結果で異常がないことを確認後に登校してもらっています。学校教育課で契約している健診センターでの検診費用は公費で負担しています。他の病院での検診を希望される場合や、体験入学の際の結核検診費用は、自己負担していただいています。」

◎T市（総人口約10万人、うち外国籍者約２２００人）の担当者の声

「転入手続き時に、問診による情報把握をします。教育委員会窓口にて、問診内容を確認、受信表の記入してもらい、その後市内の市民病院小児科での精密検査（胸部X線撮影）、事後措置（結果を学校→教育委員会へ提出）を行います。」

◎C市（総人口約7万人、うち外国籍者約５０００人）の担当者の声

「社会保険の保険証を受け取るまでに時間がかかり、結核検診になかなか行けず、自宅にいる時間が長くなってしまうお子さんについては、現在も市が検査費を負担しています。ただし、「市で

は予算額が限られているため、必ずしも全員にその対応ができるとは限らない」とされています。しかしながら、現在までのところ、市の予算額が尽きてしまったために市費で検査を受けられなかったというような事例はないです。」

これらの担当者の声から、「公費扱い」であっても、必ずしも検査を受けて就学できるとは限られないことがわかる。健康保険証があれば個人負担はないものの、来日して間もない家庭などでは健康保険証を職場ですぐに発行してもらえないなどの理由で健康保険証を持っていなかったり、保護者が検査予約を各自で行わなければならない場合では言葉の壁で病院等での予約をできなかったりなどによって、検査ができないことで就学手続きができない場合もあるようだ。

その証拠に、「本市では、結核検診の受診後に異常がないことを確認してからの登校をお願いしていますので、予約日によっては手続きから登校できるまでに数週間かかる場合があります。すぐにでも学校に通いたいと希望されている方には、長い間お待たせしてしまうことになり、申し訳なく思います」と話す担当者もいた。つまり、就学願い届の受理が、すぐに小中学校への登校ではない現実を示す。さらに、就学前に高まん延国から入国した幼児の検査は公費扱いではなく地域も多いことで、「小学校入学を待っての検査となっているケースがある」ことから、政府に改善を求める担当者もいた。すなわち、経済的な理由で、就学前の外国籍幼児が新1年生の「就学願い届」の提出までに至らない場合があることも明らかになった。

図４　「昼間の公立中学校」への編入学を希望した場合の受け入れについて

（N=502 市区町村教育委員会）

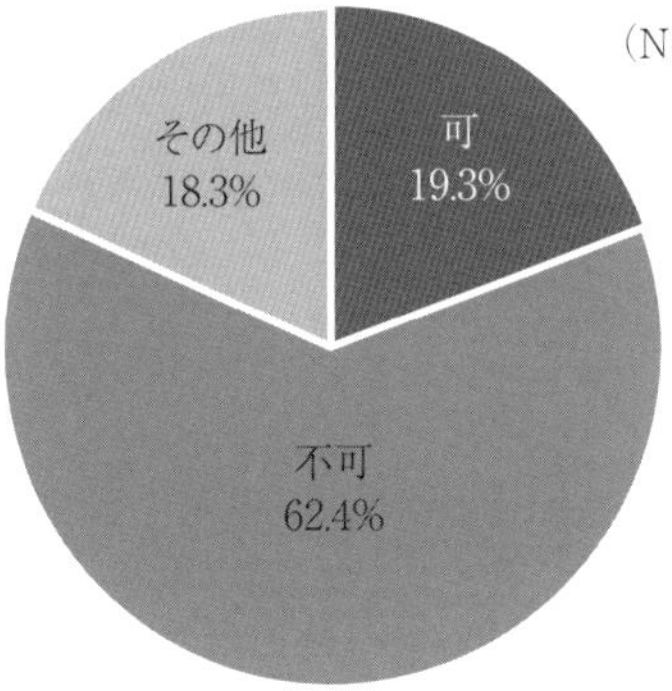

②学齢超過の外国籍者の就学扱い

ついで、「学齢超過の外国籍者の就学扱い」の結果を示したものが、図４になる。昼間の公立中学校への編入学を希望した場合の受け入れの「可」の基礎自治体は、全体の２割弱にしか過ぎなかった。「その他」とは、「前例がない（実績がない）ために不明」などの方針がないことを示すため、不可を含めた全体の約８割の基礎自治体が、受け入れに否定的であることがわかった。この点は、前述の政府の姿勢とは異なるといえよう。

③外国学校での健診費用

現行では外国学校に通う子どもは、公費で健康診断さえも学校で受診できないことは、前述の通りだ。では、このような現実のなかで、学校で健康診断ができるような費用を基礎自治体では対応しているのだろうか、という素朴な疑問が沸く。そこで、先の「結核対策にかかわる検査費用」と「学齢超過の外国籍者の就学扱い」の回答に協力いただけた市区町村教育委員会に対して尋ねてみた。すると、外国学校に就学する児童生徒に係る各種健康診断等の実施に要する経費の一部補助を「行っている」という回答は、502市区町村教育委員会のうちのわずか1教育委員会のみであった。つまり、外国学校に通う子どもの健康を守る仕組みは、基礎自治体レベルでも国でも構築されていないのだ。

なお、この補助を得て学校検診を行う外国学校の校長に話を聞いたところ、「学校に通うすべての子どもが毎年学校で健康診断を受けることができて、安心して子どもも保護者も学校生活を送ることができている」と、その様子を詳しく教えてくれた。だが、この外国学校に補助する基礎自治体の「定期健康診断等実施事業補助金交付基準」(2019年4月1日改正)をみると、「補助金交付事業の開始時期が1979(昭和54)年4月1日、終了時期が2024(令和6)年3月31日」と明記されていた。子どもたちのために継続した補助を強く願う。

これらの調査から、外国籍児は就学義務が適用されないという政府の姿勢によって、外国籍児の健康ならびに教育機会の確保の姿勢は基礎自治体間で異なる実態は如実となった。特に、子どもの命を守るがゆえに公立学校での就学時では結核対策があるにもかかわらず、それによってすぐに就学できない/就学手続きさえもできない子どもがいること、さらに同じ地域に暮らす外国学校に通う子どもに対しては、命を守るための施策や対策がないことも明らかになった。日本の学校(義務教育諸学校)に通う子どもだけの健康を守るということで、本当によいのだろうか。外国学校に通う子どもが入国後にも結核を発病する可能性があり、こうした子どもたちが日本の公立学校に通う同国出身者と交流を持つことも少なくない。外国学校に通う子どもと公立学校に通う子どもは同じ地域のなかで暮らし、時には兄弟間でも就学先が公立学校／外国学校という場合もある。特に、外国を行き来する比率が高いだろう外国学校に通う子どもにも結核対策は必要である。さらに、外国学校に通うのは外国籍児だけでなく、実際は多くの日本国籍児も通うことに留意すべきでもある。[12] 日本の国籍を有しているか否かで区別した就学義務の扱いによって、実は日本籍児の健康さえも守れない構造をつくってしまっていることに、日本政府は気づいているのだろうか。

5 就学義務化の主張

これまで確認してきたとおり、外国籍児の健康ならびに教育機会の確保のためには、外国籍児の就学義務化は必須である。しかし、どうして国内で外国籍児の就学義務化が進まないのか。そこには、これまで研究者たちがその必要性を明言してこなかったことも関係しているのではないだろうか。たとえば、早くから外国籍の子どもの教育を研究する社会学者の宮島喬は、２００５年では「『日本国民のための教育』というその性格を変えることなく義務化することは、今以上に日本的学校文化への同調を外国人の子どもに強いる恐れがないだろうか。筆者らはこの意味で、直ちに義務教育化に進むことには留保するものである。」（宮島・太田 ２００５：42）とし、両義的立場[13]をとってきた。それは時を経ても、「外国人への就学義務化は必要であろうか。筆者はその必要を感じる者の一人である。」（宮島 ２０１４：92）として、その立場を濁していた。このような態度は、海外子女教育研究の第一人者である佐藤郡衛も同様で、「外国人の子どもたちはすべてが日本の学校に就学しているわけではなく、外国人学校が重要な選択肢になっている。就学の義務化は外国人学校にも現行法が適用されることを意味し、多くの問題が生じることになる。」（佐藤 ２００９：48）とし、「公教育の再定義と同時に公教育のもとで展開される『国民形成のための教育』の見直しが不可欠」（同掲：52）であることを理由に、慎重な姿勢を示してきた。

こうした国内での学術的な議論の不在の影響をあってか、最近の文部科学省の会議では初めて外国籍児の就学義務化が話題になったものの、「外国人の子供の保護者に、日本人と同様に就学義務を課すことについては、子供の教育に関する義務と権利の在り方、外国人学校等との関係や、国際的な動向等を踏まえつつ、引き続き慎重な検討を行う必要がある。」（文部科学省 ２０２０ｂ：19）と結論づけられてしまった。

このような経過があるなかで、政府から新たな方向性が示された。それは、２０２１年6月に発表された外国人材の受入れ・共生のための総合的対応策（以下、「総合的対応策」と略す）のなかの１つとして（施策番号69）、「住民基本台帳等に基づく学齢簿の編製の際に、**外国人の子供の就学状況についても一体的に管理・把握すること**を始め、（中略）**令和7（２０２５）年末まで**に自治体における住民基本台帳システムとの連携や外国人の子供の就学状況の一体的管理・把握を図る。」（外国人材の受入れ・共生に関する関係閣僚会議２０２１：18）（太字と西暦は筆者）ことの明示である。この方針は、外国籍児の就学義務対象外であることを理由に「学齢簿に外国籍児童の記載は不要」⒁と各教育委員会に指導してきた従来の日本政府の姿勢とは、正反対だ。

総合的対応策の施策番号69で明示された「外国人の子供の就学状況についても一体的に管理・把握すること」とは、すなわち、外国学校に通う子どもの就学把握も必須になることである。そこで、筆者のこれまでのフィールドワークを基に、実現可能な外国学校に通う子どもの就学把握について具体的な方法を提案したい⒂（小島２０２１a）。

まず、各種学校の認可校と無認可校を区分して行う。認可校には、「在籍する子どもの名簿（氏名、生年月日、居住地など）」を所管する都道府県に提出を求める。そして、名簿を受理した都道府県は、速やかに子どもの居住地の市区町村に報告し、それに基づいて報告を受けた市区町村教育委員会は学齢簿を編製する。文部科学省が毎年行う学校基本調査時に、各種学校からは在籍者の数字だけでなく、在籍する子どもの名簿も一緒に提出できるようにすることで、学校に負担のない制度として根づくだろう。そして、無認可校には、在籍する子どもに在籍証明書を発行するように位置づける。それを受理した子ども（保護者）は、居住地の市区町村に報告することで教育委員会は学齢簿を編製する。同時に、無認可校にはいわゆる幼保無償化での認可外保育施設届け出を準用した届け出を都道府県に行うことに合わせると、無認可校の存在も把握できるというわけだ。

この就学把握の方法を俯瞰してみると、外国学校自体が政府の不登校児童生徒の支援策で提示された「学校外の民間施設」と何ら相違がないことに気づく。「学校外の民間施設」とは、不登校児童生徒の支援策として文部科学省が２０１９年に通知した「不登校児童生徒への支援の在り方について」（元文科初第６９８号、２０１９年10月25日付）の別記１で示された「義務教育段階の不登校児童生徒が学校外の公的機関や民間施設において相談・指導を受けている場合の指導要録上の出欠の取扱い」を指す。特に、沖縄県では早くから「学校外の民間施設」として重国籍児とするアメリカ人とアジア人の両親を持つアメラジアンの子どもを対象にした「アメラジアンスクール・イン・オキナワ」を認めてきた。20年以上も前の１９９９年11月９日付で「学校外の民間施設で相談・指導を受けている児童生徒への対応について」（教義第１８５８号）を通知することで、アメラジアンスクール・イン・オキナワでの英語と日本語で学ぶダブルの教育を認めてきたという歴史がある（照本２００１）。つまり、この沖縄県での方法を応用することで、シュタイナー学校などのオルタナティブスクールへの支援活動に長年関わる小貫大輔が主張するところの「外国学校が正規の『学校』だとは認められなくても、そこでおこなわれる教育がある一定の基準を満たしていたら、それを普通教育の履行と『みなす』（小貫２０２１：54）ことが、十分に可能である。

何よりも、各種学校認可校が実在する地域では、公立高校での受験資格の扱いにおいて、外国学校の中学校修了者に受験資格を認めているところもある（小島２０２１c：１３０‐１３１）。言ってみれば、この事実は、外国学校を「全日制の学校」として認めている証といえよう。外国学校の実情を知る都道府県の自治体では、政府よりも先行して、すでに外国学校での教育を普通教育として認めているというわけだ。改めて、前述の文部科学省（２０２３）が行った外国籍児の就学実態調査の報告をよく見ると、外国学校を「専ら外国人の子供の教育を目的としている施設を指し、各種学校として認可されているか否かを問わない」とし、「就学」として公表している。つまり、文部科学省も外国学校に通うことを「就学」とみなしていることからも、外国学校は「学校外の民間施設」に相当するという仮説が生成できそうだ。外国籍児の就学義務化を通じた健康と教育機会の保障は待ったなしであるため、総合的対応策の施策番号69が明示するところの「令和7（2025）年末まで」に、これまでの研究者が主張する両義性でなく、外国籍児の就学義務化を促進させたい。

謝辞

本稿で紹介したアンケート調査について、コロナ禍で限られた職員で複雑な業務への対応が求められた状況下にありながらも多くの自治体で丁寧にご対応いただきました。この場を借りて、心から御礼を申し上げます。

注

（1）2020年のMIPEXでは、基本的権利（平等な労働と職業訓練の権利、保健医療、差別禁止）、平等な機会（教育、保健医療、政治参加）、安定した将来（家族呼び寄せ、永住・国籍取得）の3つの次元に照らして、各国の政策を特徴別に分類して評価されている（近藤 2022：15—16）。

（2）原文は、Immigrants may find ways to settle long-term, but they are not fully supported with the rights

and equal opportunities to participate in society.
（3）　原文は、Japan's current policies encourage the public to see immigrants as subordinates and not their neighbours.
（4）　たとえば、安倍晋三元首相の「いずれにせよ、義務教育については、外国人の子弟の方々が義務教育を希望されれば、当然、日本国民と同じようにその機会を現在保障している、このように承知をしている次第であります」（衆議院・教育基本法に関する特別委員会、２００６年12月13日）をはじめ、文部科学省総合教育政策局社会教育振興総括官の「我が国におきまして、外国人の子どもの保護者に対して就学義務は課されておりませんけれども、公立の義務教育諸学校へ就学を希望する場合には、国際人権規約等も踏まえまして、日本人生徒同様に無償で受け入れております」（衆議院・法務委員会、２０１９年1月23日）などがある。
（5）　文部科学省の姿勢にともない、各自治体でも就学手続きに関わる関連資料が多言語で作成されている。例えば岐阜県教育委員会では、「外国人児童生徒の就学に係る書類（市町村教育委員会及び学校用）」として、「外国人児童生徒の就学願」「保護者が知っておくべきこと」などの資料が5言語で作成され、いずれも保護者の同意を確認するための記入欄がある。（https://www.pref.gifu.lg.jp/site/edu/24804.html　２０２０年12月25日閲覧）
（6）　１９５２年4月28日のサンフランシスコ講和条約発効により独立した日本は、法的に日本国籍を有していた在日コリアンから一方的に日本国籍を奪い、日本国籍をもたない「外国人」とした。それによりこの通達を出すことで、就学扱いについて在日コリアンを「一般の外国人と同様」と位置づけ、権利でなく恩恵に変わったことを示した（小島２０１６）。
（7）　インターナショナルスクールおよび民族学校の総称として、また外国につながるカリキュラムにのっとって、外国の言葉で教育をする学校を示す。小島（２０２１ｃ）のなかで筆者は、これまでの「外国人学校」という呼称を改めて、「外国学校」と呼ぶことを提案した。かつて朝鮮人学校と呼ばれたものが今日では朝鮮学校と呼ばれ、「○○人学校」と呼ばれるその他の学校も、当事者はブラジル学校、フランス学校、ドイツ学校……などと呼んでいることにならう言い方である。海外の日本人学校の例にあるように、特に国籍による入学制限を設けている場合は、個別に「○○人学校」と表記されるべきであるが、日本国内の外国学校でそのような例は見当たらない。なお、本文での引用箇所では、原文の表現（外国人学校）を用いる。

（8） 養護教諭とは日本独自の職種であるため、海外には「保健室の先生」という概念がない。そのため、「日本養護教諭教育学会は、Yogo teacherと表記することを2001年10月の総会で決議した。その意味するところは、『日本語のYogo（養護）をつかさどるteacher』という意味であり、『養護』を端的に示す英語が存在しないことから、あえて日本に固有の養護教諭がもつ優れた独自性を世界に発信する」（山崎2010：26）ことと位置づけられている。

（9） 法人や団体への寄付金（たとえば校舎増築など）について、所得控除や損金扱いされることで寄付行為が優遇される制度のこと（大蔵省告示154号1965年4月30日）。

（10） 教育又は科学の振興、文化の向上、社会福祉への貢献など、公益性が高いと認められる法人について、指定された法人への寄付金は控除される。なお、2003年度から「初等教育または中等教育を外国語より施す各種学校」も対象になったものの、①「外交」「公用」「家族滞在」の在留資格を持つ子供たちを対象とする学校であること、②教育活動について欧米の国際評価機関による認定受けること、の2つの要件が設けられた（文部科学省告示第59号2003年3月31日）。その対象の区分する理由について、当時の外国学校担当の文部省国際教育室は毎日新聞の取材で次のように説明する。

「米国やカナダなどのインターナショナルスクール（国際学校）は仕事の都合などで短期滞在する人の子供が多く、国際交流を進める意味で国にとって公益性が高いと判断し、寄付金制度を認めている。朝鮮人学校はこれと異なり、日本での永住権を持つ長期滞在者の子供が多く、国にとって公益性が高いとは認められないため、インターナショナルスクールとは区別している」（毎日新聞１９９７：３）

（11） 国名は、文部科学省スポーツ・青少年局学校健康教育課２０１２年３月30日付「学校における結核検診について」を参照されたい。

（12） たとえば、愛知県が県内22校ある外国学校のうち18校から得た調査結果によると、２１００人のうち４２８人（20・４％）が日本国籍者（重国籍含む）であった（愛知県２０２３）。

（13） 両義的とは、宮島・太田（２００５）は、「義務化することによって教委、学校による外国人の子どもの就学を確かなものにする努力は強められるだろう。しかし、『日本国民のための教育』というその性格を変えることなく義務化することは、今以上に日本的学校文化への同調を外国人の子どもに強いる恐れ」（同掲：42）と説明する。

（14） たとえば、就学事務研究会（１９９５：64）のなかでは「学齢簿については、市町村教育委員会が就学義務の履行を確保するために作成する帳簿ですから、就学義務のない外国人の子どもについて複製する必要はなく」と明記されている。

（15） 筆者は同様の提案を２０２１年６月23日に開催された文部科学省の外国人学校の保健衛生環境に係る有識者会議（第２回）において、有識者ヒアリングのなかで行った（文部科学省２０２１）。

引用文献

Solano, Giacomo and Huddleston, Thomas（2020）Migrant Integration Policy Index 2020（https://www.mipex.eu/ ２０２３年１月11日最終アクセス）

UNESCO Institute of Statistics（2019）New Methodology Shows that 258 Million Children, Adolescents and

Youth Are Out of School (http://uis.unesco.org/sites/default/files/documents/new-methodology-shows-258-million-children-adolescents-and-youth-are-out-school.pdf　２０２３年１月11日最終アクセス)

愛知県（２０２３）『愛知県内の外国人学校に対する調査について（２０２２年度）』(https://www.pref.aichi.jp/soshiki/tabunka/gaikokujingakko2022.html　２０２３年５月11日最終アクセス)

小沢有作（１９７３）『在日朝鮮人教育論歴史篇』亜紀書房。

小貫大輔（２０２１）「外国籍の子どもの外国学校から見た「教育への権利」」『多様な学びを創る』東京シューレ出版。

外国人材の受入れ・共生に関する関係閣僚会議（２０２１）『外国人材の受入れ・共生のための総合的対応策（令和３年度改訂）』(https://www.kantei.go.jp/jp/singi/gaikokujinzai/kaigi/pdf/taiosaku_r03kaitei_honbun.pdf　２０２３年１月11日最終アクセス)

外務省（２００８）「世界人権宣言と国際人権規約―世界人権宣言60周年にあたって」（はじめに）(https://www.mofa.go.jp/mofaj/gaiko/udhr/kiyaku.html　２０２３年１月11日最終アクセス)。

金慶海（１９７９）『在日朝鮮人民族教育の原点』田畑書店。

楠本孝（２００８）「外国籍の子どもの就学義務化をめぐる法的諸問題」『日本の科学者』43（９）４９２～４９７頁。

小島祥美（２０１０）「経済不況で苦境にあるブラジル学校の実態――ブラジル人学校等の準学校法人設立・各種学校認可の課題研究から」『自治体国際化フォーラム』自治体国際化協会（２４８）16～18頁。

小島祥美（２０１５）「ブラジル人学校における日本の学校健診モデルの適用の可能性」『学校保健研究』56（６）４２７～４３４頁。

小島祥美（２０１６）『外国人の就学と不就学――社会で「見えない」子どもたち』大阪大学出版会。

小島祥美（２０２１ａ）「外国籍の子どもの就学と命を守るための提案」『保健の科学』63（10）６６９～６７３頁。

小島祥美（２０２１ｂ）「経済教室・私見卓見　外国人学校、健康管理の制度化を」日本経済新聞新聞8月25日朝刊。

小島祥美編著（２０２１ｃ）『Ｑ＆Ａでわかる外国につながる子どもの就学支援――「できること」から始める実践ガイド』明石書店。

小島祥美（２０２１ｄ）「外国籍の子どもの不就学問題と解決に向けた提案―20年間の軌跡からの問い直し」『異文化間教育』（54）78～94頁。

小島祥美（２０２２）「守られていない外国籍の子どもの教育への権利と命」『移民政策研究』（14）58～72頁。

近藤敦（２０２２）「移民統合政策指数（ＭＩＰＥＸ２０２０）等にみる日本の課題と展望」『移民政策研究』（14）９～22頁。

佐藤郡衛（２００９）「日本における外国人教育政策の現状と課題――学校教育を中心にして」『移民政策研究』（1）42～54頁。

就学事務研究会（１９９５）『就学事務ハンドブック改訂版』第一法規出版。

照本祥敬編（２００１）『アメラジアンスクール――共生の地平を沖縄から』ふきのとう書房。

西山直希（２０２１）「第3章第11節不就学調査の実施方法」『Ｑ＆Ａでわかる外国につながる子どもの就学支援――「できること」から始める実践ガイド』明石書店、２２２～２２７頁。

文部科学省（２０１２）『学校における結核対策マニュアル』。

文部科学省（２０１５）『就学ガイドブック――日本の学校への入学手続き』。

文部科学省（２０２０ａ）『外国人の子供の就学状況等調査結果（確定値）について』（https://www.mext.

go.jp/b_menu/houdou/31/09/1421568_00001.htm　２０２３年１月11日最終アクセス）

文部科学省（２０２０ｂ）『外国人児童生徒等の教育の充実について（報告）』総合教育政策局国際教育課（https://www.mext.go.jp/content/20200528-mxt_kyousei01-000006118-01.pdf　２０２３年５月11日最終アクセス）

文部科学省（２０２１）『専ら外国人の子供の教育を目的としている施設（いわゆる「外国人学校」）の保健衛生環境に係る有識者会議　最終とりまとめ』（https://www.mext.go.jp/a_menu/kokusai/mext_00022.html　２０２３年１月11日最終アクセス）

文部科学省（２０２３）『（令和４年度）外国人の子供の就学状況等調査結果について』総合教育政策局国際教育課４月22日（https://www.mext.go.jp/content/20230421-mxt_kyokoku-000007294_04.pdf　２０２３年５月11日最終アクセス）。

文部科学省委託研究（２０１０）『平成21年度外国人教育に関する調査研究報告書　ブラジル人等の教育機会の現状と課題について　ブラジル人学校等の準学校法人設立・各種学校認可の課題』（研究代表者：中村安秀）。

毎日新聞（１９９７）『校舎改築寄付金の税控除認められず』８月12日朝刊。

毎日新聞（２０１９）『外国からきた子どもたち　四日市・虐待死の女児「学校行くの」かなわず　就学不明、追跡に限界』１月７日朝刊。

毎日新聞取材班（２０２０）『にほんでいきる――外国からきた子どもたち』明石書店。

宮島喬・太田晴雄編（２００５）『外国人の子どもと日本の教育―不就学問題と多文化共生の課題』東京大学出版会。

宮島喬（２０１４）『外国人の子どもの教育――就学の現状と教育を受ける権利』東京大学出版会。

森千香子・小島祥美（２０２０）「緊急対談・感染症と排外主義――新型コロナウイルスが可視化したもの」

『世界』（９３２）64〜71頁。

山崎嘉久（２０１０）「国際協力の視点から見たわが国の学校保健」『日本小児科学会雑誌』１１４（10）１５０６〜１５１５頁。

第5章

多文化共生政策をめぐる国と地方自治体

池上岳彦
関根未来

1　はじめに――多文化共生政策と財政制度の多様性

(1) 外国人が入国・滞在する理由の多様性

ある国に外国人が入国する理由はどのようなものだろうか。観光客などの短期滞在者を除いて考えた場合、中長期滞在もしくは永住しようとする外国人の理由はさまざまである。

第1は、経済移民である。そのうち、経営者、技術者・事務職などの専門家、熟練技能者として経済の発展・活性化へ貢献する人材と位置づけられる。たとえば、日本政府が設定している在留資格のうちでは「経営・管理」「高度専門職」「法律・会計業務」「技術・人文知識・国際業務」「企業内転勤」「報道」「医療」「介護」「技能」などがこれに当たる。

それに対して、比較的短期を想定した労働力としての受け入れもある。日本では「技能実習」「特定技能」などが実質的にこれにあたる在留資格として運用されている。

第2は、科学者・文化人・芸術家などであり、日本の在留資格では「教授」「研究」「高度専門職」「芸術」「文化活動」「興行」「宗教」などにあたる。また、留学生として入国・在留する場合、卒業・課程修了などの後、経済移民もしくは科学者・文化人・芸術家などに継続していくこともある。

第3は、家族である。上記移民の家族として滞在する、もしくは従来からの国民と家族になって滞在するケースなどがこれに当たる。

第4は、難民である。難民となる理由には、政治的迫害、軍事的殺戮・国土破壊、経済・環境危機などが考えられるが、受け入れ側が何を正当な理由として認定するかの方針は、国により多様である。

(2) 移民政策の視点

移民を受け入れた国は、移民への差別を禁止して居住・就業などの権利を保障するとともに、医療・年金・家族手当・社会扶助などの社会保障制度を適用し、さらに受入国言語・子の就学支援などの教育サービスを提供するが、そこには移民政策としてさまざまな視点が反映される。

まず、経済・財政指標の視点から移民政策が語られることがある。たとえば「移民が労働し、あるいは事業を展開して経済成長に貢献し、各自の経済力に応じて租税を負担するために税収が増える」面と「移民へのサービス給付が従来からの国民の租税負担を重くする」面を数値化して比較することによって政策を評価しようとする見方もある。このような議論を「移民財政貢献論」と呼ぶことができる。

しかし、その国で暮らす人々への公共サービスは個々人の租税負担への直接的な見返りではなく、政治・経済・社会を総体としてとらえたシステムの持続・改善をはかるものである(1)。このことを踏まえれば、財政収支の数値を超えた視点が求められる。

そのときに必要なのは人権保障の視点である。各国の法体系及び公共サービスが移民(外国につながる住民)の人権をどのように保障しているかが問われる。そのためには、言語教育・生活援助のように困難を抱えた個々の移民に限って提供される選別主義的なサービスも展開される。ただし、それは国民全体を公共サービスの対象とする普遍主義原則と矛盾するものではない。むしろそれは生活実態の多様性を保障しつつ差別禁止制度及び普遍主義サービス体系を整備していく条件を整える過程としてとらえることができる。

それに加えて、社会の持続可能性を考えるときに重要なのが多文化共生の視点である。集団としての移民の権利・サービスをどれだけ充実させるかが、差別禁止、社会保障、教育・文化、国籍（市民権）・永住権などの面から問われる。

この点について注目すべきは、クイーンズ大学（カナダ）のバンティングとキムリッカを中心とする研究グループが作成している「多文化主義政策指数」（Multiculturalism Policy Index［ＭＣＰ指数］）である。移民政策に関するＭＣＰ指数は、

（Ａ）移民の存在を認識する政策（Recognition Policies）

①中央―（州）―地方それぞれの政府レベルにおいて憲法・法律・議会が多文化主義を承認すること、

②学校カリキュラムが多文化主義を採用すること、

③公共メディアの義務もしくはメディアの認可条件としてエスニックな代表制と配慮を求めること、

（Ｂ）多様性を受容する政策（Accommodation Policies）

④服装規制・日曜日休業法などの適用を免除すること、

⑤二重国籍を容認すること、

（C）移民集団を支援する政策（Support Policies）
⑥エスニック集団の文化活動を財政的に補助すること、
⑦二言語教育もしくは母語教育を財政的に補助すること、
⑧不利な立場にある移民集団への積極的な差別是正措置（affirmative action）をとること、

の8つの政策分野が設定される。それぞれについて21ヵ国の政策が「1―0.5―0」の3段階で評価され、その合計値（0〜8）も示される。[2] MCP指数は1960年から算定されており、2020年の数値を示したのが表1である。

MCP指数は、多様性の歴史的背景と展開を比較研究する出発点であるとともに、国家としての「多文化主義」すなわち国家とマイノリティとの関係が多様である実態を検証する手段とされている。たとえば、第6章で取り上げるカナダは規制免除と二言語教育支援が0.5点であるほかは1点で合計7点である。逆に日本はすべての項目が0点である。

また、第4章でふれたとおり、欧州連合（European Union［EU］）などの資金提供を受けたバルセロナ国際問題研究所＝移民政策研究会（Barcelona Center for International Affairs［CIDOB］and Migration Policy Group［MPG］）の「移民統合政策指数」（Migrant Integration Policy Index［MIPEX］）プロジェクトは、56ヵ国を取り上げて指数の比較による評価を行っている。

MIPEXは、主にEUもしくはヨーロッパ評議会（Council of Europe）が定める市民の権利を基

表1　移民に向けた「多文化主義政策指数」(Multiculturalism Policy Index［MCP指数］)［2020年］

国	認識政策			受容政策		支援政策			合計
	法制度(中央・地方レベル)	学校カリキュラム	メディア	規制の免除	二重国籍の認容	集団・活動の財政支援	二言語教育	アファーマティブ・アクション	
カナダ	1	1	1	0.5	1	1	0.5	1	7
アメリカ	0	0.5	0.5	0.5	0.5	0	0.5	1	3.5
イギリス	0	0.5	1	1	1	1	0.5	1	6
オーストラリア	1	1	1	1	1	1	1	1	8
ニュージーランド	0.5	1	1	1	1	1	1	0	6.5
アイルランド	0	1	0.5	0.5	1	1	0.5	0	4.5
オランダ	0	0	0.5	0	0.5	0	0	0	1
ベルギー	1	0.5	0.5	0	1	1	0.5	1	5.5
フランス	0	0	0	0	1	0.5	0	0	1.5
ドイツ	0.5	0	0	0.5	0.5	1	0.5	0	3
オーストリア	0	0.5	0	0	0	0	1	0	1.5
スイス	0	0	0	0	1	0	0	0	1
イタリア	0	0.5	0	0	1	0	0	0	1.5
スペイン	0.5	0	0.5	0	0	0.5	1	0.5	3
ポルトガル	0.5	0.5	0.5	0	1	1	0	0	3.5
ギリシャ	0	0.5	0.5	0	1	0	0	0.5	2.5
デンマーク	0	0	0	0	1	0	0	0	1
スウェーデン	1	1	1	1	1	1	1	0	7
フィンランド	1	1	1	1	1	1	1	0	7
ノルウェー	0	1	0	0	1	1	1	0.5	4.5
日本	0	0	0	0	0	0	0	0	0

出典：Queen's University - Multiculturalism Policies in Contemporary Democracies "Multiculturalism Policies for Immigrant Minorities"［https://www.queensu.ca/mcp/immigrant-minorities］(2022年9月3日 最終閲覧), Rebecca Wallace, Erin Tolley and Madison Vonk, *Multiculturalism Policy Index: Immigrant Minority Policies, Third Edition*, (Kingston: School of Policy Studies, Queen's University, July 2021) により作成。

表2 「移民統合政策指数」(Migrant Integration Policy Index [MIPEX]) [2019年]

国	MIPEX	労働市場	家族再結合	教育	保健医療	政治参加	永住権	国籍取得	差別禁止
(1) 包括的統合 (Comprehensive Integration) [Top 10 Countries]: 平均スコア75									
スウェーデン	86	91	71	93	83	80	90	83	100
フィンランド	85	91	67	88	67	95	96	74	100
ポルトガル	81	94	87	69	65	80	71	86	100
カナダ	80	76	88	86	73	50	77	88	100
ニュージーランド	77	59	74	76	83	85	63	92	88
アメリカ	73	69	62	83	79	40	63	88	97
ベルギー	69	56	48	74	73	65	75	65	100
オーストラリア	65	37	68	79	79	65	46	76	69
ブラジル	64	67	94	14	31	35	96	91	85
アイルランド	64	22	48	45	85	85	50	79	94
(2) 包括的統合 (Comprehensive Integration) [Slightly Favourable]: 平均スコア60									
ノルウェー	69	85	58	71	75	80	71	50	65
ルクセンブルク	64	35	52	64	46	85	58	79	89
スペイン	60	67	69	43	81	55	75	30	59
アイスランド	56	33	62	45	54	65	77	55	57
イスラエル	49	52	58	31	63	20	46	63	56
(3) 一時的統合 (Temporary Integration) [Halfway Favourable]: 平均スコア57									
ドイツ	58	81	42	55	63	60	54	42	70
イタリア	58	67	64	43	79	25	67	40	78
オランダ	57	65	31	57	65	50	52	55	85
フランス	56	52	43	36	65	45	58	70	79
イギリス	56	48	29	40	75	45	58	61	94
(4) 包括的統合 (Comprehensive Integration) [Halfway Favourable]: 平均スコア50									
韓国	56	65	54	72	40	65	60	44	51
チェコ	50	54	63	60	61	10	50	36	64
エストニア	50	69	76	69	29	20	75	16	48
マルタ	48	48	36	40	56	35	46	63	63
トルコ	43	22	53	52	69	5	42	50	50
(5) 書類上の平等 (Equality on Paper) [Halfway Favourable]: 平均スコア49									
アルゼンチン	58	44	69	26	44	30	71	91	88
メキシコ	51	54	66	29	42	25	90	38	67
セルビア	50	57	65	43	40	10	60	38	90
南アフリカ	48	57	57	5	40	5	81	36	100
スロベニア	48	26	72	33	33	30	77	22	90
ウクライナ	48	46	57	7	27	15	90	47	94
(6) 一時的統合 (Temporary Integration) [Halfway Unfavourable]: 平均スコア48									
スイス	50	63	41	48	83	55	48	28	38
デンマーク	49	65	25	45	56	70	42	41	51
オーストリア	46	59	36	52	81	20	50	13	53
(7) 統合なき移民政策 (Immigration without Integration) [Halfway Unfavourable]: 平均スコア47									
日本	47	59	62	33	65	30	63	47	16

国	MIPEX	労働市場	家族再結合	教育	保健医療	政治参加	永住権	国籍取得	差別禁止
(8) 書類上の平等（Equality on Paper）［Halfway Unfavourable］：平均スコア43									
チリ	53	30	44	21	73	40	79	53	85
ルーマニア	49	46	67	41	46	5	56	38	96
モルドバ	47	48	61	19	36	15	69	42	84
ハンガリー	43	37	58	0	29	15	81	25	96
北マケドニア	42	31	58	21	38	0	69	22	100
ブルガリア	40	48	38	21	29	0	69	13	100
スロバキア	39	17	59	7	50	5	65	28	79
(9) 書類上の平等（Equality on Paper）［Slightly Unfavourable］：平均スコア39									
ギリシャ	46	61	52	36	48	20	46	40	67
アルバニア	43	46	61	21	15	20	54	76	50
ポーランド	40	31	58	33	27	10	50	50	63
クロアチア	39	50	48	33	27	10	54	19	71
ラトビア	37	33	47	26	31	20	46	24	67
リトアニア	37	52	43	43	31	5	52	22	51
(10) 統合なき移民政策（Immigration without Integration）［Most Unfavourable］：平均スコア28									
キプロス	41	24	35	40	36	25	50	53	62
中国	32	44	56	7	25	0	54	50	19
ロシア	31	28	46	12	23	30	46	44	22
アラブ首長国連邦	29	24	52	29	62	0	17	9	38
インドネシア	26	17	75	0	13	0	58	34	13
インド	24	17	75	19	12	0	46	16	9
ヨルダン	21	19	43	19	17	0	42	22	4
サウジアラビア	10	0	43	5	21	0	0	0	15

出典：Giacomo Solano and Thomas Huddleston, *Migrant Integration Policy Index 2020*, Barcelona and Brussels: Barcelona Center for International Affairs（CIDOB）and Migration Policy Group（MPG）, June 2020［https://www.mipex.eu］（2022年8月30日最終閲覧）により作成。

準として、移民がどれだけの権利を保障されているかを、①移民が職に就いて技能を高める権利と機会はあるか、②家族と離れた移民が再び一緒に暮らせるか、③教育システムは移民の子どものニーズに対応できているか、④保健医療システムは移民のニーズに対応できているか、⑤移民が政治に参加する権利と機会はあるか、⑥移民が永住権を取得する可能性は高いか、⑦移民が国籍・市民権を取得する可能性は高いか、⑧誰もがすべての生活分野において、人種・民族・宗教・国籍による差別から適切に保護されているか、の８分野について「１００（最高）～０（最低）」の評価を行い、その単純平均値を示す。

これにより、（a）基本的人権（Basic Rights）、（b）機会の平等（Equal Opportunities）及び（c）安全な将来（Secure Future）の３つの視点から移民政策が評価されている。「包括的統合」は、（a）～（c）の視点をすべて備えている。「書類上の平等」は、（a）と（c）を備えているが、実質的な機会の平等を欠く。「一時的統合」は、（a）と（b）を備えているが、長期的な安全が保障されない。「統合なき移民政策」は、基本的人権と機会の平等が保障されていない。ＭＩＰＥＸはこれらを全体としてみて「好ましい」かどうかを提示している。２０１９年のＭＩＰＥＸを示したのが表2である。

では、ＭＣＰ指数、ＭＩＰＥＸなどの指数をつくって国際比較することには、どのような意味があるのか。これらの指数を導くために挙げられた事項は、各国の移民政策の特徴を示すものとして重要である。ただし、移民受入れ国がそれぞれ抱える歴史的・地域的事情を考えれば、多文化主義政策の「優劣」「好ましさ」を語るために数値の高低を比較して事足れりとするわけにはいかない。とくに指数の合計値を国ごとに比較することについては、数値の精粗と算定基準の明確さ、各分野に同等のウェイトを付すことの適切さ、及びそもそも分野ごとのウェイト付けを行うことの意味について再検討が必要である。

すなわち、移民受入れに際して、移民個々人の人権保障及び多様な文化の共生が課題となるが、とくに重要なのは受入れ国それぞれの歴史的・地域的事情を把握し、政策の意義と限界を解明することである。

(3) 移民政策決定システムと財政——政府間の役割分担・財源移転、民主主義及び政策路線

移民政策の展開にあたり、各国の中央政府は、出入国管理、永住権及び国籍・市民権の審査、年金などを担当する。それに対して、州・地方政府は、教育・文化、医療、保育、介護、生活支援などのサービス給付及び社会扶助給付の実務を担う。

複数レベルの政府が共管する施策は、政府間財源移転を伴うことがある。中央政府が設計したプログラムを州・地方政府が実施する場合、もしくは州・地方政府が設計・実施するプログラムを中央政府が評価・認証する場合、中央政府は使途を特定した補助金を州・地方政府に交付する。また、州・地方政府が標準的なプログラムを実施することを想定して、使途自由の一般財源としての財政調整制度を設ける場合、その交付基準のなかで移民政策を含む多文化共生推進施策が考慮されることもある。

さらに、移民政策が政治争点化すれば、それは国政選挙の焦点にもなる。そして、国民・住民投票

に代表される直接民主主義の仕組みが活用される場合、移民の排斥と受入れ・連帯のどちらに働くかも検討課題となる。なお、国籍・市民権を取得する前の移民が政治参加する権利については、移民のニーズ調査、意見聴取の仕組みを設けることがある。

政党の路線との対応でみると、保守政党は伝統文化を重視して移民の増大を警戒する側面を持つが、大企業を中心とする経済団体の要請を受けて、グローバル化と人材不足への対策に取り組むことも重要課題であるため、移民受入れを拒否することができない。それに対して、社会民主主義政党は人権保障と再分配を重視する立場からは移民・難民の受入れに肯定的であるが、それと同時に国内労働者の雇用確保を重視するために、労働市場における移民労働者との競合を回避しようとする。

すなわち、移民政策及び財政措置の内容を語るだけでなく、各国の政策がどのような理由により、またどのような政策決定システムの下で進められるか、さらに移民政策が各国の政治・経済・社会にどのような影響を与えるのかを具体的に考察することが課題となる。

以上の論点について、次節以降、日本において多文化共生政策——日本政府は「移民政策」をとっているとは認めていない——を担う国と地方自治体の財政制度を検討する。

2 日本における多文化共生——その政策課題

日本における多文化共生の政策課題を整理してみたい。

第1に、多文化共生の基盤となるのは、外国人住民の人権と生活を保障することである。そのそして住宅確保・就業などにおける差別の解消、保健・医療・保育などの社会保障サービス、そして、日本語習得・子どもの就学支援などの教育サービスが主軸となる。

第2に、「特定技能」のような在留資格が拡大していけば、外国人の在留期間の長期化及び永住者の増大も予想される。外国人家庭の多世代化が進めば、現役年代・子ども向けサービスだけでなく、高齢者を対象とする年金・医療・介護も重要になってくる。

第3に、地域社会の持続可能性を考えるとき、ある程度まとまった集団としての外国人住民の権利をどれだけ保障するかが問われる。とくに、出身国の言語・文化の尊重と持続支援、地域自治会などへの参画、災害時の避難生活保障などが課題となる。その場合、ワンストップ窓口による相談体制を整えるとともに、外国人住民懇談会の設置などにより外国人ニーズを積極的に把握し、理解を深める取組みが求められる。

3　多文化共生政策の主体

多文化共生を語る場合、職業上・勉学上、あるいは政治上の理由で国境を越えて移動する人々が増大していることが、その大前提としてある。また、移動する人々の出身国が途上国で、かつ人口が増大し続けている場合、その国家の政府にとって、国民が外国で所得を得て「本国送金」することは外貨獲得手段にもなるので、人々の移動を制限することは稀である。

それに対して、外国人を受け入れる側の国家が少子高齢化の進行する先進国である場合、多文化共生は大きな政策上の争点になる。その典型的な例といえる日本の動向を検討する。

(1) 国

「日本において多文化共生を推進しているのは誰か」と問えば、まず「国はどうか」と考えるのが自然であろう。国は、2018年7月に内閣官房長官と法務大臣を議長とする「外国人材の受入れ・共生に関する関係閣僚会議」を設置した。同会議は同年12月に「外国人材の受入れ・共生のための総合的対応策」を決定し、毎年度改訂を重ねている。経営者団体が外国人労働者の受入れ拡大を要求するなかで、[3]同会議は、2022年6月に「外国人との共生社会の実現へ向けたロードマップ」(2022~2026年度)を発表し、そのなかでビジョンとして、①これからの日本社会を共につくる一員として外国人が包摂され、全ての人が安全に安心して暮らすことができる社会、②様々な背景を持つ外国人を含む全ての人が社会に参加し、能力を最大限に発揮できる、多様性に富んだ活力ある社会、及び③外国人を含め、全ての人が互いに個人の尊厳と人権を尊重し、差別や偏見なく暮らすことが出来る社会、の3つを掲げた。そのうえで、中長期的課題の重点事項としては、①円滑なコミュニケーションと社会参加のための日本語教育等の取組、②外国人に対する情報発信、外国人向けの相談体制等の強化、③ライフステージ・ライフサイクルに応じた支援、及び④共生社会の基盤整備に向けた取組が提示された。

「総合的対策」と「ロードマップ」において、内閣官房、内閣府、文部科学省（文化庁を含む）、法務省（出入国在留管理庁を含む）、総務省、外務省、厚生労働省、経済産業省、農林水産省及び国土交通省について、それぞれの役割が示されている。

また「ロードマップ」の推進体制としては、「地方公共団体と連携・協力を確保し、国と地方公共団体との適切な役割分担を踏まえながら、外国人との共生社会の実現に向けた取組を推進する」とともに「外国人支援団体等と連携・協力する」とされている。

さらに、2022年12月23日に閣議決定された「デジタル田園都市国家構想総合戦略」では、「第4章―1―（1）―④―シ　誰もが活躍する地域社会の推進」のなかに「ii　地域における多文化共生の推進」として、（a）多様な主体が参加する地方活性化、（b）外国人材の円滑かつ適正な受入れの促進、（c）行政・生活情報の多言語・やさしい日本語化、相談体制の整備及び（d）日本語パートナーズ派遣事業が掲げられている。

総務省は、2006年3月、日系南米人など外国人住民が増えたことを背景として、「地域における多文化共生推進プラン」を策定した。これは地方自治体が「コミュニケーション支援」「生活支援」「多文化共生の地域づくり」について体制を整備しつつ地域の各主体との連携をはかることを促すものだった。その後、総務省は、外国人住民の増加・多国籍化などを背景として、2020年9月、多様性と包摂性のある社会の実現、地域の活性化とグローバル化への貢献、外国人住民の地域社会参画、

表3　多文化共生推進に係る指針・計画を策定した地方自治体の数

（単位：団体数、％）

	都道府県	指定都市	一般市	特別区	町	村	合計
2008年3月	35（74.5）	16（94.1）	95（12.6）	5（21.7）	13（1.7）	1（0.6）	165（9.2）
2012年4月	46（97.9）	20（100.0）	356（46.4）	18（78.3）	103（13.8）	16（8.7）	559（31.2）
2016年4月	44（93.6）	20（100.0）	479（62.2）	18（78.3）	166（22.3）	19（10.4）	746（41.7）
2020年4月	47（100.0）	20（100.0）	550（71.2）	21（91.3）	210（28.3）	26（14.2）	874（48.9）
2022年4月	47（100.0）	20（100.0）	577（74.7）	23（100.0）	244（32.8）	29（15.8）	940（52.6）

注：1）（　）内は、それぞれのカテゴリーの全団体数に占める割合（％）を示す。
出典：総務省ウェブサイト「地方公共団体における多文化共生の推進に係る指針・計画の策定状況」（https://www.soumu.go.jp/main_content/000822819.pdf; https://www.soumu.go.jp/kokusai/tabunka_chiiki.html#sakutei［2023年1月5日最終閲覧］）により作成。

都市部に集中しない外国人材受入れを掲げて「地域における多文化共生推進プラン」を改訂した。改訂版では「コミュニケーション支援」（行政・生活情報の多言語化と相談体制の整備、日本語教育の推進、生活オリエンテーションの実施）、「生活支援」（教育機会の確保、適正な労働環境の確保、災害時の支援体制の整備、医療・保健サービスの提供、子ども・子育て及び福祉サービスの提供、住宅確保のための支援、感染症流行時における対応）、「意識啓発と社会参画支援」（多文化共生の意識啓発・醸成、外国人住民の社会参画支援）、「地域活性化の推進やグローバル化への対応」（外国人住民との連携・協働による地域活性化の推進・グローバル化への対応、留学生の地域における就職促進）が掲げられている。

(2)　地方自治体とその共同組織

地方自治体は、外国人住民の増大に応じて、居住者のニーズに対応する必要がある。また、大規模に外国人を雇用する企業が立地する場合など、外国人住民を包摂する地域づくりを進めることになる。地方自治体は多文化共生推進に関する指針・計画を策定している。その状況を示したのが表3である。ここからわかるように、2010年代に入って大規模自治体を中心に指針・計画を作るケースが増えており、2020年の総務省プラン改訂に先立ち、既に半数近くの地方自治体が指針・計画を策定していた。

また、地方自治体を会員とする一般財団法人自治体国際化協会（Council of Local Authorities for International Relations〔CLAIR〕）は、外国人住民を含む多文化共生のまちづくりに取り組む地方自治体・地域国際化協会などの共同組織として、それらの活動を支援している。(4)

4　多文化共生サービスの財政問題

外国人住民に向けた公共サービスには、（1）全国的な国民向けサービスを外国人にも提供する場合と、（2）地域で発見された課題に対応する外国人住民向けサービスを地方自治体が提供する場合がある。

(1)　国民向けサービスの外国人への提供

日本国憲法の定める基本的人権の保障は「権利の性質上日本国民のみをその対象としているものと解されるものを除き、わが国に在留する外国人に対しても等しく及ぶ」（1978年10月4日、最高裁

大法廷判決［マクリーン事件判決］）。(5)

とくに教育及び社会保障について、外国人を対象に含めることが課題とされてきた。社会保険制度についてみると、外国人も公的年金（国民年金、厚生年金）への加入が義務づけられている。ただし、高齢者になる前に離日したために年金を受けることができない場合、脱退一時金が支給される。また医療については、外国人も働く事業所において健康保険（組合健保、協会けんぽ、共済組合）に加入する、もしくは市区町村が運営する国民健康保険に加入する必要がある。

これらの制度には、保険料のみならず、国民年金への公費負担、国民健康保険への公費負担のように租税も投入されている。租税は社会一般の利益となるサービスを支える財源なので、それは当然である。また、外国人も経済活動を行うことにより得た所得から納税しているので、経済力に応じた租税負担という意味での応能負担の原則が満たされていることは、国籍を問わない。

ただし、外国人向けの給付が、法律による明示的適用ではなく「準用」という扱いにとどめられているケースもある。

たとえば、第3章で検討したように、生活保護は原則として「国民」を対象としており、外国人に対しては「準用」されている。また、第5節でみるように、外国につながる児童生徒の教育支援は、義務教育の趣旨に準ずる形で行われている。

(2) 地域で発見された課題に対応する地方自治体サービスと補助金・助成金

移民政策の存在を認めていない日本の場合、従来の全国的制度は、外国人住民が増えることを想定して作られていない。むしろ、地域で発見された課題に対応して地方自治体が外国人住民向けサービスを提供しはじめるケースがある。日本語教育、災害時避難、文化交流、生活相談、住民ニーズ把握などである。それらのサービスがそれぞれの地方自治体による独自の取り組みであれば、それは地方単独事業であり、それぞれの自主財源によってまかなわれる。

しかし、それらのサービスが普及しはじめると、国としても、いっそう地方自治体もしくは民間団体の取り組みを促そうとして、奨励的な国庫補助金を設けるケースが出てくる[6]。第2章で取り上げた多文化共生ワンストップセンターの開設を支援する出入国在留管理庁の「外国人受入環境整備交付金」はその典型的な例である。日本語教育についてみると、文化庁による「生活者としての外国人」のための「地域日本語教育実践プログラム」、「地域日本語教育スタートアッププログラム」、「地域日本語教育の総合的な体制づくり推進事業」などの補助金は、地方自治体もしくはそれと協力する民間団体を対象としている。

また、独立行政法人である国際協力機構（Japan International Cooperation Agency［JICA］）の「世界の人びとのためのＪＩＣＡ基金活用事業」は、寄附金を原資とした、ＮＧＯなどが行う国際協力活動への支援金であるが、日本国内の多文化共生社会の構築推進、外国人材受入れ支援に関する事業をも対象としている。さらに、一般財団法人である自治総合センターが宝くじの助成金を使って実施するコミュニティ助成事業のなかには、多文化共生・国際理解推進などのソフト事業に対する地域国際化推進助成事業がある。

それらのなかでとくに注目すべきは、さきにふれた自治体国際化協会の「多文化共生のまちづくり促進事業」である。この事業は、宝くじを発売する地方自治体（47都道府県及び20指定都市）が拠出する分担金を原資として、地方自治体・地域国際化協会などの多文化共生推進事業に対する助成を行うものである。その分野は、防災、労働、日本語学習、居住、教育・子ども、意識啓発・地域づくり、医療・保健・福祉、推進体制整備など、地域ごとの事情と政策選択に応じて多岐にわたっている(7)。すなわち、この事業は自治体国際化協会を通じて、地方自治体による事業展開の自主性を重視した助け合いを行っているのであり、地方自治のあり方の一例といえる。

これらの補助金・助成金などが単年度もしくは数年間の時限つき事業である場合、補助期間終了の時点で、サービスとして定着した分野は地方単独事業として持続していく。

5　外国につながる児童生徒の教育支援——国・都道府県及び市区町村

では、国、都道府県、市町村がそれぞれ外国人住民に対してどのような支援を行っているのか、教育支援を事例に具体的にみていこう。

(1) 人的サポート

①加配教員(基礎定数化)について

公立小中学校等の教職員定数(基礎定数)は「公立義務教育諸学校の学級編成及び教職員定数の標準に関する法律」(以下、義務標準法)に基づいて定められている。第3条において、学級編成の標準については、小学校は1クラス35人、中学校は40人と定められている[8]。また、第6条から第9条において、教職員定数について定められており、各学校に1人の校長が配置され、教諭等は学級数に応じて算定される。

基礎定数に加えて、様々な事情に応じて追加的に加配教員が配置される。加配教員の基準は義務標準法第7条第2項及び第15条において定められ、政策目的や各学校の課題等に応じて毎年度の予算編成で算定される。外国につながる児童生徒に対しては、日本語教育担当教員が1997年度から配置されている。2017年に義務標準法が改正され、対象児童生徒18人に対し教員1人を配置する基礎定数化が2017年度から2026年度の10年間で段階的に実施されている。国により配置される教員の給与は、国が義務教育費国庫負担金により3分の1を負担し、地方自治体(都道府県及び政令指定都市)が3分の2を負担し、地方負担分については地方交付税措置によって基準財政需要額に算入される。

加配教員は、地方自治体から申請を受けた文部科学省と財務省との間の予算折衝により配置が決定する。そのため、国の財政事情に左右され、教員の配置が不安定である。実際に、１９９８年に国の財政改革により愛知県において加配教員が想定より配置されなかったケースがある。[9] また近年は、配置が認められても人員不足により欠員が出るケースも発生し、２０２１年には日本語指導が必要な児童・生徒約５６００人が日本語の補習を受けられなかった。[10]

②地方自治体独自の人的支援

教員不足が叫ばれる一方で、加配教員のほかに独自で教員を確保したり、採用を工夫したりする地方自治体もある。例えば、愛知県では日本語指導が必要な子どもが10人以上、横浜市では5人以上いる学校に教員を追加配置している。[11] また、群馬県太田市では日本語とポルトガル語のバイリンガル教員を雇用している。[12] いずれの地方自治体も外国籍住民の数の増加に伴って発生したニーズに合わせて、地方単独事業として実施している。このほか、愛知県では教員採用試験において、外国語（ポルトガル語、スペイン語、中国語、フィリピノ［タガログ］語）堪能者に加点措置を講じている。

地方自治体では、教員の追加配置以外にも外国につながる児童生徒の支援を行っている。例えば、日本語教育担当教員の補助や子ども・保護者の教育相談、通訳などを行う教育相談員、ボランティアなどを配置している。配置方法や雇用形態などは地方自治体により様々であるが、主に教員のみでは不足する部分のサポートを担う立ち位置として配置される。配置にかかる費用については、文部科学省の「教育支援体制整備事業費補助金」を利用できる。[13] また、「帰国・外国人児童生徒等に対するきめ細かな支援事業」として三分の一の補助率の補助事業を行うことができる。[14] しかし、どちらの事業も実施主体が都道府県と指定都市に限られており、制約が厳しい。

(2) 経済的サポート

①就学援助制度の周知

学校教育法第19条において、「経済的理由によって、就学困難と認められる学齢児童生徒の保護者に対しては、市町村は、必要な援助を与えなければならない」とされている。生活保護法第6条第2項に規定する要保護者とそれに準ずる程度に困窮していると認める者（準要保護者）に大別され、要保護者への援助に対しては要保護児童生徒援助費補助金（国庫補助率2分の1）が援助され、準要保護者への援助は各市町村が単独で実施している。[15]

文部科学省によれば、2021年における就学援助の受給率は14・28％で、児童生徒の7人に1人が受給している。受給率が最も高いのは都道府県では高知県で25・88％となっている。[16]

外国につながる児童生徒の不就学者のなかで、その理由に経済的困窮をあげる人は一定数存在する。[17] そのような子どもたちのために就学援助制度が存在しているものの、その周知については市町村に任せられている。2019年11月に策定された「子供の貧困対策に関する大綱」において、子供の貧困に関する指標のひとつとして「就学援助制度に関する周知状況」が設けられた。[18] 周知に関しては、入学時及び毎年度の進級時に学校で就学援助制度の書類を配布している市町村の割合が2017年時点で65・6％であった。文部科学省は市町村に対して周知を徹底するよう求め、２０２１年調査では81・１％まで上昇した。

就学援助制度の周知は徐々に改善しつつあるものの、書類等が多言語対応しているかどうかについては課題が残る。文部科学省は就学援助制度の概要について、やさしい日本語版と英語版を就学援助制度ウェブサイト上に掲載している。しかし、いずれも「就学援助制度がある」という説明にとどまり、詳細は市町村へ問い合わせるよう促している。

このようななかで市町村は就学援助に関してどれほど対応しているのだろうか。本研究会では全国の市町村教育委員会を対象に、就学援助制度の多言語対応についてアンケート調査を行った。全国調査は郵送により、「就学援助制度の案内文書について多言語対応を行っているか」と質問を行った。１７４１の市町村教育委員会のうち５０２から回答があり、回答率は28・８％であった。アンケート調査の結果、５０２団体のうち１１７団体（23・３％）が多言語対応を行っていることがわかった。

この結果を受けて、どのような団体が多言語対応を行っているのか、多言語対応の有無を被説明変数とする簡易なロジスティック回帰分析を行った。多言語対応は、対応できる行政・財政能力がある団体、また、外国人住民比率が高く、ニーズが把握されている団体ほど実施していると推測される。そのため、説明変数として、団体の財政状況や規模等を示す財政力指数、実質公債費比率、人口、外国人住民比率、可住地面積を考慮する。なお、紙幅の都合により記述統計量については割愛する。

表４は回帰分析の推定結果である。実質公債費比率の係数は有意ではなかったが、財政力指数が高

いと多言語対応を実施している可能性が高いことがわかる。また、外国人住民比率が高いと多言語対応を実施している確率が上がり、ニーズの大きさに応じて対応していることがわかる。

なお、アンケートは郵送による調査であったため、行政能力に余裕がない団体は回答しなかった可能性がある。そこで、回答団体の特性を把握するため、アンケート回答の有無を被説明変数とする回帰分析も行った。推定結果は表5のとおりであり、推測を裏付けることとなった。すなわち財政力指数の上昇はアンケートの回答率を高め、公債費の逼迫度が高いと回答率が下がる可能性がある。また、団体の規模を表す人口及び可住地面積といった変数もアンケートの回答率を上昇させる可能性が示されている。

さらに、東京都と愛知県、兵庫県の全ての市町村教育委員会に対して別途、全数調査を行ったところ、東京都では36団体のうち21（58・8％）、愛知県では20団体のうち14（70％）、兵庫県では19団体のうち1（5.2％）の団体が多言語対応していた。外国人住民の割合が高い東京都と愛知県においては、多言語対応している市町村が多いという結果になった。

②市区町村による外国学校通学者への援助

義務教育年齢の児童・生徒は、公立小中学校ではなく、外国学校へ通学するケースも考えられる。[19]多文化共生という面では、このような外国学校は必要である。また、公立学校のみならず、外国学校が日本語教室や初期適応支援を担うことも考えられ、その役割は大きくなりつつある。

表４　多言語対応の有無の推定結果

	被説明変数
	多言語対応の有無
財政力指数	1.437**
	(0.639)
実質公債費比率	−0.063
	(0.044)
人口	0.00001***
	(0.000000)
外国人住民比率	0.516***
	(0.096)
可住地面積	0.002
	(0.002)
定数項	−4.136***
	(0.635)
サンプル数	502
対数尤度	−156.953
AIC	325.907

注：*p<0.1; **p<0.05; ***p<0.01

出典：アンケート結果より，筆者作成。

表５　アンケートの回答の推定結果

	被説明変数
	アンケート回答の有無
財政力指数	0.687**
	(0.229)
実質公債費比率	−0.026
	(0.016)
人口	0.00000***
	(0.000000)
外国人住民比率	0.091***
	(0.038)
可住地面積	0.003
	(0.001)
定数項	−1.512***
	(0.192)
サンプル数	1,742
対数尤度	−1,000.711
AIC	2,013.423

注：*p<0.1; **p<0.05; ***p<0.01

出典：アンケート結果より，筆者作成。

しかし、一般的に外国学校は授業料が高く、保護者の負担が大きくなる。何らかの理由で公立学校に通えなくなった際に、外国学校が受け皿の役割を果たすと想定されているが、費用を賄えず通学を諦めてしまうことも考えられる。

先に述べた就学援助制度は、主として公（国）立小・中学校に通う児童・生徒の保護者を対象とした制度であり、外国学校通学者は対象に含まれていない。しかし、一部の市区町村では外国学校通学者に対して別途、援助を行っている。ここでは、事例として東京23区をとりあげてみたい。

表6は東京23区における外国学校通学者への援助事業の所得基準や援助額などを示している。所得基準については設定していない区が多く、援助額は6000～11000円となっている。また、援助対象となる外国学校については特定の学校のみとする区もあるが、外国人住民の多国籍化により制限を外し、全ての学校としている区も見受けられる。

③都道府県による外国学校への補助

外国学校は主に児童・生徒から徴収する授業料で学校運営を行わなければならない。そのため、景気に左右されやすく、学校運営が不安定になりやすい[20]。また、教育環境が十分に整備されていないケースも多く、文部科学省が2021年に実施した調査によれば、21％の外国学校で健康診断が実施できていないこと、25％で保健室が設置されていないことなどが明らかになっている[21]。

都道府県は、外国学校の運営費の支援として補助金を交付している[22]。補助金交付は私学助成の一種

表6　東京23区における外国学校通学者への援助事業の状況［2022年現在］

市区町村	所得基準	援助額（月額）	その他
千代田区	なし	6,000円	
中央区	なし	8,000円	特定の学校
港区	あり	7,000円	特定の学校
新宿区	あり	6,000円	特定の学校
文京区	なし	7,300円	
台東区	なし	7,000円	
墨田区	なし	9,500円	
江東区	なし	8,000円	特定の学校
品川区	なし	7,000円	特定の学校
目黒区	なし	8,000円	特定の学校
大田区	なし	11,000円	特定の学校
世田谷区	なし	8,000円	特定の学校
渋谷区	なし	8,000円	特定の学校
中野区	あり	8,000円	
杉並区	あり	7,000円	
豊島区	なし	6,000円	
北区	なし	7,000円	
荒川区	なし	7,000円	
板橋区	なし	8,500円	
練馬区	なし	7,000円	特定の学校
足立区	なし	6,000円	学校が区内・区外にあるかで手続き方法が異なる
葛飾区	なし	10,000円（初級） 11,000円（中級）	学校申請、個人申請
江戸川区	なし	8,000円	特定の学校

注：1）申請には原則として、①居住自治体の住民基本台帳に保護者、児童・生徒が登録されていること、②外国学校に授業料を納入していること、③児童・生徒が義務教育相当年齢であること、④児童・生徒が外国学校へ通学していること、⑤外国籍を有することが求められる。

出典：各区ウェブサイト及びヒアリングにより作成。

表7　都道府県における外国学校補助金［2022年現在］

（単位：円）

都道府県	学校割	児童生徒割	都道府県	学校割	児童生徒割
北海道		55,018	静岡		63,850/63,770
宮城	600,000	35,025	愛知	100,000	30,000
茨城		80,000/46,000/44,000	三重	4,000,000/5,000,000	
群馬		59,000	滋賀		85,000
埼玉		25,510	大阪		77,000
東京		15,000	兵庫		136,253/122,757/121,135/76,616
神奈川		授業料軽減目的で補助	和歌山	4,500,000	
長野		40,590	広島		36,000
岐阜		58,368	福岡	1,000,000	

注：1）記載のない都道府県は助成対象の外国学校が存在しない（休校中を含む）、もしくは補助を行っていない。

出典：全国専修学校各種学校総連合会「都道府県別助成状況データ」及び各都道府県ウェブサイトにより作成。

として地方単独事業で実施されており、補助額と補助形態は様々である。そこで、全国専修学校各種学校総連合会の都道府県別助成状況データを用いて、補助の実態を展望してみよう。表7は都道府県における外国学校補助金の一覧を示している。補助額の単価には、学校一校あたりの学校割と在学する児童・生徒一人あたりの児童生徒割がある。学校割と児童生徒割の両方の補助を行う地方自治体が少数あるが、多くはどちらか一方の形態のみを採っている。児童生徒割の補助を行う地方自治体には、児童生徒が在籍する学校が学校法人か準学校法人か、小学部か中学部か等によって補助単価を分けているところもある。

外国学校補助は地方単独事業のため、その負担は実施主体である都道府県にのしかかる。外国人住民が増えていくなかで、今後、その重さは増していくだろう。そのため、神奈川県は、外国籍県民かながわ会議の提言[23]に応じる形で、毎年提出される「国の施策・制度・予算に関する提案」のなかで、外国学校を含めた私立学校助成等の充実を挙げている。[24]

6 おわりに――財源をめぐる今後の論点

多文化共生事業の財源確保をめぐる最大の論点は、使途が限定される国庫補助金と地方一般財源のどちらを拡充していくかである。多文化共生の政策課題が地域ごとに多様であり、地方自治体の創意工夫により施策が展開されてきたことを踏まえれば、国の補助金政策に依存し続けることはできない。したがって、地方自治体の政策を推進する財源としては、使途自由な一般財源の拡充を進めていくことになる。[25]第5節で取り上げた教育支援についても、第4章で述べたように外国籍児に教育を受けさせることを日本に居住する保護者の義務にする場合、公立小中学校の教育プログラムを多様化することに加えて、外国学校への通学を支援するという選択肢も重要であるから、地域の事情に応じて資金を配分できる一般財源が重要である。

また、外国につながる住民の生活上の困難を緩和する教育、保育、医療、雇用などの施策について、国が「ナショナル・スタンダード」と認めていなくても、全国の地方自治体レベルで必要と考える対人社会サービスの充実と私的負担の軽減・無償化を推進すべきである。その財源を調達する方法としては、全国的な合意をはかって住民税、固定資産税などの超過課税を全国一斉に行う、もしくは地方消費税率を引き上げる、そして徴収された税を地方自治体が共同設置する機関が地域ごとのサービス・ニーズに応じて配分する地域間協働財源調整の仕組みを構想することもできる。これは財政力格差を縮小するシステムでもある[26]。

さらに、自治体国際化協会の「多文化共生のまちづくり促進事業」のように、地方自治体による事業展開の自主性を重視した助け合いを進めることも、地方自治のあり方の一例である。

もちろん、外国人住民には経済力及び公共サービスによる受益に応じた租税及び社会保険料の負担を求める必要がある。給付については、生活困窮者のニーズ把握なども必要である。しかし、第1章でふれたように、地方自治体では帰国・転居などによる個人住民税・固定資産税・社会保険料などの徴収困難も発生する。とくに、当面の給付を受けにくい年金・介護保険は、国ごとに制度が異なり、将来の帰国を視野に入れている外国人住民の理解を得られにくい、という問題がある。納税管理人の指定と出入国手続きとの関係見直しに加えて、個人住民税の現年課税を進めることも課題となる。

池上　岳彦（第1～4、6節）
関根　未来（第5節）

注

（1）人々への公共サービスは社会一般の利益であり、個々人の租税負担への直接的見返りではないという原則は、財政学においては一般報償原理と呼ばれる。

（2）Queen's University - Multicultural Policies for Immigrant Minorities［https://www.queensu.ca/mcp/immigrant-minorities］（２０２２年９月３日最終閲覧）Banting and Kymlicka (2006; 2017), Wallace, Tolley and Vonk (2021), Westlake (2021), キムリッカ（２０１８）77〜83頁を参照せよ。

（3）日本商工会議所・東京商工会議所「外国人材の受入れ政策に関する要望について」（２０１９年10月17日。［https://www.jcci.or.jp/cat298/2019/1017140000.html］２０２３年１月５日最終閲覧）、同「多様な人材の活躍に関する重点要望——１．外国人材の活躍推進」（２０２２年10月21日。［https://www.jcci.or.jp/recommend/request/2022/1021140000.html］２０２３年１月５日最終閲覧）日本経済団体連合会「Innovating Migration Policies —— ２０３０年に向けた外国人政策のあり方」（２０２２年２月15日。［https://www.keidanren.or.jp/policy/2022/016_honbun.pdf］２０２３年１月５日最終閲覧）などを参照せよ。

（4）自治体国際化協会の「多文化共生」ウェブサイト［https://www.clair.or.jp/j/multiculture/（２０２３年１月７日最終閲覧）］には、多言語情報等共通ツール、施策立案支援、事業・相談事例など、多文化共生推進事業を支援するための情報が掲載されている。

（5）最大判昭和53・10・４民集32巻７号１２２３頁。後藤（２００８）74頁、近藤（２０１９）60頁、長谷部（２０２２）56〜59頁を参照せよ。

（6）自治体国際化協会「多文化共生ポータルサイト」の「補助金・助成金・表彰制度」［https://www.clair.or.jp/tabunka/portal/subsidy/（２０２３年１月７日最終閲覧）］を参照せよ。

（7）自治体国際化協会「多文化共生のまちづくり促進事業」［https://www.clair.or.jp/j/multiculture/kokusai/

page_8.html（２０２３年１月７日最終閲覧）］を参照せよ。
（８）　特別支援学級は８人、複式学級は小学校16人（第一学年を含む場合は８人）、中学校８人と定められている。
（９）　愛知県議会会議録「平成10年６月定例会（第４号）本文　１９９８年６月24日開催」伊藤廉教育長の発言（発言18）［https://www.pref.aichi.dbsr.jp/index.php/2851563?Template=document&VoiceType=all&DocumentID=770#all（２０２２年８月31日最終閲覧）］。
（10）　日本経済新聞（２０２２ｂ）。
（11）　愛知県教育委員会（２０１９）８頁及び日本経済新聞（２０２２ｃ）。
（12）　日本経済新聞（２０２２ｃ）。
（13）　文部科学省「令和４年度予算のポイント」［https://www.mext.go.jp/content/20211223-mxt_kouhou02-000017672_1.pdf（２０２３年１月７日最終閲覧）］。
（14）　文部科学省「帰国・外国人児童生徒等教育の推進事業」［https://www.mext.go.jp/a_menu/shotou/clarinet/003/001/1339531.htm（２０２２年１月10日最終閲覧）］。
（15）　準要保護者に対する就学援助は三位一体改革により２００５年度以降、税源移譲・地方財政措置を行っている。
（16）　文部科学省「令和４年度就学援助実施状況等調査結果」［https://www.mext.go.jp/content/20221222-mxt_shuugaku-000018788_001.pdf（２０２２年12月28日最終閲覧）］。
（17）　小島（２０１６）40頁。
（18）　内閣府「子供の貧困対策に関する大綱」［https://www8.cao.go.jp/kodomonohinkon/pdf/r01-taikou.pdf（２０２２年12月28日最終閲覧）］。

(19) 外国学校については第4章を参照せよ。

(20) 2008年のリーマンショック時には、愛知県や岐阜県、滋賀県などのブラジル人学校で存続の危機となった（日本経済新聞2009）。

(21) 日本経済新聞（2022a）。なお、改善費用として2022年度文部科学省予算に6300万円を盛り込んでいる。

(22) 静岡県浜松市、愛知県豊橋市、春日井市など一部の市は、同様の補助金を交付している。

(23) 外国籍県民かながわ会議「第8期最終報告」（2014年10月。[https://www.pref.kanagawa.jp/documents/16146/saisyuuhoukoku_dai8ki.pdf] 2023年1月10日最終閲覧）提言6「外国人学校のサポート充実」。

(24) たとえば、神奈川県「令和5年度国の施策・制度・予算に関する提案（個別的提案）」（2022年7月。[https://www.pref.kanagawa.jp/documents/88140/r5_kobetsu.pdf] 2023年1月10日最終閲覧）Ⅵ-24「私立学校助成等の充実」提案項目3。

(25) 髙橋・倉地（2022）54～55頁、谷・関根（2022）74～79頁を参照せよ。

(26) 全日本自治団体労働組合（2017）、全国知事会（2018）、沼尾・池上・木村・高端（2023）279頁（池上執筆）を参照せよ。

参考文献

掛貝祐太・早﨑成都（2022）「財政学はなぜ移民を論じるべきなのか — 隣接領域における議論の限界と『貢献論』の問題を踏まえて」『立教経済学研究』第75巻第4号、3～30頁。

後藤光男（2008）「外国人の人権」大石眞・石川健治編『憲法の争点〔ジュリスト増刊：新・法律学の争点

シリーズ3〕』有斐閣、74〜75頁。

近藤敦（２０１９）『多文化共生と人権―諸外国の「移民」と日本の「外国人」』明石書店。

小島祥美（２０１６）『外国人の就学と不就学―社会で「見えない」子どもたち』大阪大学出版会。

全国市長会（２０１８）「ネクストステージに向けた都市自治体の税財政のあり方に関する特別提言」6月6日。

全日本自治団体労働組合（２０１７）『人口減少時代の自治体財政構想プロジェクト報告書』（座長：池上岳彦、主査：井手英策）。

谷達彦・関根未来（２０２２）「移民の子どもの教育支援における財政措置のあり方――愛知県と豊橋市の事例からみた問題提起」『立教経済学研究』第75巻第4号、59〜82頁。

髙橋涼太朗・倉地真太郎（２０２２）「『移民政策』なき教育財政―外国につながる住民に向けた地方財政制度の視点から」『立教経済学研究』第75巻第4号、31〜57頁。

日本経済新聞（２００９）「ブラジル人学校苦境、景気減速、保護者を直撃、生徒減り収入細る」1月5日、朝刊。

日本経済新聞（２０２２a）「外国人学校調査、「保健室なし」25%、文科省、改善へ関連予算」1月11日、朝刊。

日本経済新聞（２０２２b）「日本語指導、足りぬ教員、追加配置急ぐも道半ば、市町村財政力で地域差（外国人共生の実相）」3月26日、朝刊。

日本経済新聞（２０２２c）「外国ルーツの子　留学生が支援　学習で日本語指導必要5万人超、教科特有の表現、母語で（外国人共生の実相）」7月1日、朝刊。

沼尾波子・池上岳彦・木村佳弘・高端正幸（２０２３）『地方財政を学ぶ〔新版〕』有斐閣。

長谷部恭男（２０２２）『憲法講話―24の入門講義〔第2版〕』有斐閣。

文部科学省（２０２２）「令和4年度就学援助実施状況等調査結果」[https://www.mext.go.jp/content/20221222-mxt_shuugaku-000018788_001.pdf（２０２２年12月28日最終閲覧）]。

Banting, Keith, and Will Kymlicka（eds.）（2006）*Multiculturalism and the Welfare States: Recognition and Redistribution in Contemporary Democracies*, Oxford: Oxford University Press.

Banting, Keith, and Will Kymlicka（eds.）（2017）*The Strains of Commitment: The Political Sources of Solidarity in Diverse Societies*, Oxford: Oxford University Press.

Besco, Randy, and Erin Tolley（2018）"Does Everyone Cheer? The Politics of Immigration and Multiculturalism in Canada," in Elizabeth Goodyear-Grant, Richard Johnston, Will Kymlicka and John Myles（eds.）*Federalism and the Welfare State in a Multicultural World*, Kingston and Montréal: School of Policy Studies, Queen's University and McGill-Queen's University Press, pp.291-318.

Solano, Giacomo, and Thomas Huddleston（2020）*Migrant Integration Policy Index 2020*, Barcelona and Brussels: Barcelona Center for International Affairs（CIDOB）and Migration Policy Group（MPG）, June.

Wallace, Rebecca, Erin Tolley and Madison Vonk（2021）*Multiculturalism Policy Index: Immigrant Minority Policies, Third Edition*, Kingston: School of Policy Studies, Queen's University, July.

Westlake, Daniel（2021）*Annual Data for the Multiculturalism Policy Index for Immigrant Minorities, 1960-2020*, Kingston: School of Policy Studies, Queen's University, April.

参照ウェブサイト

愛知県教育委員会（２０１９）「愛知県の学校教育における日本語指導について」文化庁「日本語教育推進関係者会議（第１回）（２０１９年11月22日）」資料５－②（https://www.bunka.go.jp/seisaku/bunkashingikai/kondankaito/nihongo_suishin_kankeisha/01/pdf/r1422888_06.pdf）

外国人材の受入れ・共生に関する関係閣僚会議（https://www.kantei.go.jp/jp/singi/gaikokujinzai/index.html）

神奈川県 - 国の施策・制度・予算に関する提案（https://www.pref.kanagawa.jp/docs/gz8/cnt/f4958/index.html）

外国人集住都市会議（https://www.shujutoshi.jp/）

外国籍県民かながわ会議（https://www.pref.kanagawa.jp/docs/k2w/gaikokusekikenminkaigi.html）

出入国在留管理庁 - 外国人との共生政策（https://www.moj.go.jp/isa/policies/coexistence/index.html）

自治体国際化協会 - 多文化共生（https://www.clair.or.jp/j/multiculture/）

全国専修学校各種学校総連合会 - 都道府県別助成状況（https://www.zensenkaku.gr.jp/josei/condition_list.html）

総務省 - 多文化共生の推進（https://www.soumu.go.jp/menu_seisaku/chiho/02gyosei05_03000060.html）

デジタル田園都市国家構想実現会議（https://www.cas.go.jp/jp/seisaku/digital_denen/index.html）

内閣府 - 子供の貧困対策に関する大綱（https://www8.cao.go.jp/kodomonohinkon/pdf/r01-taikou.pdf）

文化庁 - 日本語教育（https://www.bunka.go.jp/seisaku/kokugo_nihongo/kyoiku/index.html）

文部科学省 - 帰国・外国人児童生徒等教育の推進事業（https://www.mext.go.jp/a_menu/shotou/clarinet/003/001/1339531.htm）

文部科学省 - 令和４年度予算のポイント（https://www.mext.go.jp/content/20211223-mxt_kouhou02-000017672_1.pdf）

Barcelona Center for International Affairs and Migration Policy Group – Migrant Integration Policy Index（https://www.mipex.eu/）

Queen's University – Multicultural Policies for Immigrant Minorities（https://www.queensu.ca/mcp/immigrant-minorities）

第6章

カナダの移民政策と財政

――「多文化主義」の政策展開

池上岳彦

1　はじめに――カナダの「多文化主義」における移民

第5章第1節でみたように、移民政策は国によって大きく異なる。本章では、移民大国かつ「多文化主義」(Multiculturalism)[1]を国是とするカナダの移民政策を検討する。

(1)「多文化主義」の出発点――ケベック州、先住民

1971年、カナダ連邦政府のピエール・トルドー首相(当時)は、二言語主義の枠内での「多文化主義」を宣言した。それは、1960年代、カナダの人口の2割強を有し、フランス系住民が多数を占めるケベック州において、イギリス的伝統を主流とする連邦に反発して、フランス系文化・経済の向上、社会保障制度の整備、教育の非宗教化などを進める「静かな革命」が進行したことを契機としている。ケベック・ナショナリズムの台頭に対して、連邦は二言語主義を進めることで対応し、1969年、連邦の公用語を英語とフランス語とする二言語法が成立した。しかし、ウクライナ系住民をはじめ、他の白人少数民族が反発したため、連邦は「多文化主義」も併せて掲げるようになったのである。

1982年の憲法改正[2]において設けられた権利・自由憲章(1982年憲法第1部)には、多様な文化の保全・増進(第27条)、人種・出身国・エスニシティ・肌の色・宗教・性・年齢・障害による

差別の禁止（第15条第1項）及び積極的差別是正措置（アファーマティブ・アクション）の許容（同条第2号）など、「多文化主義」を進める条項が設けられた。さらに、1988年に制定されたカナダ多文化主義法（Canadian Multiculturalism Act）には「カナダ社会すべての成員が自らの文化的遺産を保持し、高め、共有する自由」が明記されている。具体的には、ケベック州問題とともに、先住民支援と移民対応が政策の焦点である。

連邦が二言語主義をとっているのに対して、ケベック州は公用語をフランス語のみとしている。また、カナダからの分離独立派が州政権をたびたび獲得しており、独立の是非を問う州民投票が2度行われた。独立賛成票の割合は、1980年の投票では40・4%だったが、1994年の投票では49・4%に上り、残留派との差は僅かであった。

1960年代中盤以降、連邦は州に保健医療・社会サービスの補助金を交付する際、補助金を受け取る代わりに個人所得税の税源移譲を受ける選択肢を各州に提案した。実際にはケベック州のみがそれに応じたため、現在も連邦個人所得税は同州のみ16・5%減額されており（Québec Abatement）、補助金の現金交付額もその分減らされている。その代わりに州民の連邦税負担が少ない分だけ、同州の個人所得税率を引き上げる余地が大きい。

先住民（ファーストネーションズ［First Nations］、メティス［ファーストネーションズと欧州系移民の混血子孫。Métis］、イヌイット［Inuit］）の生活支援と文化保護も重要課題である。施策としては、就業・起業・医療・住居などの支援、子どもの成績向上支援、先住民文化の保護、先住民の消費課税免除などが挙げられる。なお、19世紀後半から20世紀末までみられた先住民の子どもの強制的欧化教育(3)について、現在は否定的評価が確立している。

(2) 移民政策の転換と「多文化主義」

16世紀末からイギリスがニューファンドランドを植民地とし、17世紀初頭にはフランスが大西洋岸のアカディア地方と現在のケベック州に当たるヌーヴェルフランスを植民地にした。その後、17世紀半ばから100年余にわたり繰り返された英仏戦争はイギリスの勝利に終わり、1763年のパリ条約により現在のカナダ地域はイギリス植民地となった。

アメリカのイギリスからの独立にともない、ロイヤリスト（Royalists）と呼ばれた反独立派はカナダに移住した。アメリカによるカナダ併合の動きは1812年戦争を招き、その後はアッパーカナダ（Upper Canada. 現オンタリオ州）、ロワーカナダ（Lower Canada. 現ケベック州）、大西洋沿岸（現ノヴァスコシア州、ニューブランズウィック州）に分かれたイギリス植民地を統合する動きが強まり、1867年の連邦結成によりカナダ自治領（Dominion of Canada）が成立した。

カナダは西部開拓を始めとする積極的な国家建設政策（National Policy）を進めたが、その中心は関税、鉄道・運河開発及び移民促進だった。移民のピークは第一次世界大戦直前の1913年であり、1年間に40・1万人（当時の人口の5.3％）が永住移民として入国した。国内入植が一段落し、農業フロンティアが消滅した大戦後も、移民受入れは継続した。

カナダは“Whiteness”“Britishness”を重視し、ヨーロッパとくにイギリス系の移民を優遇する選択的移民政策をとった。20世紀中盤まで、ヨーロッパ出身者が移民の8割を占めた。その他、とくに非ヨーロッパ系移民は入国が制限された。

1960年代以降、カナダは経済重視路線に基づく開放的移民政策に舵を切った。1967年、移民審査にポイント制が導入された。これは、年齢、学歴、公用語能力、職種への需要、職業訓練度、カナダ在住家族の有無等を点数化することにより移民認定審査を行う制度であり、人種、出身国等による選別は廃止された。1976年の移民法改正により難民を含む移民の地位が明確化された。それ以降、アジア、アフリカ、中南米からの移民が増加している。

また、経済移民が市民権を取得した場合、後見人として家族を呼び寄せることができる。

さらに、1960年代後半以降、カナダは難民保護に力を入れている。1978年移民法改正のなかで、母国で迫害されるおそれを抱く根拠がある人を難民として受け入れる条項が導入された。その後、カナダはチェコスロバキア、チベット、ウガンダ、チリ、インドシナ、コソボ、シリアなどから難民を受け入れている。

移民政策を転換して多様な移民を積極的に受け入れることは、それとともに持ち込まれる文化の保全・継承を認めていくことにつながる。こうして移民は、ケベック州、先住民と並ぶ「多文化主義」の重要な構成要素となってきたのである。

2 移民受入れの現状

表1に示したように、移民は増加傾向にあり、2019年、カナダは34・1万人の永住移民を受け入れたが、これは人口の0.9%にあたる。そのうち経済移民の割合が高まっていることは、近年の移民政策が経済重視を志向していることを示す。また、難民が年間4万人程度と、移民の1割以上を占めている。

また、表2に示したように、イギリスからの移民は減少しており、それに代わってアジア・中東・アフリカからの移民が急増している。

移民の労働市場への影響をみると、2010年から2019年までの間にカナダの労働者は184.5万人増加したが、そのうち外国出身者の増加は154.6万人であり、増加への寄与度は83・8%に上る。とくに永住移民労働者の増加が132万人と大きく寄与している。[4] その結果、表3に示したように、カナダに入国してから5年以内の永住移民が労働者に占める割合は、運輸業・倉庫業、宿泊業・飲食業をはじめ、いずれの業種でも上昇している。

他国のように移民への反発が強まらず、むしろ移民受入れへの支持が拡大している理由は、カナダの伝統・文化のみでは説明できない。ここで重要な要素は、[5] 第1に、移民受入れのスピードが速すぎないことである。カナダは、移民・難民の主要な出身地域であるアジア・中東・アフリカ・中南米か

表１　カナダへの永住移民［種別］

（千人、％）

	総計	［対人口比］	経済移民	家族	難民	［参考］人口
1980年	143(100)	［0.6%］	50(35)	51(36)	40(28)	24,516
1990年	216(100)	［0.8%］	98(45)	75(35)	40(19)	27,691
2000年	227(100)	［0.7%］	136(60)	61(27)	30(13)	30,686
2010年	281(100)	［0.8%］	187(67)	61(22)	25(9)	34,005
2019年	341(100)	［0.9%］	197(58)	91(27)	49(14)	37,601

出典：Immigration, Refugees and Citizenship Canada, Permanent Residents – *Ad Hoc IRCC (Specialized Datasets)*, Immigration, Refugees and Citizenship Canada, 2020 *Annual Report to Parliament on Immigration*, Statistics Canada, *Population Estimates on July 1st by Age and Sex*.

表２　カナダへの永住移民の主な出身国

（千人、％）

	イギリス	フランス	2019年の永住移民数上位10か国										総計
			インド	中国	フィリピン	ナイジェリア	パキスタン	アメリカ	シリア	エリトリア	韓国	イラン	
1980年	22	2	9	5	6	0	1	9	0	0	1	1	143
2000年	5	4	29	35	11	1	15	5	1	0	8	6	227
2019年	6	5	86	30	28	13	11	11	10	7	6	6	341

出典：表１に同じ。

表３　カナダに入国してから５年以内の永住移民が主要業種の労働者に占める割合

（％）

	農林漁業鉱業	公益産業建設業	製造業	卸売業小売業	運輸業倉庫業	専門的サービス	教育サービス	その他のサービス	宿泊業飲食業	行政機関	保健医療サービス
2010年	3.16	4.16	7.59	6.10	6.03	7.29	4.58	7.22	9.96	3.03	5.69
2019年	3.75	5.78	9.45	7.52	10.01	9.80	5.50	7.93	13.02	3.09	7.87
変化	+0.59	+1.62	+1.86	+1.42	+3.98	+2.51	+0.92	+0.71	+3.06	+0.06	+2.08

出典：Statistics Canada, *Research to Insights: Immigration as a Source of Labour Supply* (June 22, 2022).

表4　カナダの永住移民受入れ［2021年は実績。2023～2025年は目標］

（千人）

	総計	［対人口比］	経済移民	家族	難民・人道	［参考］人口
2021年	406.0	［1.1％］	253.0	81.4	71.6	38,246
2023年	465.0（410～505）	［1.2％］	266.2（233～277）	106.5（100～118）	92.3（77～110）	39,426
2024年	485.0（430～543）	［1.2％］	281.1（250～305）	114.0（105～130）	89.9（75～108）	39,953
2025年	500.0（443～550）	［1.2％］	301.2（265～326）	118.0（107～135）	80.8（71～ 89）	40,465

注：1）（　　）は想定範囲。

出典：Immigration, Refugees and Citizenship Canada, 2021 *Annual Report to Parliament on Immigration* (November 1, 2022), Immigration, Refugees and Citizenship Canada, 2023-2025 *Immigration Level Plan* (November 1, 2022), Statistics Canada, *Population Projections for Canada, 2021-2068* (August 22, 2022).

ら地理的に離れているために、想定外の大量流入が生じにくく、移民・難民の認定審査を経たうえでの計画的な受入れが可能である。第2に、カナダの経済状況は他の先進諸国に比して相対的に良好であり、失業率が低い状態が継続してきた。それにより労働市場における国内労働者との競合が生じにくい。第3に、世論調査によれば、移民の経済活動、すなわち高度人材としての労働・起業などがカナダの経済成長に貢献するとの意識が高まっている。第4に、移民の増大がカナダ文化を破壊するとの意見が強まっていない。第5に、連邦の主要政党のうち、21世紀に入り、保守党は移民にイギリス的伝統の承認を求める厳しい態度をとっているが、中道政党である自由党及び社会民主主義を掲げる新民主党は移民を積極的に受け入れる方針をとっている。

2015年に自由党政権が成立して以来、カナダは移民受入れをより積極的に進めるようになった。2021年国勢調査では、永住移民が836・2万人と全人口の23・0％に達しており、そのうち610・1万人がカナダの市民権を取得している。[6] また、カナダ政府は移民受入れ目標を上方修正し、表4に示したように、

２０２５年には年間50万人の移民受入れを目標としている。それは人口の1.2％に上るとともに、経済移民が移民の６割を占める。

3　カナダの移民政策と財政制度における連邦と州

(1)　移民政策の政府間関係

１８６７年憲法第95条により、移民は連邦と州の共管事項である。ただし、連邦法と州法が対立する場合、連邦法が優先するとされている。

連邦と州・準州は、移民担当相会議（Forum of Ministers Responsible for Immigration［FMRI］）を設けて、毎年会合を開いている。(7) ＦＭＲＩが２０２０年に採択した「連邦・州・準州の移民戦略２０２０-２０２３」（Federal-Provincial-Territorial Strategic Plan for Immigration 2020-2023）では、新規移民が地域を活性化するとともに包摂的なカナダの繁栄に貢献する、とのビジョンが提示され、①移民はカナダの地域社会に経済的かつ社会的に貢献する、②新規移民が移民を容認するカナダ社会に参加して成功を収める、③カナダは、立場が弱く、強制移動させられ、迫害されている人々を保護する、④カナダ人は移民システムを評価し、信頼する、との原則が確認されている。

カナダにおいて、移民は、①連邦技能労働者プログラム、②連邦技能職種プログラム、③カナダ就業経験クラス、④州推薦、⑤ケベック州選抜技能労働者、⑥大西洋地区移民プログラム、⑦住込み介護者、⑧スタートアッププビザプログラム、⑨自営（文化・体育）、⑩農村・北方移民パイロット、⑪農業・食料パイロット、⑫家族後見（呼寄せ）、⑬国内滞在者の永住申請、⑭難民などに区分されている。

では、それらの認定審査、就労・生活支援などにおける政府間関係はどうなっているか。

(2) 移民政策と財政

(a) 連邦政府

連邦について、2019年度（2019年4月〜2020年3月）の決算を示したのが表5である。歳入をみると、個人所得税が50％を占めており、それに法人所得税と非居住者所得税を加えた所得課税は68％に達する。それに対して、消費型付加価値税である財・サービス税（Goods and Services Tax. 税率5％）は11％にとどまる。

歳出を所管別にみると財務省（Department of Finance Canada）が最も多いが、それは州・準州への主要な移転支出（カナダ保健移転［Canada Health Transfer］、カナダ社会移転［Canada Social Transfer］、平衡交付金［Fiscal Equalization］、準州交付金［Territorial Financing］）を所管しているからである。また、カナダ歳入庁（Canada Revenue Agency）の歳出が多いのは、社会保障（子ども、高齢者、低賃金労働者など）・付加価値税逆進性対策などの目的を有する還付型税額控除（Refundable Tax Credits）(8)を所管するためである。

表5　カナダ連邦の2019年度決算

（単位：百万カナダドル、%）

歳　出		373,523（100.0）	歳　入		334,131（100.0）
うち	財務省	101,059（27.1）	うち	個人所得税	167,576（50.2）
	家族・子ども・社会発展省	96,316（25.8）		法人所得税	50,060（15.0）
	カナダ歳入庁	40,132（10.7）		非居住者所得税	9,476（2.8）
	国防省	27,613（7.4）		財・サービス税	37,386（11.2）
	公安省	13,727（3.7）		エネルギー税	5,683（1.7）
	先住民サービス省	13,255（3.5）		関税	4,853（1.5）
	カナダ遺産省	4,476（1.2）		雇用保険料	22,219（6.6）
	移民・難民・市民権省	3,491（0.9）		燃料課金	2,655（0.8）
収　支　-39,392［対GDP比 -1.7%］					

出典：Receiver General for Canada, *Public Accounts of Canada 2019-2020, Vol. I: Summary Report and Consolidated Financial Statements*, pp.14, 16, 106-107により作成。

「多文化主義」に関する施策をみると、ケベック州については、州の独自性を尊重するために、連邦個人所得税の税源移譲が行われている。先住民については、先住民サービス省（Indigenous Services Canada）が教育、社会保障、住居、飲料水確保、統治、経済発展、災害対策、インフラ整備などを支援している。

移民の受入れを直接担当するのが移民・難民・市民権省（Immigration, Refugees and Citizenship Canada［IRCC］）である。同省は、経済移民・家族呼寄せ・難民の選考・認定、市民権の審査、不服申立て審理などを行うとともに、入国した移民・難民の生活開始・定住を支援する役割も担う。

同省の2019年度歳出は34・91億カナダドルであった。その内訳を示したのが表6である。市民権・移民局（Department of Citizenship and Immigration）の歳出が30・61億カナダドルであった。具体的には、移民による事業への投融資、居住・生活開始の支援、パスポート・ビザの取得支援、国際移住機関（International Organization for Migration）への資金拠出などが

表6　移民·難民·市民権省の2019年度歳出決算　（単位：百万カナダドル）

歳出額	3,491
うち 市民権・移民局	3,061
［移民・難民の選考・統合（生活支援等）］	［2,335］
［市民権・パスポート］	［168］
［訪問者・留学生・短期労働者］	［260］
移民・難民委員会	200
［移民・難民認定審査］	［139］

出典：Receiver General for Canada, *Public Accounts of Canada 2019-2020, Vol. I: Summary Report and Consolidated Financial Statements*, pp.106-107, *Vol. II: Details of Expenses and Revenues*, p.295により作成。

行われている。また、移民・難民委員会（Immigration and Refugee Board）が２億カナダドルを支出し、移民・難民の認定審査などを行っている。

なお、同省の２０１９年度歳出のうち移転支出が18・28億カナダドルであり、そのなかで州政府向けが９・28億カナダドル、地方政府向けが０・89億カナダドル、ＮＰＯ向けが７・22億カナダドル、個人向けが０・69億カナダドルであった。(9)移民・難民の居住・生活開始を支援する場合、連邦が資金的支援を行いつつ、州・地方政府とＮＰＯがプログラムを運営している。

連邦政府のなかで「多文化主義」を推進する重要な役割を果たしているのがカナダ遺産省（Canadian Heritage）である。同省の２０１９年度歳出は44・76億カナダドルであった。その内訳を示したのが表７である。同省では、カナダ遺産局（Department of Canadian Heritage）がカナダにおける創造性・芸術・文化・スポーツの支援事業、社会の多様性と包摂を促進するイベント（祭典など）、遺産の保全、公用語政策などを展開しており、その２０１９年度歳出は15・51億ドルであった。また、同省は放送番組、文化、

表7　カナダ遺産省の2019年度歳出決算

（単位：百万カナダドル）

歳出額	4,476
うち カナダ遺産局	1,551
[創造性・芸術・文化]	[543]
[公用語]	[423]
[スポーツ]	[243]
[遺産・祭典]	[124]
[多様性・包摂]	[133]
カナダ芸術協会	328
カナダ放送会社	1,211
カナダ人権博物館	27
カナダ歴史博物館	76
カナダ移民博物館	8
カナダ自然博物館	29
カナダラジオ・テレビ通信委員会	12
カナダ図書・史料館	134
国民芸術会館	35
首都圏委員会	94
カナダ国立映画協会	76
カナダ国立美術館	47
カナダ科学技術博物館	31
テレフィルムカナダ	109
国立戦史公園委員会	10

出典：Receiver General for Canada, *Public Accounts of Canada 2019-2020, Vol. I: Summary Report and Consolidated Financial Statements*, pp.106-107, *Vol. II: Details of Expenses and Revenues*, pp.155-157により作成。

映画、芸術、科学技術、人権保障、移民、歴史、図書・史料、自然などの保全と継承を担う組織・施設を運営している。このうち移民政策としては、公用語、文化の多様性と包摂を示すイベント、移民博物館、放送・映画などにおける移民の人権尊重などが挙げられる。

また、同省の2019年度歳出のうち移転支出が13・24億カナダドルであり、そのなかで州政府向けが2・89億カナダドル、地方政府向けが0・18億カナダドル、NPO向けが8・39億カナダドル、個人向けが0・34億カナダドル，企業向けが1・28億カナダドルであった[10]。

とくに、連邦と州・準州の共同プログラムのために同省から州・準州へ2・85億カナダドルの補助金が交付されているが、そのうち公用語関連プログラム（Official Languages in Education and Services）が2・79億カナダドルとほとんどを占める[11]。

(b) 州政府

移民が連邦と州の共管事項であるということは、FMRIで移民受入れの議論を行うだけではなく、州・準州が主導して移民を受け入れる途があることを意味する。そのために、州・準州はそれぞれ移民受入れ担当部局を設置している。

州・準州が最も大きな役割を果たしているのは、(1)で挙げた移民区分の1つ「州推薦」（Provincial Nominee Program）である。これは、州・準州が必要な人材として永住権の有資格者を推薦し、連邦は原則としてそれを承認するプログラムである。また、ケベック州のみは「州推薦」に代えて「ケベック州選抜技能労働者」(Québec-selected Skilled Workers)、「ケベック州事業移民」(Québec Business Immigrants) という連邦が承認した独自の移民選抜プログラムを運営している。さらに、大西洋沿岸のニューブランズウィック州、ノヴァスコシア州、プリンスエドワードアイランド州、ニューファンドランドアンドラブラドル州に適用される「大西洋移民プログラム」(Atlantic Immigration Program) は、4州における技術者・労働者不足に対応するために、州政府が認定した企業が永住移民として行う雇用を、連邦が入国手続き・研修・生活の面から支援するプログラムである。

表8に示したように、2019年にカナダに入国した経済移民19・7万人のうち、連邦が高度技能者・介護者・事業者として審査・認定したのは10・1万人であり、それに対して「州推薦」による者が6.9万人、ケベック州独自の制度による者が2.2万人、「大西洋移民プログラム」による者が0.4万人である。[12] 州が推薦・選抜などの形で受入れに主導的に関わる移民が、経済移民の約半分に達しているのである。とくに、オンタリオ州、ブリティッシュコロンビア州及びヌナヴット準州では連邦審査の割合が高いものの、それ以外の地域では州・準州が主導して受け入れた経済移民のほうが明らかに多い。州・準州は、移民について、公用語学習、就業支援、居住・生活支援などのプログラムを展開している。その際には、連邦と協定を結んで財源補助を得るケースもある。

ここでは、2019年に15・3万人と、移民の45・0%を受け入れたオンタリオ州の状況を確認しておきたい。表9に示したように、オンタリオ州では2019年度、歳入の69%を租税が占めた。そのうち個人所得税が最も多く、売上税[13]と法人所得税がそれに続く。また、連邦からの移転収入の大半

表8 2019年に入国した永住移民の区分と居住州・準州

（単位：人、%）

州・準州	経済移民	連邦審査	州推薦	ケベック州選抜	大西洋移民プログラム	家族	難民	その他	合計	（構成比）
ニューファンドランド アンド ラブラドル州	1,193	226	569	0	398	252	390	14	1,849	(0.5)
プリンスエドワード アイランド州	2,230	159	1,727	0	344	135	81	1	2,447	(0.7)
ノヴァスコシア州	5,877	792	3,513	0	1,572	881	790	33	7,581	(2.2)
ニューブランズウィック州	5,059	383	2,849	0	1,827	427	511	3	6,000	(1.8)
ケベック州	23,129	644	0	22,485	0	9,686	7,248	502	40,565	(11.9)
オンタリオ州	82,147	69,806	12,341	0	0	42,570	25,546	3,132	153,395	(45.0)
マニトバ州	13,649	1,104	12,545	0	0	3,162	2,046	52	18,909	(5.5)
サスカチュワン州	12,156	1,194	10,962	0	0	2,432	1,217	51	15,856	(4.6)
アルバータ州	20,755	9,519	11,236	0	0	15,299	6,951	686	43,691	(12.8)
ブリティッシュ コロンビア州	30,062	17,487	12,575	0	0	16,256	3,709	207	50,234	(14.7)
ユーコン準州	291	24	267	0	0	100	10	0	401	(0.1)
ノースウェスト準州	99	36	63	0	0	85	13	0	197	(0.1)
ヌナヴト準州	11	11	0	0	0	26	3	0	40	(0.0)
カナダ合計	196,658	101,385	68,647	22,485	4,141	91,311	48,530	4,681	341,180	
（構成比）	(57.6)	(29.7)	(20.1)	(6.6)	(1.2)	(26.8)	(14.2)	(1.4)		(100.0)

出典：Immigration, Refugees and Citizenship Canada, *2020 Annual Report to Parliament on Immigration*, p.34により作成。

表9　オンタリオ州の2019年度決算

（単位：百万カナダドル、%）

歳　出	164,768(100.0)	歳　入	156,095(100.0)
うち 保健・介護省	63,716(27.1)	租税	108,278(69.4)
教育省	31,752(25.8)	うち［個人所得税］	[37,743]
子ども・地域・社会サービス省	17,104(10.7)	［売上税］	[28,619]
		［法人所得税］	[15,414]
財務省	14,014 (7.4)	［雇用主保健税］	[6,731]
訓練・大学省	11,273 (3.7)	［教育財産税］	[6,179]
エネルギー・北方開発・鉱山省	6,712 (3.5)	連邦からの移転収入	25,398(16.3)
		うち［カナダ保健移転］	[15,640]
運輸省	5,011 (1.2)	［カナダ社会移転］	[5,650]
		病院/教育委員会/大学の収入	9,281 (5.9)
		州営企業の所得	5,896 (3.8)
収支　-8,672（対州GDP比-1.0%）			

注：1）歳出、歳入の内訳は、主なもの（50億カナダドル以上）のみを示した。
出典：Ontario Treasury Board Secretariat, *Public Accounts of Ontario: Ministry Statements and Schedules 2019-2020* pp.1-1〜1-14, 1-18〜1-19により作成。GDP（895,430百万カナダドル）は、Ontario Economic Accounts の2019年第2四半期から2020年第1四半期までの平均値。

を占めるカナダ保健移転とカナダ社会移転は人口1人当たり同額という配分基準で州・準州に交付されるブロック補助金である[14]。

　2019年度の歳出を所管別にみると、保健・介護省（Ministry of Health and Long-Term Care）、教育省（Ministry of Education）、子ども・地域・社会サービス省（Ministry of Children, Community and Social Services）、財務省（Ministry of Finance）、訓練・大学省（Ministry of Training, Colleges and Universities）の順である。そのうち、子ども・地域・社会サービス省の言語訓練・定着支援（Language Training and Settlement Supports）プログラムをはじめとして、保健・介護省、訓練・大学省なども、州内各地域の移民サービス団体に補助金を支出して、移民の州内地域への定着を支援していた[15]。また、「州推薦」の移民受入れプログラムである“Ontario Immigrant Nominee Program”

（OINP）は経済発展・雇用創出・通商省（Ministry of Economic Development, Job Creation and Trade）が担当していた。

オンタリオ州では、２０１８年以来、保守政党である進歩保守党が政権を握っているが、移民受入れは積極的に推進されている。省庁再編が行われたのに伴い、２０２２年時点では、労働・移民・訓練・技能向上省（Ministry of Labour, Immigration, Training and Skill Development）がＯＩＮＰを運営するとともに、移民の定着支援サービスも担っている。移民行政担当部門の一元化が進められているのである。さらに、市民権・多文化主義省（Ministry of Citizenship and Multiculturalism）が、移民・先住民などを含む文化政策を推進している。

州・準州は、連邦と連携しつつ、移民受入れに重要な役割を果たしているのである。[16]

4　カナダ移民政策の特徴——ＭＣＰ指数の視点

第５章で述べたように、移民受入れ国の政策を特徴づけるためにつくられたＭＣＰ指数は、各国の移民政策の特徴を検討する際の観点を示したものとして重要である。それを政策の「優劣」「好ましさ」を語る論拠とすることには問題があるものの、各国が抱える歴史的・地域的事情を考慮しつつ政策の推移を検証するためには、それらの指標は役立つ。

本節では、カナダの移民政策を特徴づけるために、ＭＣＰ指数が取り上げた事項を確認してみたい。[17]

表10　カナダの移民に向けた「多文化主義政策指数」（Multiculturalism Policy Index［MCP指数］）

	（A）認識政策			（B）受容政策		（C）支援政策			合計
	法制度（中央・地方レベル）	学校カリキュラム	メディア	規制の免除	二重国籍の認容	集団・活動の財政支援	二言語教育	アファーマティブ・アクション	
1960年	0	0	0	0	0	0	0	0	0
1970年	0	0	0	0	0	0	0.5	0	0.5
1980年	1	1	0	0	1	1	0.5	0	4.5
1990年	1	1	0	1	1	1	0.5	1	6.5
2000年	1	1	1	1	1	1	0.5	1	7.5
2010年	1	1	1	1	1	1	0.5	1	7.5
2020年	1	1	1	0.5	1	1	0.5	1	7

出典：Daniel Westlake, *Annual Data for the Multiculturalism Policy Index for Immigrant Minorities, 1960-2020*（Kingston: School of Policy Studies, Queen's University）pp.10-12により作成。

1960年以降の移民に関するMCP指数を10年ごとに示したのが表10である。

（A）移民の存在を認識する政策のうち、①それぞれの政府レベルにおいて憲法・法律・議会が多文化主義を承認することについて。1976年移民法改正、1982年憲法第15条第1項、同条第2項、第27条及び1988年のカナダ多文化主義法制定により、移民受入れの積極化とともに多様な文化遺産を保全・増進する方針が確立した。連邦の移民・難民・市民権省とカナダ遺産省、州・準州の法律及び省庁がそれを支えている。

②学校カリキュラムが多文化主義を採用することについて。1867年憲法第93条により、教育は州の専管事項とされており、連邦には「教育省」にあたる省庁が存在しない。そこで、州・準州がそれぞれ「多文化主義」を採用するカリキュラムを運営している。また、州・準州は1967年「カナダ教育相協議会」

(Council of Ministers of Education, Canada）を結成した。同協議会は、移民の子どもを州・準州の教育システムに統合するために、日常の教室・学校環境に多様性・平等・多文化主義教育を浸透させることと及び言語学習をはじめとする児童のニーズにカリキュラムと教師の援助が対応することの重要性を指摘している。[18]

③公共メディアの義務もしくはメディアの認可条件としてエスニックな代表制と配慮を求めることについて。放送法（Broadcasting Act）第3条第1項第（m）号―（viii）、は、公共放送であるカナダ放送協会（Canadian Broadcasting Corporation［CBC］）の番組はカナダがもつ多文化的かつ多人種的性格を反映すべきだと規定している。また、カナダラジオ・テレビ通信委員会は1999年、放送免許を交付する条件のなかに、対象地域における文化的・人種的マイノリティ及び先住民の存在を適切に反映したシステムづくりに貢献することを挙げた。

（B）多様性を受容する政策のうち、④服装規制・日曜日休業法などの適用を免除することについて。1985年の最高裁判決により、宗教上の休日を理由に仕事を休んでも懲戒処分されない権利が確立した。また、たとえば、シーク教徒の警官が制帽の代わりにターバンを着用すること、学校との合意があればシーク教徒の子どもがキルパン（短剣）を学校に持ち込むことなどが認められている。ただし、ケベック州では2019年から、公務員や公共サービス（図書館、公共交通機関など）利用者に宗教的服装や装飾品の着用を禁止している。

⑤二重国籍を容認することについて。市民権法（Citizenship Act）は1977年以来、二重国籍を

容認している。

(C)移民集団を支援する政策のうち、⑥エスニック集団の文化活動を財政的に補助することについて。連邦は1970年代以来、言語・文化保全プログラムを援助している。また、連邦は、エスニック・人種的・宗教的・言語的マイノリティの統合と包摂を支援するための補助を行っており、たとえば民族文化集団が新入国者向けの適応プログラムを実施すること及び反差別運動に対して補助金を交付している。

⑦二言語教育もしくは母語教育を財政的に補助することについて。連邦は、州・準州の先住民言語保全・教育プログラムに対して財源を補助している。また、移民の多い地域では、民族集団・民間団体が母語(mother tongue)もしくは先祖言語(heritage languages)プログラムを実施している。ただし、カナダ多文化主義法には英仏語以外の言語の保全・促進も規定されているものの、教育は州の専管事項なので、母語教育の範囲とレベルは多様である。また、実施されているプログラムは文化維持よりも技能習得を重視している。

⑧不利な立場にある移民集団への積極的な差別是正措置(アファーマティブ・アクション)をとることについて。カナダ人権法(Canadian Human Rights Act)は人種・民族・宗教・言語による差別を禁止しており、雇用平等法(Employment Equity Act)が雇用の差別・不平等を禁止するなかでマイノリティ保護も取り扱われている。雇用・居住・社会サービス提供に関する差別禁止は進んでいるといえる。

5　おわりに――移民政策と財政制度の課題

カナダはこれまで毎年人口の1％程度の永住移民を受入れており、今後もそれを上回るペースで受け入れる方針をとる。そのうち経済移民の割合が高まっていることは、高齢社会が進行するなかで、技術者・科学者・事業者・投資家などの高度人材を外国出身者に求めていることは明らかである。また、難民が移民の1割以上を占めており、しかもそれが移民受入れ計画に計上されていることも重要である。カナダにとって難民は、一定数の受入れを想定して、積極的に難民キャンプなどで認定審査を行う対象である。

もちろん、カナダでも移民をめぐる財政上の課題は山積している。たとえば、外国出身者は社会保障給付を無条件で受けられるわけではない[19]。とくに、期限付き滞在者は経済力に応じて納税するにもかかわらず、給付が制約される。連邦と州・準州の児童手当は、親が18ヵ月以上カナダに居住していなければ受給できない。また、州・準州がそれぞれ運営する医療保険には移民も加入できるが、雇用主が通院や通訳のコストを嫌って、加入手続きを行わないケースがある。さらに、公的年金である老齢保障給付（Old Age Security）を受給するには65歳以上で、かつ18歳の時から通算して10年以上カナダに居住していることが必要である。なお、満額受給するためには40年間の居住が必要なので、中高年になってからの移民にも不利益が生じる。それに加えて、アジア・中東・アフリカからの移民増大が生活文化・宗教などの多様性を拡大させていくことの社会的影響は明らかではない。

とはいえ、最も重要なのは、カナダにおける公用語習得・学校教育、文化保全・継承などは州・地方レベルの取り組みであり、連邦と協力しつつも、移民の人数・出身地などに応じて多様なサービスが展開されていることである。州・準州は、地域の発展に適合する経済移民などを積極的に受け入れるための「頂点へ向けた競争」（Race to the Top）を展開し、地方自治体の政策を推進するために所得課税と消費課税による税財源を投入している。その意味で、分権的財政制度は企業と富裕層の域外逃避を防ぐための減税と公共サービス縮小、すなわち「底辺へ向けた競争」（Race to the Bottom）を招くという議論は、妥当しないのである。

カナダの事例は、日本においても第5章で述べたように地方自治体の政策を推進するためには、国の補助金政策に依存するのではなく、使途自由な一般財源の拡充を進めるとともに、地方自治体による地域間協働財源調整の仕組みをつくることが重要であることを教えてくれる。

注

（1）「多文化主義」について、詳しくは飯笹（２０２１）、大岡（２００９、２０２１）、新川（２０１５、２０１９）、細川（２０１９）を参照せよ。

（2）カナダの現行憲法は、統治機構を中心に規定した１８６７年憲法と権利・自由憲章を含む１９８２年憲法とを合体させたものである。

(3)　先住民の子どもを強制的に親から引き離し、寄宿学校（政府が設置。カトリック教会などが運営。）に入れて、ヨーロッパ人と「同化」させるように「教育」し、先住民の言語・習慣を否定した。そのなかでは虐待も行われた。ただし、その全容がすべて解明されたわけではなく、２０２０年代に入っても、子どもの埋葬跡が新たに発見されている。

(4)　Statistics Canada（2022a）による。

(5)　Banting（2021）, Banting and Soroka（2020）の調査・研究成果に基づいて考察を加える。

(6)　Statistics Canada（2022b）による。

(7)　ＦＭＲＩには連邦及び９州・３準州の担当相が参加しているのに加えて、ケベック州の担当相がオブザーバー参加している。たとえば、２０２２年７月28日の会議について、FMRI "News Release: Federal, provincial and territorial immigration Ministers meet to plan for the future of Canada's immigration system"（July 28, 2022）[https://www.fmri.ca/uploads/document/2022_07_27_28_federal_provincial_and_territorial_immigration_ministers_meet_to_plan_for_the_future_of_canada_s_immigration_system.t1659532704.pdf]（２０２２年９月５日閲覧）を参照せよ。

(8)　還付型税額控除の内容については、池上・谷（２０１９）３７７～４０８頁を参照せよ。

(9)　Receiver General for Canada, *Public Accounts of Canada 2019-2020, Vol. III: Additional Information and Analyses*, pp.202-203.

(10)　Ibid., pp.200-201.

(11)　Ibid., pp.254-255.

(12)　Immigration, Refugees and Citizenship Canada, *2020 Annual Report to Parliament on Immigration*, p.34 による。

(13) オンタリオ州の売上税は、税率8%の消費型付加価値税であり、連邦の財・サービス税（税率5%）と合わせた税率13%の“Harmonized Sales Tax”として徴収される。
(14) 池上・谷（2019）381、387、400頁を参照せよ。
(15) 詳しくは、Ontario Treasury Board Secretariat, *Public Accounts of Ontario: Ministry Statements and Schedules 2019-2020* の各省の移転支出先リストを参照せよ。
(16) 移民政策における州・準州の役割を強調する研究として、Jensen and Paquet（2018）を参照せよ。
(17) カナダに関するMCP指数の根拠とされた政策状況については、Wallace, Tolley and Vonk（2021）pp.31-37, Westlake（2021）pp,10-12による。
(18) Council of Ministers of Education, Canada, *The Development of Education: Reports for Canada*（October 2008）pp.52-53による。
(19) Smith-Carrier（2019）pp.168-174を参照せよ。

参考文献

飯笹佐代子（2021）「多文化主義の今 ― 成功は『カナダ的例外』か」飯野正子・竹中豊総監修、日本カナダ学会編『現代カナダを知るための60章〔第2版〕』明石書店、60〜64頁。

池上岳彦・谷達彦（2019）「財政からみたカナダの社会保障・福祉」後藤玲子・新川敏光編『新・世界の社会福祉　第6巻　アメリカ合衆国／カナダ』旬報社、372〜415頁。

大岡栄美（2009）「移民政策・多文化主義」日本カナダ学会編『はじめて出会うカナダ』有斐閣、130〜138頁。

大岡栄美（2021）「移民政策と社会統合 ― 積極的移民受入れ、これがカナダの生きる道」飯野正子・竹中豊総監修、日本カナダ学会編『現代カナダを知るための60章〔第2版〕』明石書店、56～59頁。

キムリッカ、ウィル（２０１８）『多文化主義のゆくえ―国際化をめぐる苦闘』稲田恭明・施光恒訳（原著２００７年）。〔原著：Will Kymlicka, *Multicultural Odysseys: Navigating the New International Politics of Diversity*, Oxford: Oxford University Press, 2007.〕

近藤敦（２０１９）『多文化共生と人権―諸外国の「移民」と日本の「外国人」』明石書店。

新川敏光（２０１７）「多文化主義による国民再統合―カナダを中心事例として」新川敏光編『国民再統合の政治―福祉国家とリベラル・ナショナリズムの間』ナカニシヤ出版、69～96頁。

新川敏光（２０１９）「カナディアニズム」後藤玲子・新川敏光編『新・世界の社会福祉　第6巻　アメリカ合衆国／カナダ』旬報社、３００～３３５頁。

辻康夫（２０１１）「多文化主義をめぐる論争と展望―カナダを中心に」日本移民学会編『移民研究と多文化共生』御茶の水書房、38～56頁。

ノールズ、ヴァレリー（２０１４）『カナダ移民史―多民族社会の形成』細川道久訳、明石書店。〔原著：Valerie Knowles, *Strangers at Our Gates: Canadian Immigration and Immigration Policy, 1540-2006, Revised Edition*, Toronto: Dundurn Press, 2007.〕

細川道久（２０１９）「自助・慈善から『メディケア』へ―カナダにおける社会福祉の歩み」後藤玲子・新川敏光編『新・世界の社会福祉　第6巻　アメリカ合衆国／カナダ』旬報社、３３６～３７１頁。

Banting, Keith（2021）"Politics, Immigration and Diversity in Canada: An Address to the Japanese Association for Canadian Studies,"『カナダ研究年報』第41号、39～54頁。

Banting, Keith, and Will Kymlicka（eds.）（2006）*Multiculturalism and the Welfare States: Recognition and Redistribution in Contemporary Democracies*, Oxford: Oxford University Press.

Banting, Keith, and Stuart Soroka（2020）“A Distinctive Culture? The Sources of Public Support for Immigration in Canada, 1980–2017,” *Canadian Journal of Political Science*, Vol.53, No.4, pp.821-838.

Besco, Randy, and Erin Tolley（2018）“Does Everyone Cheer? The Politics of Immigration and Multiculturalism in Canada,” in Elizabeth Goodyear-Grant, Richard Johnston, Will Kymlicka and John Myles（eds.）*Federalism and the Welfare State in a Multicultural World*, Kingston and Montréal: School of Policy Studies, Queen's University and McGill-Queen's University Press, pp.291-318.

Bloemraad, Irene（2017）“Solidarity and Conflict: Understanding the Causes and Consequences of Access to Citizenship, Civic Integration Policies, and Multiculturalism,” in Keith Banting and Will Kymlicka（eds.）*The Strains of Commitment: The Political Sources of Solidarity in Diverse Societies*, Oxford: Oxford University Press, pp.327-363.

Jenson, Jane, and Mireille Paquet（2018）“Canada's Changing Citizenship Regime Through the Lens of Immigration and Integration,” in Elizabeth Goodyear-Grant, Richard Johnston, Will Kymlicka and John Myles（eds.）*Federalism and the Welfare State in a Multicultural World*, Kingston and Montréal: School of Policy Studies, Queen's University and McGill-Queen's University Press, pp.175-199.

Smith-Carrier, Tracy（2019）“Universality and Immigration: Differential Access to Social Programs and Societal Inclusion,” in Daniel Béland, Gregory P. Marchildon and Michael J. Prince（eds.）*Universality and Social Policy in Canada*, Toronto: University of Toronto Press, pp. 155-178.

Statistics Canada（2022a）*Research to Insights: Immigration as a Source of Labour Supply*, June 22. [https://www150.statcan.gc.ca/n1/pub/11-631-x/11-631-x2022003-eng.htm]（２０２２年９月10日閲覧）

Statistics Canada（2022b）“Immigrants Make Up the Largest Share of the Population in over 150 Years and

Continue to Shape Who We Are as Canadians," *The Daily*, October 26.
[https://www150.statcan.gc.ca/n1/daily-quotidien/221026/dq221026a-eng.htm]（２０２３年１月７日閲覧）
Wallace, Rebecca, Erin Tolley and Madison Vonk（2021）*Multiculturalism Policy Index: Immigrant Minority Policies, Third Edition*, Kingston: School of Policy Studies, Queen's University, July.
Westlake, Daniel（2021）*Annual Data for the Multiculturalism Policy Index for Immigrant Minorities, 1960-2020*, Kingston: School of Policy Studies, Queen's University, April.

❖コラム　自治体の特色

福岡県北九州市

仕事と暮らしの両面を支えるきめ細かな相談体制

外国人住民数は1万4161名（2023年3月末）、総人口92万3948人の1・53%を占める。国籍別内訳は韓国朝鮮、中国、ベトナム、の順で、この3つの国・地域で約7割を占める。

在留資格では、身分資格と活動資格がほぼ半数、特別永住者（韓国朝鮮籍）、留学生（中国、ネパール、ベトナム）、永住者の順となっている。

多文化共生の推進体制とワンストップ相談窓口

2008年に、現在の国際政策課に多文化共生係を設置し、多文化共生施策の推進がスタートした。2011年度に北九州市国際政策推進大綱の基本方針の一つに多文化共生の推進が掲げられている。2018年度に国が外国人材の受入れ・共生のための総合的対応策を打ち出したことを契機に、外国人インフォメーションセンターを多文化共生ワンストップインフォメーションセンターとして拡充し、2019年度よりサービスを実施している。

（公財）北九州国際交流協会が運営し、5ヵ国語について相談員を配置、さらに社会福祉士の資格を持ち英語が堪能な多文化ソーシャルワーカーを1名配置し、生活に根差した相談窓口を総括する。言葉の通訳に留まらず、困りごとを聞き、関係機関と連携して対応する体制を構築している。関係者による「外国人支援連絡会議」を定期的に開催しており、そこに行政書士会や弁護士会も参加している。災害時の多言語通訳コールセンターも開設されている。

産業政策と就労支援

就労支援については、2018年度より留学生の受入れ定着を図ることを目標の一つに掲げており、地方創生予算を活用した取り組みを行ってきた。

雇用政策課で外国人材就業サポートセンターを設置し、外国人材と市内企業とのマッチングを図ったり、セミナーを開催するなどの取り組みを進めている。人手不足解消に向けて、外国人材の採用を考える事業者に対し、在留資格による就労期間や就労条件などの情報提供を行い、相談に乗ったり、技能実習から特定技能への在留資格の変更についての相談などにも対応するなど、丁寧な支援を進めている。

第7章

デンマークの移民統合政策
――自治体の財源保障と裁量性

倉地真太郎

1　はじめに

本稿の目的はデンマークの移民統合政策、特に言語政策の概要と変遷を分析することで、国際比較の視点から自治体の移民統合政策の課題を抽出することを目的とする。

デンマークは他の北欧諸国と同様に高福祉高負担を実現する国であり、社会保障制度に寛容なイメージを持つ読者も多いだろう。だが、移民統合に関していえば、デンマークは国際的にみてもそれほど高い評価を受けているわけではない。近年の北欧諸国は、スウェーデンのスウェーデン民主党、デンマークのデンマーク国民党、ノルウェーの進歩党などの極右政党が強い影響力を発揮してきた。とりわけデンマークは最も成功した極右政党といわれ、数々の移民排外主義的政策を実現させてきたのである（Widfeldt ２０１５、倉地 ２０１８）。

一方でデンマークは１９９９年の統合法以降、地方自治体が移民統合政策の実施主体として移民の社会的統合を進めようとしてきた[1]。地方自治体は言語政策や積極的労働市場政策を進めつつ、特にコペンハーゲン等の都市部では移民が集住する地域の再開発を実施してきた。

したがって、デンマークは移民排外主義的な動きがありながら、一方で現場レベルでは移民統合に力を入れてきた国でもあり、その意味で日本にとっての課題先進国である。そこで本稿ではデンマークの移民統合の実態を国や自治体の移民統合政策、特に言語政策に焦点をあてて、その仕組みと課題について考察を行いたい。

本稿の構成は以下の通りである。第2節では、デンマークにおける移民の位置づけや統合の状況を概観する。第3節では、デンマークの移民統合政策の概要と変遷を確認する。第4節では地方財政制度を概観したうえで移民統合に係る財政調整・補助金制度をみていく。そのうえで特に言語政策やワンストップサービスを概観する。第4節では本稿の結論を述べたうえで今後の課題について整理検討を行う。

2 デンマークにおける移民(2)

(1) デンマークにおける移民の「格差」

まずデンマークにおける移民がデンマーク国内でどのような位置づけにあるのかを確認しよう。2021年1月時点で移民とその子孫の割合はデンマーク国内人口比で14%を超え、1990年代初頭比で4倍近く増加した。彼らは主に首都圏リージョン(首都コペンハーゲンがある広域自治体であり、いわゆる都市の定義の一つ)の人口比で20%を占め、他の欧州諸国と同様に移民が都市に集住する構造となっている。移民とその子孫のうち58%は非欧米諸国系移民が占めており、近年欧米諸国系移民よりも高い増加率となっている。

後に述べるようにデンマーク政府はデンマーク人と移民・難民の「社会統合」を目指して、就労支援・職業訓練など移民統合政策を展開してきたが、依然として様々な「格差」が残存している。所得格差に関しては、30〜59歳の移民の平均所得は2019年ベースで欧米諸国系移民が37万7000DKK（1DKK＝約15円）、非欧米諸国系移民が28万6000DKKであるのに対し、デンマーク人は40万1000DKKと高い状況にある。さらに増加幅で見ると2009〜2019年にかけて欧米諸国系移民は2万9000DKK、非欧米諸国は2万6000DKKと増加したが、デンマーク人の平均所得は6万3000DKK増加し、それ以上に増加している。純資産ベースで見ても格差は存在し、移民の純資産額の中央値は10万DKK以下であるのに対して、デンマーク人のそれは88万8600DKKであった。特にシリアからの移民の純資産が非常に少ない状況である。デンマークは相対的貧困率がOECD諸国の中で非常に低いことが知られているが、移民の子どもの貧困率はデンマーク人世帯では2％であるのに対して、非欧米諸国のそれは36％、その子孫のそれは17％と非常に高いのが現状である。

このような所得格差の背景には、雇用状況の差異やその背景にある教育履歴の差異が存在する。確かに近年は非欧米諸国系移民の雇用は欧米諸国系移民やデンマーク人の雇用よりも増加数が多くなっているが、依然として非欧米諸国系移民の就業率はデンマーク人や欧米諸国系移民よりも低い水準にある。教育格差に関しては移民を一括りにして論じることは難しく、滞在資格や居住期間で分けて理解する必要がある。当然専門職としてデンマークにきた移民は高等教育を受けている割合が高いが、難民については高等教育を受ける割合は3％程度でしかない。同じ非欧米諸国系移民でもデンマークで教育を受けた移民の方が外国で教育を受けた移民よりも就業率は高い傾向にある。教育も受けていない、雇用もされていない者については年齢が上がる（16歳から20歳）に連れてその割合がデンマーク人や移民に関係なく上昇していくが、20歳時点でみるとやはりデンマーク人の割合のほうが低く、非欧米諸国系移民の割合が高い傾向にある。

(2) 公的給付における移民の状況

所得・資産格差による貧困状況の差異は公的福祉受給率の差異にもつながる。公的給付受給者の構成（2020年）をみると、デンマーク人が82％ともっとも大きく、次に非欧米諸国系移民が11％、欧米諸国系移民が4％となっている。ただし16歳から64歳までの人口割合は非欧米諸国系移民が8％、欧米諸国系移民が6％であることを考えると公的給付の受給割合はむしろ大きいともいえる（非欧米諸国系移民の38％が公的給付を受けている）。ただし、受給割合は現金給付の種目や年齢によって異なる。早期退職年金や生活扶助（生活保護制度）は非欧米諸国系移民が30％、9％であるのに対して、デンマーク人は20％、6％と移民の方が高い傾向にあるが、給付型奨学金についてはデンマーク人がもっとも高い傾向にある。また、非欧米諸国系移民は年齢が上がるにつれて公的給付の受給率が急増していく傾向にある。

もっとも公的福祉受給率の格差をもってデンマークにおける移民が経済的に依存している／貢献していないかという議論には注意して検討する必要がある。(3) なぜなら、デンマークでは移民が経済・財政に貢献したかどうかで制度からの排除を正当化する動きがあったからである。[4] 福祉受給以外にも移民とデンマーク社会の広い関わりで見ていく必要があり、たとえば次のような視点が考えられる。

第一に「ケア」の主体としての移民の存在である。デンマークは確かに国際的にみれば移民排外主義が強く、現状労働移民は厳しく制限されている。だが、オペアと呼ばれる住み込み型の家事育児代行労働者やソーシャルワーカーのように「ケア」の役割を担う外国人労働者が一定数活躍している。デンマークの福祉国家は移民を排外しつつも、移民によって支えられている相互依存状態でもある。

第二に税制面でみると確かに所得による負担額の違いはあるが、移民も同様に25％の付加価値税を支払い、重い地方所得税を低所得者も同様に支払っているのが特徴である。また、現金給付に対する課税ベースが広いのも特徴であり、年金も生活保護も所得税の課税対象となる。したがって、デンマークでは公的給付受給者だからといって税金を支払っていないとはいえないのである。

第三に政治参加のアクターとしての移民である。デンマークに限らないが欧州諸国では地方参政権は一般的である。外国人であっても市民として地方政治に積極的に関わり、議員となる者も少なくない。2010年代後半には外国人による地域政党が外国人に対する差別を批判する主張を掲げ、国内で話題を集めることになった。

このようにデンマークにおける移民は依然としてデンマーク人と様々な「格差」があるものの、多様な経済・社会との関わりのなかで移民を捉えていく必要があるだろう。

3　デンマークにおける移民統合政策

(1)　移民統合政策の変遷[5]

デンマークはかつてスウェーデンと同様に移民に対して寛容な国であったが、近年は移民に対して厳しい政策を採る国として知られており、国際比較の指標でみても必ずしも評価は高くない。たとえば、移民統合政策指数（ＭＩＰＥＸ）でみると、デンマークは２０１９年の指標が49で不完全であるが比較的有利（Halfway favourable）と国際的にそれほど高い水準とはいえない。この指標は政策別に分かれており、労働市場が65、政治参加が70と比較的高いものの、家族再統合は25と非常に低いのが特徴である。[6]確かにこれらの指標は移民統合の状況を示す一側面でしかないが、デンマークが国際的にみて「移民に厳しい国」であることに違いはない。

もっとも、今でこそデンマークは移民に対して厳しい国の一つであるが、かつては移民に対して寛容な国の一つであった。１９６０年代の工業労働力不足をきっかけに中東諸国から労働力移民が増加し、さらに１９７０年代に労働者の家族呼び寄せ、東南アジア諸国からの難民が増加した。１９８０年代には事実上の移民大国となっていた。この当時ＮＧＯが支援の実施主体であったが、次第に基礎自治体がその役割を担うようになり、１９９９年の統合法施行以降、移民統合政策の責任主体は基礎自治体になった。これ以降、移民数が財政調整における財政需要として加算されるようになった。

１９９０年代初頭にはデンマークで労働市場政策の転換が行われた。それまで失業給付など受動的な労働市場政策が中心的であったが、失業給付受給者が急増し、失業率は１９９０年代初頭に二桁を超えた。１９９４年の制度改革によって職業訓練等の積極的労働市場政策を導入し、失業給付期間を短縮化する改革が実施された。いわゆるフレキシキュリティと呼ばれる、柔軟な労働市場（フレキシブル）と充実した社会保障（セキュリティ）を組み合わせた労働市場政策モデルが導入された。これにあわせて職業訓練や就労支援政策などの基礎自治体の責任として分権化されることになった。日本ではハローワークは国の管轄であり、外国人住民支援の就労支援を積極的に行う自治体は少ないのとは対照的である。フレキシキュリティ改革の影響もあり、失業率は大きく低下し、「デンマークの奇跡」としてＥＵ諸国では高い評価を受けることになった。

２０００年代に入ると、ユーロ加盟の国民投票の否決、９・11テロ事件など、ナショナリズムの機運を高める事象が発生した。このような背景から２０００年には移民の労働統合のために包括的な規制が導入された。そして２０００年代初頭の国政選挙ではデンマーク国民党が、突如第三政党まで躍進した。デンマーク国民党は時の政権に対して閣外協力をする形で議会のキャスティングボートを握り、デンマーク人テスト[7]、事実上の移民向けの生活保護制度の導入（２００４年に導入、その後廃止）、難民の資産没収政策（２０１６年宝石法）、言語政策や雇用政策・教育政策を柱とする政策パッケージ（２０１５年）、市民権の申請条件としての雇用義務付け（２０１６年）など、様々な移民排外的政策を推し進めた。デンマークでは、新自由主義的な観点から福祉を削減するというより、デンマーク人を守るために福祉を維持するという主張、いわゆる福祉ショービニズムを掲げ、国内で広く支持を集めた（吉武 2008）。それまで所得や社会階層がある程度同質的だと認識されていたデンマーク社会において、多様な人々が顕在化していく中で「デンマーク福祉国家を守る」ために移民が排外されてきたということである。

2000年代から2010年代後半にかけて強い影響力を誇っていた極右政党・デンマーク国民党であるが、2019年6月国政選挙では大敗を期すことになった。その理由にはいくつかの要因が挙げられる。

第一に、デンマーク国民党の主張がデンマーク政治のなかで相対化されたことである。デンマーク国民党は2000年代以降、閣外協力をしながら国政で強い影響力を発揮していたが、約20年かけて政権与党もデンマーク国民党の主張を受け入れ、次第に排外主義的政策を包摂するようになった。2019年6月以降の社会民主党政権では、デンマーク国民党は影響力をほとんど発揮していないが、フレデリクソン首相率いる社会民主党も移民に対して厳しい措置を実施している側面がある。一方で、デンマーク国民党が政権与党と妥協的政策合意を重ねていくなかで、極右勢力からは「手ぬるい」として批判を集めるようになった。近年では、デンマーク国民党より過激な右派勢力が出現し、動画共有サイト上でコーランを燃やすなどのパフォーマンスは物議を醸すことになった。

第二に、環境問題や高所得者税制の問題など他のイシューが選挙で注目されていったことである。もともとデンマークはEU諸国のなかでも意欲的な環境改善目標を掲げ、再生可能エネルギーの普及を進めてきた国であるが、一方で２０００年代以降は重い環境税負担に対するバックラッシュに直面していた。だが、２０１０年代後半になるとスウェーデンの環境活動家であるグレタ・トゥーンベリ氏の活動がデンマーク国内の若者にも強い影響を与えて、環境改善運動が活発になった。また、近年広がるトップ１％の高所得者とそれ以外の所得格差拡大を背景に繰り返される高所得者減税に対する批判が強まっていった。このような経緯から２０００年代以降最大の政治的イシューとなってきた移民問題が相対化されたのである。

２０１９年国政選挙後に新たに樹立した社会民主党率いる左派中道政権は、決して移民に対して寛容な方針に転換したわけではなかった。前政権の右派中道政権が掲げた「パラレル社会」の理念を引き継ぎ、都市部の移民等が集住する地区[8]の再開発を進め、移民の社会的統合を進めてきた(Regeringen, 2010; 2018)。だが、これらの再開発によってコペンハーゲン市の特定地区の非欧州諸国系の移民割合を引き下げるために一部の社会住宅から移民を追い出したことが自治体との訴訟問題にまで発展している[9]。また、難民の取り扱いに関しては前政権の時から難民の永住権を事実上不可能にする制度（２０１９年春）を導入し、自国に帰還させる方向で進めている。政権交代後の２０２０年8月には難民認定不認定者の本国送還を目的とした「本国送還庁」が移民統合省の傘下に新設され、難民に対する厳しい対応が取られている。

このようなかで２０２２年11月に実施された国政選挙では左派連合が過半数を維持したが、昨今のウクライナ危機による軍事的緊張感の高まりや物価高騰の影響を受けて、これまでの少数与党政権から約44年ぶりに右派・左派連立政権（社会民主党、自由党、穏健党）が樹立することになった。デンマーク国民党は続いて惨敗し、勢力を維持するどころか辛うじて議席を1つ獲得している状況であった。このようにデンマークでは２０００年代を通じて極右政党であるデンマーク国民党が台頭し、２０１０年代後半まで強い政治的影響力を発揮してきたが、近年その影響力は大きく損なわれた。これは移民排外運動が弱体化したからではなく、社会民主党等の左派政党が移民排外主義を包摂・模倣した結果であるともいえよう。

4　自治体の多文化共生政策——言語政策とワンストップサービス

(1)　デンマークの地方財政と自治

移民統合政策と地方財政制度はどのような関係にあるのだろうか。まずデンマークの地方財政制度を概観しておきたい。

デンマークは他の北欧諸国と同様に分権的・協調的モデルとして知られている。デンマークは５つの広域自治体と98の基礎自治体からなる二層制の国である。２００７年地方行政改革以前は13の県と２７１の基礎自治体があったが、改革以降は県が廃止されて広域自治体に再編され、基礎自治体は合併再編されることになった。広域自治体は課税権をもたない行政組織であり、国や基礎自治体の補助金によって運営しており、主に医療サービスと地域開発等を担当している。基礎自治体の主な財源は約8割が地方税であり、その約9割は地方住民税、残りの2割は補助金等などで構成される。[10] 基礎自治体は介護・保育・初等中等教育などの対人社会サービスを担当している。

デンマークの基礎自治体においては地方住民税の課税自主権（税率操作権）が認められている。日本での「標準税率」のような制度は存在せず（制限税率は有り）、自治体によって多様な税率が維持されている。地方住民税は比例課税であり、国の所得税は累進所得課税であるが、ほとんどの納税者は地方住民税のみを支払っている。また、地方債については100％共同発行債であり、起債制限が厳しいことが特徴である。

次に財政調整制度についてである。デンマークはいわゆる狭義の意味での水平的財政調整制度と垂直的財政調整制度を採用している。均衡化（Udligning）と補助金（Tilskud）をあわせた額は自治体歳入全体の約2割を占めている。また、首都圏リージョン内の市に関しては特別な財政調整制度（均衡化率が異なる）が設けられている。水平的財政調整では歳出面と歳入面の両方で自治体間の平均レベルでの調整を行う。歳出面では約3分の2が異なる年齢層の住民数に年齢層ごとの単位金額をかけあわせたものとして算出する。残りの約3分の1（32・5％）に相当する社会経済基準（Socioøkonomisk indeks）を加味する（表1参照）。これによって人口構造以外の社会的要因を踏まえて算出する（Kommunernes Landsforening, 2017: 9）。この社会経済基準の中に「移民とその子孫の人数」が加味されており、移民とその子孫の数が多い地域ほど多くの歳出ニーズが算定されることになる。

表1　社会的基準の一覧

基準	全国の市を対象とした均衡化における比重	首都圏内の市を対象とした均衡化における比重
20-59歳の失業者が5％以上の人数	19%	10%
25-49歳で職業訓練を受けていない人数	16%	25%
賃貸住宅アパートの世帯数	5%	8%
精神病患者の人数	5%	8%
特定の住居タイプ※の世帯数	15%	7%
親が教育を受けていない、ほとんど受けていない家庭の子どもの人数	8%	25%
65歳以上の単身者の人数	2.5%	7%
4年間のうち3年以上低収入である人数	8%	-
精神障害者の人数	5%	
移民とその子孫の人数	3%	5%
20-59歳で基礎的なスキルを身につけている人数	5%	-
推定年間人口減少数	2%	-
片親の子どもの人数	4%	5%
3回以上別の市に移動している子ども	2.5%	-

出典：Social- og Indenrigsministeriet（2019:11,13）、自治体国際化協会『デンマークの地方自治～地方自治体改革の経緯と現在の自治体取組事例～』Clair Report No.445（May 30,2017）を基に作成。

※農村部・人口5000人未満の市にある社会住宅、欠陥のある民間賃貸住宅、1920年以前に立てられた住宅、夏季に使用されるコテージに住む世帯数などに基づいて決められる。

(2) 移民統合に関わる地方財政

先述では水平的財政調整における財政需要算定においていかに移民数が考慮されているかを説明したが、この他にもいくつかの補助金制度が用意されている（表2参照）。まず財政調整制度においても垂直的財政調整として移民・難民数に応じた特別な財政調整（包括補助金）が用意されており、2022年において0～10年間居住している外国人一人あたり6710DKK、0～5歳までの外国人児童への追加補助金（一人あたり10323DKK）、6～16歳の外国人児童への追加補助金（18065DKK）がある（Kommunernes Landsforening, 2022: 1）。

この他に（1）統合プログラムの対象となる難民とその家族一人あたりに対して3年間国による一般補助金、（2）就労・教区・デンマーク語教育の成果に対する補助金制度、（3）統合法に関する施策（給付や教育・職業訓練）に対する国庫負担金、（4）最後に先述した財政調整制度による予算保証（包括補助金）がある。

（1）一般補助金に関しては移民統合に係る追加支出を賄うために月額2950DKK（未成年に対しては月額9809DKK）が交付される。

（2）成果連動型の補助金に関しては月額35DKK～100DKKの間で連動し、成果を出すほど補助額が大きくなる。

（3）払い戻し（国庫負担金）に関して補助率は施策によって異なり、デンマーク語教育や住宅手当は50％、居住から3年間の措置に関する費用、難民の子どもや居住許可がない外国人に対する費用、介護費用の一部、住宅の入退去費用は１００％、国が負担を行う。

（4）これらの財源保障でも移民・難民の増加にともなう追加支出が賄えない場合も想定して、基礎自治体に対する予算保証が包括補助金によって行われる（一部の補助金はそれによって相殺される）。

以上のように、基礎自治体は外国人住民に関わる現金給付、デンマーク語教育、教育、介護、一時的な滞在費用、通訳費用などの全国的に共通するニーズは補助金によって財源保障がなされている。ただし、後に述べるように母語教育、公立のインターナショナルスクール、自治体独自の窓口支援などは基礎自治体の単独負担によって運用されている。

(3) ＤＵＴ原則と２０２０年度地方財政調整制度改革

外国人住民支援のような新しいニーズに対して、デンマークの地方財政制度はどのように対応しているのか。デンマークには、これらの地方財政制度の前提として国による財源保障のフレームワーク、いわゆるＤＵＴ原則（Det Udvidede Total Principle）と呼ばれるミクロの財源保障に関する原則が１９８９年以降導入されている。この原則のもとでは国の制度改革・経済政策や人口増減による地方財政への影響など、自治体によって対応が難しい構造的な要因に対しては国が財源保障をしなければならないとする原則であり、一方的な補助金削減や財源保障なき権限移譲を防ぐことが狙いとされている（倉地 2019）。さらに、1992年には予算保証制度が導入され、基礎自治体の裁量が及ばない行政需要（社会保険制度における現金給付、職業訓練費用の一部、早期退職年金など）に対して国が財源保障を行うようになった（稲澤 2005）。デンマークは、このDUT原則のもと、新しいニーズが発生した場合は、国会議員、内務省、地方政府代表機関、基礎自治体が積極的に綿密なコミュニケーション（常設的な会議だけでなく日常的な議論）を図って、補助金制度や財政調整制度を変えていくのが特徴であり、これは外国人住民支援の財源保障のルールも同様である。

もちろん実際には制度改革によって個別自治体の財政運営に影響が及び、それに対する財源保障が十分に行われない場合もある。たとえば、2020年度地方財政調整制度改革ではオペアの算定を財政需要から除外したこともあり、都市部から地方部への財政移転が強化された。前述した通り、デンマークでは自治体内に居住する移民数が財政需要に算定されるが、これによって一部の都市部の自治体は教育負担がそれほどかからない短期滞在の移民労働者（オペア）を受け入れ、その一方で難民をできる限り受け入れないことで少ない負担で多くの補助金を得ようとしていた。その結果、地方部の基礎自治体の負担が増えるので、難民を多く受け入れている地方部の自治体は強く反対した。このような背景から、2020年度地方財政調整制度改革では都市部から地方部への財政移転の強化が行われたが、その結果オペアを多く受け入れる裕福な都市部自治体では財源不足が発生した（倉地 2020）。これについても地方政府代表機関と自治体の交渉・調整を行い、一部の都市部の自治体で基金を調整することで税率を引き上げない対応を取った。

表2　移民統合に関する補助金・財政調整の概要

一般補助金	基礎自治体は、統合プログラムの対象となる難民とその家族1人につき、3年間にわたって国から一般補助金を受け取る。同伴者のいない未成年者の難民には追加補助金が交付される。
パフォーマンス連動型補助金	難民やその家族が就職、教育、デンマーク語の最終試験に合格した場合、基礎自治体は補助金を受け取ることができる。
払戻し（国庫負担金）	基礎自治体の、移民や難民の統合プログラムの対象者と導入コースの対象者の費用の50%を国が負担する。
予算保証（包括補助金）	統合プログラム、導入プログラム、統合法下の生活扶助の純支出の大部分は、予算保証によって賄われる。基礎自治体の移民統合政策の純支出は全体として一般補助金、償還金、予算保証、包括補助金（均衡化）のいずれかによって賄われる（一部は相殺される）。

出典：Kommunernes Landsforening（2015）pp.1-2より抜粋。

このようにデンマークにおける移民統合に関する財政調整・財源保障は全国的な共通ニーズを保障する仕組みがあり、基本的に移民が集住する都市部に多く配分される仕組みになっている。また、就労や教育などの成果に応じた補助金もあることから、基礎自治体の積極的な統合を国が促していることが分かる。ただし、移民・難民に関わる財政調整・財源保障も課題は多く、その配分によって都市部と地方部の地域間対立を招く要因にもなっている。

(4) デンマーク語教育

以下ではさまざまな基礎自治体の移民統合政策のなかでも言語政策に焦点を当てたい。デンマーク語の言語教育は、主に小中学生（0～9年生）向けの支援と成人向けの支援の2つに分けることができる。

まず小中学生（0～9年生、対象6～17歳）については入学時点で子どもが基本的なデンマーク語を理解し、話すことができない場合（あるいはデンマーク語を第二外国語としている場合）、市が設置する就学前クラスで学ぶことになる。就学前クラスではデンマーク語を学ぶだけでなく、子どもの学年に応じたカリキュラムによる教育が行われる。授業時間は学年に応じて変わるが、一般的な市立学校の授業時間に相当する。就学前クラスは通常のクラスと比べて子どもの数は少なく、教員はより丁寧な教育を行うことができる。この就学前クラスは市立学校の一部として位置づけられるので、授業料は無料である。どの段階で外国人児童生徒を一般クラスに編入させるかは自治体によって異なるようである。

次に、成人外国人向けのデンマーク語教育は、市の責任のもと市立あるいは民間の語学センターもしくは公的に認可された教育機関によって提供されている（図1参照）。いわゆる移民以外にもデンマークに在住するグリーンランド人、フェロー人、海外に長期滞在していたデンマーク人、デンマーク語能力が不十分な人も対象となる。[11] 自治体は学校を1ヵ月以内に紹介する義務を負い、財源は自治体が負担する。[12] また、自治体はこれらの教育機関が適切に指導しているかを監督する役割を有する。

デンマーク語教育は受講者をSコース、Iコース、Aコース、Øコースに分けたうえで、デンマーク語1、2、3の達成段階別のカリキュラムに割り振って提供される体制となっている。まず、Sコースは統合法に基づいて教育を受ける権利がある学生であり、このうちS1区分では労働者、留学生、すでにデンマーク国籍を取得した者、北欧諸国・EU労働者、ワーキングホリデー労働者、ボランティア等が含まれる。Sコース参加者は最初に保証金を2000DKK支払い、最終試験に期限内に合格した場合に返金される。S2区分はオペアのことである。S3区分は教育法に基づいて教育機関に紹介された学生を対象とする。つまりSコースとは留学生や期間労働者など、デンマークに比較的短期で滞在し、教育機会の権利を有する者を対象とする。

次にIコースは、統合法に基づき、「自立支援・帰国プログラム」や「初期プログラム」の対象とする者であり、このうちI1コースは主に難民や家族と再統合した外国人などであり、I2コースは統合給付を受け取らず自活する者もしくは他の給付を受け取る者を対象とする。

最後にAコースは積極的雇用に関する法律にもとづいて、A1は失業手当の受給者、A2は就職準備ができた統合給付受給者、A3は失業して自活している者を対象とする。Øコースはこれ以外の自己負担など様々な理由で登録できない学生を対象とする。

続いて達成段階別のカリキュラムについて説明する。3つの段階でクラスが分かれており、3がもっとも高いレベルにある。デンマーク語1は母国語で読み書きを学んでいないあるいはほとんど教育歴のない学生（アルファベットの読み書きを学んでいない）を対象とする。デンマーク語2は母国での教育歴が短く、第二外国語としてのデンマーク語の習得が比較的遅いと想定される学生を対象とする。デンマーク語3は母国のなかで中長期の教育歴を持ち、第二言語としてのデンマーク語を比較的早く習得可能だと期待できる学生を対象とする。どのクラスに配属されるかは語学センターが決定する。新しいモジュールへの進級は最終テスト（筆記試験と口頭試験）に合格する必要がある。モジュールはそれぞれ6つで構成されており、デンマーク語3の最終モジュールは高等教育へのアクセスを希望する者を対象とし、Studieprøven（試験）が用意されている。

2021年時点で4万3709人の学生がデンマーク語プログラムに通っており、9%の学生がデンマーク語1、36%の学生がデンマーク語2、54%の学生がデンマーク語3という構成である。これらのコースのいずれも女性の受講者が多く、デンマーク語コースの番号が増えるにつれて30歳以下の受講者の割合が高い傾向にある。デンマーク語1には主に非欧米諸国（主にシリアとエリトリア）からの学生（難民等）が参加し、デンマーク語2とデンマーク語3にはいわゆる外国人労働者と留学生が主な参加であるSコース学生が最大の割合（61%、87%）を占めている。Iコースの学生は主に統合法に基づく支援プログラムの対象であり、難民や5年未満の居住者である家族が対象である。

この他に私立学校やインターナショナルスクールの存在も忘れてはならない。デンマークでは子どもに教育を受ける権利と受けさせる義務があるが、学校に通学することは義務ではなく、家庭学習等も可能である。デンマークには私立小中学校も多くあり、2022年時点で約15%の生徒が私立小学校に通っている[13]。インターナショナルスクール設置の背景には外国語による教育ニーズや移民の子どもたちの多様な文化・宗教を背景とした教育ニーズがある。先述した私立学校は年間15000〜8000DKKの学費負担がかかる[14]。1DKK15円換算で考えると年間22万円から120万円であり、いわゆる日本の私立学校の学費よりも相当負担は安い。意外なことに私立のインターナショナルスクールは一部例外をのぞいて通常の私立学校よりも学費が安い（コペンハーゲン市の場合）。さらに、2校[15]と数は少ないがコペンハーゲン市とロラン市に公立のインターナショナルスクールも設置されている。これらは市が優秀な外国人労働者の採用や外資系企業の誘致に向けた地域の取り組み強化の一

図1　成人向けのデンマーク語教育の体系

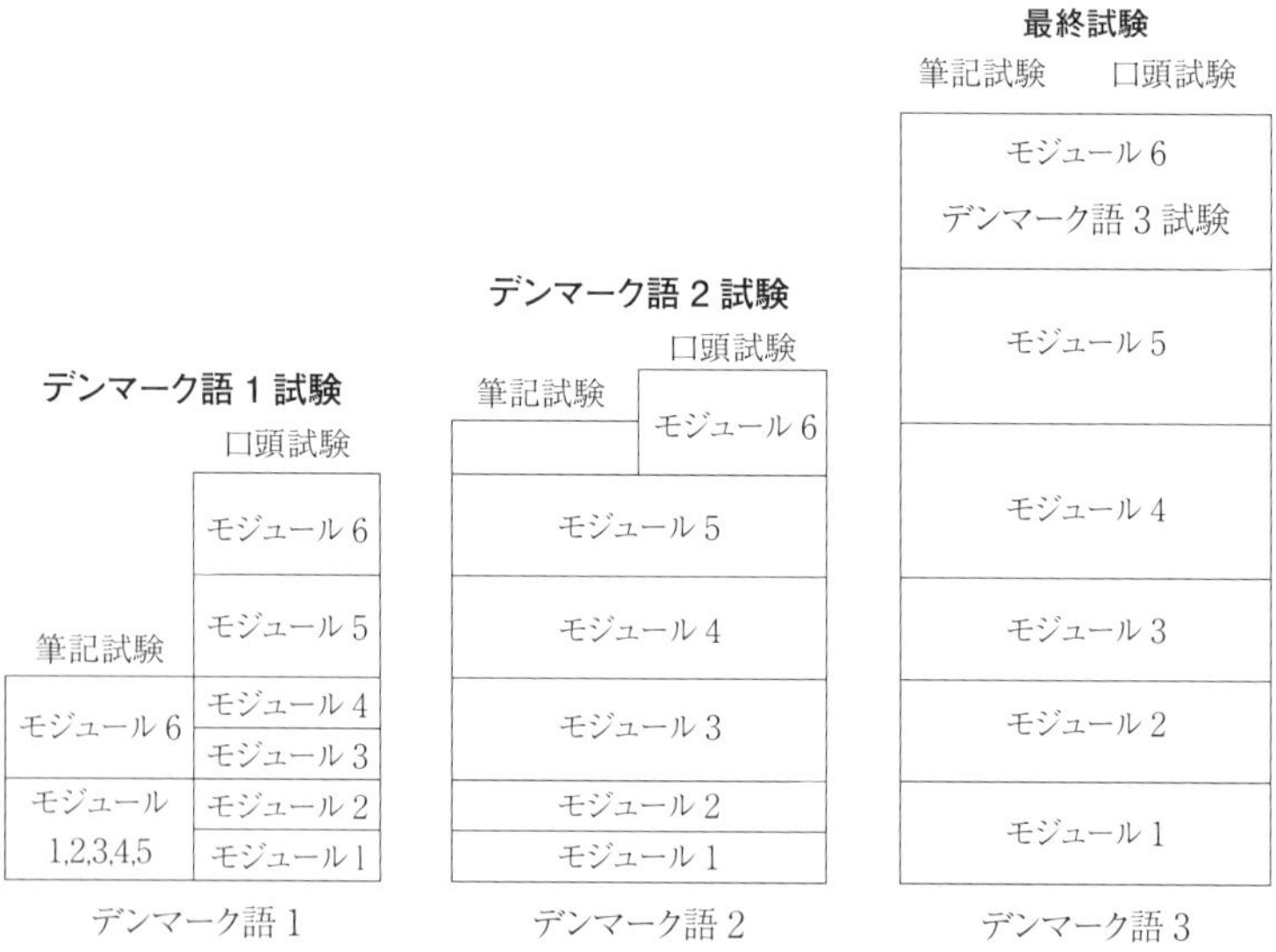

出典：Udlændinge-og Integrationsministeriet（2022）p.28より抜粋。

環として設置している学校であり、授業は英語、ドイツ、フランス語のいずれかが実施される。就労などで一時的に滞在している外国人の児童でかつ保護者が入学を希望している場合に入学が許可され、学費は無料で自治体が負担する。(16) 公立のインターナショナルスクールに関する費用は市の単独負担であるが、市外から通学する児童の費用分は居住自治体が負担することになっている。なお、ロラン市の場合は今後の進学に備えて市内の高等学校にも国際学科を設置するなどしている。

(5) デンマークの母語教育

デンマークにおいては一部の自治体で母語教育が多文化共生政策の一環として実施されている。移民にとって母語は親と子どもが家庭内でコミュニケーションをとる手段であり、かつ出身国文化を理解する上で欠かすことができない。先述した通りデンマーク語教育に関しては国による補助金制度が用意されているが、母語教育に関してはそれに該当する補助金制度は存在しておらず、あくまで基礎自治体の一般財源・単独負担で対応している状況である。

母語教育で特に先進的であるのは首都のコペンハーゲン市があげられる。コペンハーゲン市はTove Ditlevsens Skole（小学校）の放課後教育の一環として母語教育教室（Modersmålsskolen）を設置している。2022年時点で2200人の生徒が在籍し、51人の教員が150クラスを担当する。放課後教室であることから、放課後2.5時間授業を実施する。財源はコペンハーゲン市の負担で対象は基本的に市内の0~9年生の生徒であるが、他自治体の生徒も受けることができる。その場合は他自治体がその費用負担をおこなう。コペンハーゲン市の母語教育の特徴は対応言語数の多さである。2022年時点で36言語対応し、母語教育を希望する生徒が12名以上いれば36言語以外の言語でも新たに対応する予定である（表3参照）。[17]

以上のようにデンマークでは基礎自治体の責任をもって、デンマーク語や母語の言語政策が展開されてきた。デンマーク語教育に関して子どもは就学前教育クラスや成人は特定の教育機関の別枠で行い、必要な教育リソースを確保している。

表3　2021－2022年の対応母語教育リスト

アルバニア語	ヒンディー語	ブラジル・ポルトガル語（ブラジルで話されているポルトガル語）
アラビア語	オランダ語	ロシア語
アルメニア語	アイスランド語	セルビア語
ボスニア語	イタリア語	ソマリア語
ダリ語	日本語	クルド語
英語	中国語	スペイン語
ペルシャ語	クルマンジ語（クルド語の方言）	スウェーデン語
フィンランド語	リトアニア語	トルコ語
フランス語	ネパール語	ドイツ語
フェロー語（フェロー諸島の言語）	ポーランド語	ウルドゥー語（パキスタンの国語）
ヘブライ語	ポルトガル語	ベトナム語

出典：Modersmålsskolen" Om Modersmålsskolen" https://mms.aula.dk/om-skolen

(6) ワンストップサービス（ＳＩＲＩ）

最後に基礎自治体のワンストップサービスについて紹介したい。デンマークの多文化共生政策における要の一つが、ＳＩＲＩ（Styrelsen for international rekruttering og integration）という組織である。ＳＩＲＩは移民統合省下の組織の一つであり、国の機関ではあるが、市民サービス窓口の中に置かれて、外国人の就労・就学に関する滞在許可・労働許可の申請手続きをワンストップで行っている。すべての市に設置されているわけではなく、コペンハーゲン、オーデンセ、オールボー、オーフス、ボーンホルムといった移民が集住する主要都市に設置されている。ＳＩＲＩは自治体に対して移民統合政策のアドヴァイスに加えて、市民権や永住権取得に必要なデンマーク語・デンマークテスト作成なども行う[18]。ワンストップサービスの利用には事前予約が必要であり、ＳＩＲＩが運営するＨＰ「New to Denmark」[19]を介して予約を行う。これ以外にも電話やメールで質問を受け付けている。

筆者は２０２２年9月にオーフスの市民サービス窓口に訪問した。そこでは通常の市民サービス窓口の隣に、同程度のスペースがＳＩＲＩの窓口として用意されていたことが印象的であった。日本でも外国人住民に対するワンストップサービスを役所内外に設置している自治体は少なくないが、筆者の知る限りでオーフス市ほどの体制を取っているところは見られない。オーフス市はこれ以外にも定期的に「Aarhus City Welcome」というイベントを毎回開催し、オーフス市のサービスガイダンスのイベントなどを開催している[20]。オーフス市はデンマーク第二の都市で港町としてもともと多くの移民が集住する地域であり、政策形成においても外国人住民を巻き込んで住民参加による政策形成を重視してきた自治体である。ＳＩＲＩが設置されているすぐそばでは住民を巻き込んだワークショップが外に開かれた形で日々開かれている。

もっともオーフス市は財政的にも裕福な自治体でもあるし、ＳＩＲＩという国の出先機関も設置されているからこそ、このような充実した対応が可能であるとも言える。対照的に財政がそれほど豊かでなく再開発の影響で多くの移民が集住するロラン市では独自の窓口対応が十分行えないことが課題になっている。

このように移民統合をめぐる財政調整・補助金制度をみると共通する全国的なニーズに対する財源保障をしつつ移民が集住する都市部には重点的な配分が行われている。ただし、デンマークでも移民統合政策の一部は単費による負担が念頭に置かれており、豊富な自主財源を持つ都市部とそうでない地方部ではその対応のあり方も大きく異なる。とはいえ、ロラン市の公立インターナショナルスクールのように財政状況が厳しい自治体でも単費で独自の施策が十分取れるという意味では日本の地方自治体と状況が大きく異なるようである。デンマークは特定補助金の枠組みは非常に小さく、包括補助金や財政調整による財源保障の使途の裁量は非常に高く、かつ豊富な自主財源があることも日本と大きく異なる点であろう。また、オーフス市の事例のように財源面だけでなく住民参加やサービスの内容面でも基礎自治体の裁量や役割は非常に大きいことが窺える。

5　おわりに

課題先進国であるデンマークの事例から、日本における自治体の外国人住民支援策はどのような示唆が得られるだろうか。もちろん両国は自主財源比率・国と地方の役割分担・自治のあり方などの制度的基盤や政治状況も大きく異なるから、パッチワーク的に制度を真似ることは難しい。だが、デンマークの取り組みは日本の先進的な自治体事例にもみられない政策を打ち出し、それを支える地方財政制度があり、その意味で参考になる点は多いだろう。以下では主な点を取り上げたい。

第一にデンマークでは外国人住民支援策が基礎自治体の責任として位置づけられ、それを可能とする財政的基盤（自主財源比率の高さ）が備わっていることである。生活支援、就労支援、言語政策の責任も自治体が担っていることから、自治体内で連携が取りやすく、（少なくとも都市部の自治体では）ワンストップサービスが機能しやすい土壌が整っている。特に言語教育に関しては子どもから大人まで滞在資格や能力に応じて言語教育サービスが提供されており、全国的に共通するニーズについてはそれを保障する財政調整制度や補助金制度も導入されている。

第二に多文化共生に向けた自治体の様々な取り組みにも関わらず、移民統合が依然として進んでいない側面もあるということである。いわゆる第二世代の移民として、デンマークで長く暮らしている移民とデンマーク出身の人との間の教育・経済格差は縮小してきているが、依然として公的給付の受給率の差を縮めるまでには至っていない。そのような背景から２０００年代から２０１０年代後半にかけて移民排外を掲げる極右政党・デンマーク国民党が国政でキャスティング・ボートを握り、移民に対する給付の締め出しなど厳しい措置が実施されてきた。２０１９年国政選挙以降はデンマーク国民党の勢いは大きく失墜したが、既存政党が移民排外主義的な方針を内包・模倣するに至っており、国政レベルでは依然として移民に対して厳しい国であるといえよう。

第三は国と自治体における移民統合をめぐる政治的スタンスや対応の違いである。先述の通り、デンマークでは２０００年代以降、右派・左派政権の間で政策方針の多少の変化はあったものの、基本的にデンマーク国民党の意向が大きく反映され続けてきた。一方で地方自治体レベルでは現金給付、対人社会サービス、教育、職業訓練など生活に欠かせない幅広いサービスを提供する役割を担い、その責任を負ってきた。地方政治レベルでみるとデンマークは国政と異なり、社会民主党等の左派グループが依然として大きな影響力を持っており、国政のような排外主義的機運が高まっているとはいえない（倉地 2017）。また、特に都市部においては社会民主党支持者が多いことから、コペンハーゲン市は多文化共生政策の先進自治体となっている。

翻って日本では2023年時点でも政府が正式に移民を受け入れず、あくまで一時的に滞在する外国人労働者としての受け入れというスタンスを貫いている。一方で、オールドカマーなど長く日本で生活してきた外国人が集住する自治体では、独自の支援体制が発展してきている。また、近年は外国人労働者の急増にともなって、支援体制を整備している自治体も増えてきた。国はワンストップ交付金や特別交付税などを整えているが、自治体が直面するニーズに十分対応しているとはいえない[21]。本稿で明らかにした通り、このような国と自治体のスタンスの違いは日本もデンマークもある意味共通しているのが興味深い。だが、デンマークと日本が異なるのは、デンマーク語教育の体制にみるように、語学能力等のニーズに応じて一般的な公的教育制度とは別枠で支援体制を構築し、住民に多様な選択肢を提供し、それに対する財源保障をしている点である。もともとデンマークも1980年代まではNGO等の民間レベルで外国人住民支援を行ってきたが、それを地方自治体のニーズとして吸い上げ、そして補助金制度などを制度化することができている。対して日本では現場のニーズがあるにもかかわらず、依然としてボランティアなどに依存しているのが実態である。

最後に本稿に残された課題を述べたい。本稿ではデンマークにおける自治体のワンストップサービスや言語政策の制度概要を明らかにするにとどまり、その課題等はほとんど明らかにされていない。

本稿でも述べた通り、デンマークには依然としてデンマーク人と移民の間の「格差」が存在しており、言語政策によって語学能力の差を十分に埋められていないのが実際のところであろう。しかしいずれにしても外国人やデンマーク語が十分に話せない者への言語教育、さらには母語教育について市の責任として位置づけるデンマークは少なくとも日本の外国人住民支援政策よりも一歩先に進んだ体制であるといえよう。

注

（1）本稿ではワンストップサービスや言語政策を中心に取り上げるが、自治体の取り組みとして図書館政策については和気（２０２２）、積極的労働市場政策については加藤（２０１９）などが詳しい。
（2）Danmark Statistik（2021）を参考。
（3）こうした移民財政貢献論の問題については、掛貝・早崎（２０２２）を参照せよ。
（4）たとえば、２００４年税制改革ではデンマーク国内の居住年数が長くなるほど有利な分配になるようにデンマーク国民党が働きかけ、実際にそのとおりになっている（倉地２０１８）。
（5）移民統合政策の変遷については、"Governance of migrant integration in Denmark"（https://ec.europa.eu/migrant-integration/country-governance/governance-migrant-integration-denmark_en　２０２３年１月20日確認）新津（２０２１）、倉地（２０１８）を参考にした。
（6）Migrant Integration Policy Index 2020（https://www.mipex.eu/denmark　２０２３年1月20日確認）
（7）デンマーク人テストはデンマークに移住する際に必要なテストであり、合格できないと移住が認められないケースがある。

（８）２０１０年代初頭からデンマーク政府は移民割合、犯罪率、所得水準などの一定の基準に該当する地区を「ゲットー」と定義してきた。

（９）The Local dk HP “Ghetto' tenants sue Denmark over forced eviction plan”（https://www.thelocal.dk/20200527/ghetto-tenants-sue-denmark-over-forced-eviction-plan/　２０２２年９月25日確認）

（10）この割合は都市部の財政が豊かな自治体ほど地方税収の割合は高くなり、財政状況が厳しい自治体ほどその割合は低くなる。

（11）Udlændinge- og Integrationsministeriet HP “Danskuddannelse for voksne udlændinge m.fl.”（https://uim.dk/arbejdsomraader/integration/danskundervisning-og-danskproever-for-voksne-udlaendinge/danskuddannelse-for-voksne-udlaendinge-mfl/　２０２３年１月20日確認）

（12）Retinformation HP “Bekendtgørelse af lov om danskuddannelse til voksne udlændinge m.fl.” https://www.retsinformation.dk/eli/lta/2020/2018　２０２３年１月20日確認）

（13）学費は毎月１２５０～２５００ＤＫＫである。都市部ほど高い傾向にある。ただし、私立学校は国から補助金が支給されている。（borger.dk HP https://www.borger.dk/skole-og-uddannelse/Folkeskolen-privatskoler-efterskoler/Privatskoler-og-friskoler　２０２３年１月20日確認）

14　Børne- og Undervisningsministeriet HP “Kommunale internationale grundskoler”（https://www.uvm.dk/kommunale-internationale-grundskoler　２０２３年１月20日確認）

“Nordic Co-operation HPElementary school in Denmark”（https://www.norden.org/en/info-norden/elementary-school-denmark　２０２３年１月20日確認）

（15）Børne- og Undervisningsministeriet　STYRELSEN FOR IT OG LÆRING HP “Kommunale

internationale skoler”（https://statistik.uni-c.dk/instregvisning/Liste.aspx?InstType=1017　２０２３年１月20日確認）
（16）　Børne- og Undervisningsministeriet　STYRELSEN FOR IT OG LÆRING HP “Kommunale internationale grundskoler”（https://www.uvm.dk/kommunale-internationale-grundskoler　２０２３年１月20日確認）
（17）　Modersmålsskolen HP “Om Modersmålsskolen”（https://mms.aula.dk/om-skolen　２０２３年１月20日確認）
（18）　デンマーク語のプログラムのレベルは３段階ある。デンマーク語１は母国語で読み書きができない学生やヨーロッパ言語体系を習得していない人を対象、デンマーク語２は母国での学校教育歴が短い学生を対象、デンマーク語３は中長期の学歴を持つものを対象としている（Center for Dansk og Integration HP http://www.danskogintegration.dk/Learn-Danish/Danskstilbud/Dansk-1-2-og-3.aspx　２０２３年１月20日確認）
（19）　Ny I danmark HP（https://nyidanmark.dk/　２０２３年１月20日確認）
（20）　“Aarhus City Welcome 2021” https://international.aarhus.dk/coming-to-aarhus/aarhus-city-welcome-2021/　２０２３年１月20日確認）
（21）　外国人児童生徒への補助金政策については高橋・倉地（２０２２）を参照。

参考文献

新津久美子（２０２１）「デンマークにおける移民難民政策の現状とＥＵ国境保護への新たな試み」（http://iminseisaku.org/top/conference/conf2021/20211108_f3-3_niitsu.pdf）
稲沢克祐（２００５）「デンマークの政府間財政関係」『政府間財政関係ワークショップ』財務省財務総合政策

研究所。

掛貝祐太・早崎成都（２０２１）「財政学はなぜ移民を論じるべきなのか？――隣接領域における議論の限界と「貢献論」の問題を踏まえて――」『立教経済学研究』第75巻第４号。

加藤壮一郎（２０１９）「デンマークにおける積極的社会政策の展開――公的扶助制度の変遷を中心に」『日本労働研究雑誌』61巻12月号、28～40頁。

倉地真太郎（２０２２）「都市の移民ニーズと財政調整制度―デンマークのオペアをめぐる「論争」」日本財政学会第79回大会。

倉地真太郎（２０２１）「オペア（Au pair）をめぐる「論争」――ジェンダー、移民、地方財政――」「連載　デンマークの連帯を支える仕組み」『生活経済政策』２０２１年５月号、№２９２、32～33頁。

倉地真太郎（２０１８）「デンマーク国民党による排外主義的福祉・税制――２００４年税制改革をめぐって――」北ヨーロッパ学会『北ヨーロッパ研究』第14巻、１～11頁。

倉地真太郎（２０１７）「反税運動と移民排斥運動にみる福祉ショービニズム――デンマークにおける「租税同意」の歴史的経緯から考える」塩原良和・稲津秀樹 編著『社会的分断を越境する 他者と出会いなおす想像力』青弓社、１７４～１９５頁。

髙橋涼太朗・倉地真太郎（２０２２）「『移民政策』なき教育財政―外国につながる住民に向けた地方財政制度の視点から――」『立教経済学研究』第75巻第４号、31～37頁。

吉武信彦（２００５）「デンマークにおける新しい右翼――デンマーク国民党を事例として――」、『地域政策研究』第８巻第２号、21～50頁。

和気尚美（２０２２）『越境を経験する――デンマーク公共図書館と移民サービス』松籟社。

Danmark Statistik（2021）*Indvandrere I Danmark 2022*

Kommunernes Landsforening（2022）*Udgifter og indtaegter pa integrationsområdet.*
Kommunernes Landsforening（2017）*Kommunernes finansiering*
Kommunernes Landsforening（2015）*Vejledning om finansiering på integrations- området.*
Regeringen（2018）*Ét Danmark uden parallelsamfund.*
Regeringen（2010）*Ghettoen tilbage til samfundet Et opgør med parallelsamfund i Danmark.*
Social- og Indenrigsministeriet（2019）*Kommunal udligning og generelle tilskud* 2020.
Udlændinge- og Integrationsministeriet（2021）*Aktiviteten hos udbydere af danskuddannelse for voksne udlaendinge*
Widfeldt,A.（2015）*Extreme Right parties in Scandinavia, Routledge Studies in Extremism and Democracy.*

❖コラム　自治体の特色

東京都世田谷区

多様なニーズにきめ細かな対応、誰も取り残さない

外国人住民数は東京都23区の中で10番目に多い2万3094人（2023年1月時点）だが、総人口91万5439人に占める割合は23区内で最も低い約2.5%である。国籍・地域別に見ると、中国、韓国・朝鮮、アメリカの順に多く、都心部に通勤する外国人の世帯が多い。在留資格別には、永住者、技術・人文知識・国際業務、留学、特別永住者、家族滞在の順で多いのが特徴的である。

多文化共生の推進体制

自治体、国際交流センター、学校、ボランティア団体などの連携により、外国人住民の多様なニーズをできる限り取りこぼさないような体制が取られている。また、多文化共生と男女共同参画を一体化した全国初の条例を策定し、担当課で連携をしながら支援体制を構築している。

多言語対応

具体的な支援としては、多言語対応のテレビ電話通訳サービスのアプリケーションを2021年度から庁内に配置されたタブレット端末7台に導入（文化・国際課に1台、支所に6台）設置し、13言語対応している。24時間365日対応できる言語が英語、中国語、韓国語、ポルトガル語、スペイン語であり、災害時の対応も想定している。それ以外の言語は、それぞれ対応時間及び曜日が異なる。他にも19言語、24時間365日対応の、三者間通話による電話通訳サービスも導入している。

日本語学習支援（帰国・外国人教育相談室）

区立小中学校に在籍する日本語指導の支援が必要な子どもに対して、日本語指導補助員が月36～40時間程度の個別指導（初期指導）を在籍校で実施、さらに放課後（水曜日）や土曜日に帰国・外国人教育相談室を設置している中学校にて補習教室を開催している。補習教室は外国人児童生徒だけでなく、海外から帰国した日本人児童生徒を含む多様な子ども達に、日本語指導や教科補助、カウンセリングなど、きめ細かい対応をしている。

運営体制

2020年に、公益財団法人せたがや文化財団内に国際事業部が新設され、国際交流活動の拠点として、せたがや国際交流センターが開設された。せたがや文化財団が持つ区民の国際交流事業、市民活動団体支援のノウハウや、人的ネットワーク等を活かした効果的な事業展開を行っている。世田谷区はボランティア団体の活動も活発であり、ＪＣＡなどの日本語支援ボランティア団体などが知られている。

終章

多文化共生社会の創造と行財政制度

沼尾波子
倉地真太郎

1　外国人住民に対する行政サービスと財政運営

本書では、外国人住民に対する行政ニーズとその充足をめぐる国や地方自治体の対応について、日本およびカナダとデンマークの事例をみてきた。

日本国内に居住する外国人は増加しており、国籍・在留資格など多様化も進んでいる。地域ごとに外国人住民の特性ならびに生活状況等は異なっており、その行政ニーズは異なることを、第1章ではアンケートならびにヒアリング調査結果を踏まえて考察した。外国人住民への支援体制をみても、自治体の財政力や行政体制・通訳をはじめとする専門人材の有無によって地域ごとに対応は異なっており、各地で様々な支援体制構築が模索されていることを論じた。

第2章では、2019年にスタートした出入国在留管理庁の外国人受入環境整備交付金などを活用した外国人住民に対するワンストップ窓口ならびに相談体制の整備状況と課題について考察した。新型コロナウィルス感染症拡大への対応を含め、多言語での情報提供や相談窓口は、自治体や民間支援団体による個別支援から、複数の自治体や組織が関わるネットワーク型へと少しずつ広がりをみせる。行政には、現場で出された相談内容を整理し、施策や事業に反映するチャネルとともに、住民に身近な窓口での相談支援と、それを支える都道府県や全国単位での専門的な相談支援ネットワークの構築が求められている。他方で、ＡＩなどを通じた通訳・翻訳技術の向上が図られてきたとはいえ、医療や教育、生活相談の現場などでは、言語や文化の違いを踏まえたコミュニケーションができる専門人材の確保が課題となっている。こうした人材や情報のネットワークを構築し、運営するための国・地方の役割分担と連携の形を考える必要があることが見えてきた。

第3章では生活保護について取り上げた。「国民」を対象とした様々な社会保障制度については、戦後、オールドカマーの人々の保障をめぐって議論が進められ、外国人住民に対してその適用を図るべく、制度運用がなされてきた。そのなかで住民に最も身近な基礎自治体は、常に、目の前の課題と対峙することになる。

就労目的で来日した外国人が、何らかの理由により生活の維持ができなくなった際の所得保障や生活保障に、日本政府はどこまで対応するのか。国民に対するナショナルミニマムを保障する制度について、外国人にも法を準用する形で生活保護制度の運用が行われているが、その適用をめぐる現場での判断は、厚生労働省の通知等に基づいて、各自治体の福祉事務所が担う。

要保護者の増加は、地方自治体の財政支出に影響を与える側面もあり、自治体の対応が問われることとなる。アンケート調査に回答のあった自治体では、その6割が生活保護制度について多言語で紹介をしていると回答しており、情報提供も行われていることがうかがえる。しかしながら、今後、外国人人材の受入れが拡大し、さらに多くの人々が海外から日本に入ってきたとき、社会保障給付の適用をどう判断するか。在留資格により利用可能な社会保障給付に違いがある状況や、法の準用の考え方をめぐり、制度の壁とどう向き合うか、議論すべきことである。

それは子どもの学びや健康についても同様であろう。第4章では、外国籍児の健康並びに教育機会の確保について検討を行った。外国籍児童の保護者に対し、就学させる義務はないとされる一方で、希望者の入学は可能という制度のもとで、事実上就学ができない子どもたちがおり、ケアが必要であることが論じられた。また、いわゆる外国学校については一条校ではないことから、国による公費負担は行われておらず、就学には費用負担が発生する。

外国籍児童の就学義務化については、学びの選択肢を狭めることになると説明されているが、外国学校等での学びに対する公費負担がない状況で、選択肢が用意されているとは言えない。現行制度のもとで公費負担を通じた保障を考えるなら、「外国籍児童生徒への就学義務化」という方向を考えざるを得ない状況にある。一人ひとりの学びの選択肢の提示と、学びの機会を公平に保障する仕組みづくりが模索される。このように、外国人住民への行政サービスをめぐっては多くの課題が残されている。

第5章では、多文化共生推進をめぐる日本および各国の政策動向と、そこでの国と地方自治体の役割について整理を行い、日本の現状について学校教育を事例に考察を行った。全国的な国民向けサービスを外国人にも適用する場合と、地域で発見された課題に対応する外国人住民向けサービスを自治体が提供する場合があるが、前者については国の財源保障のもとで推進される考え方であるのに対し、後者については、限られた自主財源のなかで、自治体は各種の助成金や寄付金等を活用しながら事業に取り組む現状があることが整理された。

具体的に義務教育についてみると、一条校に対する教職員の配置並びに給与については国庫負担がなされており、近年では、外国人児童生徒に対する日本語教育担当教員を含めた定員の加配による対応も図られている。しかしながら、加配教員の人件費は、必ずしも安定的に確保されるとは限らない。

他方で、生活保護世帯に準じる程度に困窮する世帯の就学援助制度については、地方自治体の単独事業とされ、自治体の一般財源で賄われている。これには国費の充当がないため、自治体のなかには積極的周知を行わないところもあることが従来から指摘されている。自治体の財政力が行政サービスの格差を生むという問題は、外国人児童生徒への教育サービスに限った話ではないが、外国学校への補助も地方自治体の単独事業であり、財政力や政策の優先度等によって、自治体ごとに対応が異なっている。外国籍の子どもの学びや健康に関して、日本政府としてその権利をどこまで保障し、費用負担を行うのか。あるいは地方自治体の対応に委ねるのかが問われている。

このように、第2章から第5章では、それぞれの政策分野において、自治体現場が多言語対応、相談窓口体制の構築などにより言語の壁をいかにして解消しようとしているのか、それでも残る言語・コミュニケーションの課題は何かを考えるとともに、生活保護や教育行政における制度の壁をいかにして乗り越えるのか、その考え方や方法について、財政面を含めて論じた。

第6章および第7章では、将来国や自治体が直面しうる移民問題や取りうる移民政策の選択肢を構想するべく移民をすでに受け入れている先進国の事例を取り上げた。これらの国も依然として様々な言語の壁や制度の壁が残存しているが、移民政策のための財政措置や体制作りの面で日本の先進事例よりもさらに進んだ課題や施策を示すことができた。

第6章では、多文化主義を掲げるカナダの事例を紹介した。カナダでは、国家として毎年人口の1.2%の移民を受け入れる移民戦略を掲げ、連邦政府が就労、職業訓練、生活支援、就学などの各局面で支援する政策を用意している。多様な言語や文化を尊重し保全するために政策の推進も図られていることが確認された。

第7章では、デンマークの事例を取り上げた。デンマークの移民受入政策は時代とともに変化を遂げているが、受け入れた移民の生活保障については、各地方政府が支援を行う体制が採られている。また国から地方政府への垂直的財政調整制度においても、移民とその子孫の人数に応じて配分率が引き上げられる仕組みも導入されている。このほかにデンマーク語の教育や職業訓練等に対する国から地方政府への補助金も交付されている。いわば、国家として受け入れた移民に対する生活保障を自治体が行うにあたり、追加的に発生する財政需要を見据えて配分が行われている。国が地方自治体の市民サービス窓口に移民を対象としたワンストップサービスを用意するなど、機能的な体制が整備されていることが確認できた。

2　言語の壁と制度の壁をどのようにして乗り越えるか

以上の議論をもとに、日本において自治体は、今後外国人住民支援政策をどのように展開していくべきだろうか。これまで見てきた通り、外国人住民の集住パターンやニーズは多様であり、自治体の外国人住民支援政策やその体制も自治体の財政状況や産業構造によって異なる発展を遂げてきた。そのため、目指すべき外国人住民支援策やその先の多文化共生のあり方も自治体によって多様になり得る。したがって先行事例を共有するだけでは不十分であり、本書で明らかにした通り、外国人住民支援をめぐる多様な言語の壁と制度の壁があることを認識するべきであろう。

そこで、身近な自治体で言語の壁と制度の壁がどのように残存しているか、外国人住民支援策の現状と課題を把握することを助けるために、表1の多文化共生施策チェックシートを作成した。このチェックシートは本調査プロジェクトのアンケートやヒアリングをもとに支援体制や政策分野ごとに言語の壁と制度の壁が残存している状況とその解消にむけた行政などによる対応について示している。

もちろん、この中には状況の改善には長い時間がかかったり、日本人を対象とする行政サービスを含めた制度全体のあり方に関わるものもあったり、財政力やマンパワーの関係で自治体単独では解消が難しいものも多く含まれる。逆に、自治体によっては外国人住民の集住パターンや経済状況・世帯状況の特徴から、行政が特段対応すべき施策のニーズとしては認められないものもあるかもしれない。それゆえ、すべての自治体が表1に示した「状態①」から「状態③」を目指すべき達成可能な目標としてこれを活用することは適切ではない。言語の壁と制度の壁の残存状況を自治体担当者が確認し、可能なところから状態を①から③に近づけていくことが求められる。例えば、アンケートやヒアリングでは外国人住民のニーズがあり、なおかつ財政力が比較的高いにもかかわらず十分な支援体制を構

表1　多文化共生施策チェックシート

	状態①	状態②	状態③
	言語の壁・制度の壁がある状態	**→**	**言語の壁・制度の壁が解消された状態**
1. 多文化共生施策の体制整備	・多文化共生（外国人住民支援）に関わる体制について未検討／未整備	・多文化共生に関する課の設置あるいは他の課に多文化共生に関する係・担当を設置 ・各課で独自に外国人住民対応の体制を整備	・多文化共生に関する課・係・担当が他の担当と指示・連携する外国人住民支援体制の構築 ・各課の外国人住民支援対応の連携体制の構築 ・外国人住民や来訪者に配慮した情報提供体制の構築
2. 多文化共生推進計画の策定	・多文化共生推進計画の策定を検討していない ・多文化共生に関わる施策の計画を実質的に立てていない	・多文化共生推進計画の策定	・多文化共生推進計画と総合計画等の他計画との連携 ・次期計画に向けた計画見直し体制の確立
3. 外国人住民への窓口対応	・外国人住民に対応した窓口を設置していない（他の住民と同じ窓口を設置）	・外国人住民に対応したワンストップ窓口を設置 ・多文化共生に関わる課や係から各課や国際交流協会等の団体に繋ぐ体制を整備	・専門的な手続きも対応可能 ・相談窓口体制の整備 ・切れ目の無い継続的な支援体制の構築
4. 通訳体制	・通訳体制を全く整備していない ・付き添いの方に翻訳してもらい対応する状況	・地域住民の通訳ボランティアでの対応（窓口の付き添い） ・担当課で多言語対応ができる職員による対応（専門ではない） ・案内資料や郵送資料の多言語対応・翻訳対応 ・ポケトークなどの機械・AIによる通訳機対応	・通訳スタッフの雇用／オンラインの通訳サービス等による多言語対応 ・専門的な手続きにも対応した通訳サービスの利用やスタッフの雇用 ・国際交流協会、保育所、介護施設、病院など様々な関連施設での通訳体制の構築 ・日本語対応と同等レベルの行政サービスの実現
5. 日本語教育体制（母語教育）	・地域に日本語教育支援体制がない ・地域のボランティア等による日本語教室はあるが行政支援はない	・ボランティア等による日本語教育体制を行政が後方支援	・公立の日本語学校の整備 ・日本語教師スタッフの雇用による教育体制の整備 ・母語教育体制の整備・支援

	言語の壁・ 制度の壁がある状態	言語の壁・ 制度の壁を解消する取組み
6. 医療制度	・外国人住民に対する病院の紹介・情報提供は行なっていない ・医療通訳の支援が行われていない	・外国人住民に対する病院紹介の多言語対応（翻訳した病院リストを提供） ・外国人住民に対する外国語対応の病院の紹介・情報提供 ・都道府県による医療情報の発信・紹介 ・都道府県との緊密な連携 ・医療通訳スタッフの確保
7. 保育制度	・外国人住民に対する保育サービスの紹介・情報提供が十分行われていない ・外国人住民の保護者と必要なコミュニケーションが取れていない ・給食のハラル対応を想定していない	・外国人住民に対する保育サービスの紹介・情報提供が十分行われている（保育所の紹介や子育て支援策メニュー紹介の多言語対応など） ・外国人住民児童の保護者とのコミュニケーションのための通訳・多言語対応支援 ・給食のハラル対応をしている
8. 介護制度	・外国人住民に対する介護サービスの特別な情報提供や介護保険制度に関する多言語での紹介・説明は行なっていない	・外国人住民の介護者やその家族に対する介護サービスの情報提供の多言語対応 ・外国人住民に対する介護保険制度の紹介・説明の多言語対応 ・介護保険制度に対する外国人住民への理解・普及促進 ・介護施設運営やケアプラン策定時における多言語対応の支援体制構築
9. 外国人住民児童生徒への教育制度	・外国人住民児童生徒に対して就学に至るまでの必要な手続きが取られていない ・事前の手続きのハードルのために就学手続きが日本人児童生徒と同様にできていない	・日本人児童と同様に就学手続きが円滑に行える体制の構築 ・学校内での日本語教育スタッフの配置 ・外国人児童の保護者とのコミュニーションのための多言語対応支援 ・放課後学校などの学外での課題のある児童への支援体制の構築 ・学校内での多様な教育ニーズのための人材確保
10. 生活保護対応	・生活保護受給基準を満たしているにも関わらず申請に伴うハードル（言語など）によって受給ができていない状況 ・生活保護制度に関する案内・紹介を多言語対応で行っていない	・「準用措置」に基づいて日本人と同様に生活保護制度を必要とする外国人住民が受給できている ・生活保護制度に関する案内・紹介の多言語対応 ・生活保護制度のスティグマ解消のための制度理解の促進

	言語の壁・制度の壁がある状態	言語の壁・制度の壁を解消する取組み
11. 生活支援	・外国人住民への生活支援（食料や貸付）が十分にできていない ・自治体や関連機関が外国人住民の生活支援に関するニーズを把握できていない	・食料や貸付などの喫緊の生活支援対応 ・外国人住民の生活支援に対するニーズの把握 ・外国人労働者の監理団体・企業との連携 ・相談窓口から切れ目の無い長期的な支援体制の構築
12. 交通対応	・外国人住民による交通権が保障されていない ・移動手段が徒歩か自転車に制限されている	・外国人住民の交通弱者のニーズ把握 ・地域や行政による交通弱者の支援体制の構築 ・外国人住民の移動手段確保の支援（免許取得・企業理解の促進）
13. 防災対応	・外国人住民のための特別な防災対応をとっていない	・防災ガイドブックやハザードマップの多言語対応 ・避難時の外国人住民対応（多言語対応や避難誘導の対応） ・避難場所での多言語対応 ・防災食のハラル対応
14. 地域住民と外国人住民コミュニティの交流	・外国人住民が地域と繋がりをもてていない ・行政が外国人住民やコミュニティの状況を十分に把握できていない	・外国人住民やコミュニティの状況を把握 ・自治体や地域のイベントでの外国人住民・コミュニティの交流 ・外国人住民の自治組織の参加・交流
15. 外国人住民による地域参加	・外国人住民が地域と繋がりをもてていない	・外国人住民やコミュニティの状況を把握 ・行政と外国人コミュニティの交流 ・外国人住民による地域行政・政治の参加の促進 ・外国人住民会議などの住民参加制度の構築
16. 徴税困難対応	・外国人住民による住民税・固定資産税の滞納・徴収困難事例に対して特に対応ができていない ・税金のルールについて多言語による情報提供や案内ができていない	・外国人住民による住民税・固定資産税の滞納・徴収困難の事由に対する状況の把握 ・外国人住民に対する住民税・固定資産税の通知・催促に対する多言語対応 ・税金のルールについての情報提供や案内の多言語対応 ・納税手続き（書類の表記など）の多言語対応 ・長期滞在・永住を前提とした外国人住民への納税手続き支援（専門的な知識が必要な納税手続きなど）

出典：筆者作成。

築していない自治体も見られた。そうした自治体は地域の外国人住民のニーズを知り、それを解消していく取組みが可能なはずである。

だが、自治体単独では解消が難しい、もしくは全国画一的な行政ニーズとして認められる制度の壁というのも当然ある。これについては、国から自治体への財源保障スキームや権利保障のあり方も含めた検討が必要となる。

3　国から自治体への財源保障スキームと外国人住民の権利保障

では、多文化共生社会の実現に向けた外国人住民に対する行政ニーズの把握や支援の体制の在り方ならびにその財政措置について、国と地方の役割をどのように考えればよいだろうか。

日本の地方財政制度のもとでは、国が法令等で規定し、地方自治体が実施するとされている事務事業に要する経費や、国が地方自治体に対し、その実施を奨励する施策や事業については、地方財政計画の中で、財源を保障する仕組みが構築されている。それに対し、地方自治体固有の行政課題、もしくは自治体独自で手厚いサービスを担う場合等については、自治体の自主財源で賄うか、何らかの財源調達手段を考える必要がある。

生活保護制度の場合、各自治体の生活保護費のうち75％が生活保護費国庫負担金として自治体に交付され、残りの25％分に見合う財源については、地方交付税で措置される制度となっている。だが、外国人住民固有の行政ニーズである日本語教育や通訳の配置など、追加的な費用が生じる場合であっても、国からの財政移転の上乗せなどの措置が行われているわけではない。生活保護制度の場合、保護受給者に対する就労支援や生活支援などの支援制度があるが、それに要する財源は別途、個別の交付金等で措置されている。ただし、多言語対応や日本の習慣やルールについての講習などが必要となる場合であっても、通訳等にかかる費用がこの支援制度の枠の中で支出されるわけではない。2019年にスタートした外国人受入環境整備交付金は、こうした制度の隙間を補い、多言語対応を図るための環境整備と運営のための補助制度として導入されたものとみることができる。

しかしながら、これらの対応は、既存の政策や法制度を維持しながら、外国人に対して、多言語対応の窓口を用意するというものであり、これまで見てきたように、社会保障制度や義務教育制度のなかで、外国人をどのように位置づけ直し、必要な給付等を行うのかという点は課題が残る。住民に身近な地方自治体が、目の前の外国人住民に対し「住民福祉の増進」という視点に立って、できることを行うという現場対応が行われている状況にある。

その背景には、日本における「移民」の受け入れについての考え方をどのように再整理するのかという根幹的な議論を回避しつつ、各産業分野において目の前の人材不足に対応しながら、事実上「移民」を受け入れてきた実態がある。世界的には、「移住の理由や法的地位に関係なく、定住国を変更した人々を国際移民とみなす」という考え方が広く受け入れられており、1年以上にわたる居住国の変更は「長期的または恒久移住」と判断される。今後、さらに拡大することが見込まれる労働力不足への対応を含め、外国人人材の受入れをどのように考えるのか。またその際には、社会保障や教育制度をどのように適応するのかという視点に立った議論が必要であり、またそこで求められる追加的な行政需要に対する国レベルでの対応もしくは地方自治体への財源保障が必要といえるだろう。

第1章で述べたように、政府は外国人との共生社会の実現に向けたロードマップを作成し、中長期的な対応についての検討へと舵を切り始めた。そこでは、多言語対応や日本語教育の視点に留まらず、外国籍の人々への対応を念頭に置いた社会保障制度や教育制度などの適応について、検討する必要がある時期に来ているといえるだろう。

4 財源保障の何をどう保障するのか

最後に財政制度の側から見た課題について、いくつか触れておきたい。

第一に、これからの外国人住民支援の行政サービス・財源保障の方向性（集権／分権）に関する問題である。

行政サービスには、地域のニーズによって異なるサービス水準が許容される行政サービスと、全国画一的な保障が求められる行政サービスがある。これは外国人住民に対する生活支援の問題にとどまらず、生活困窮者への支援、ＬＧＢＴへの配慮をはじめ、多様な人々の個々のニーズをどう把握し、それを国と地方のどのレベルで制度化し、支援するかという問題につながる。では、外国人住民支援における財源保障はどのような方向性があるのかといえば、以下の二つがあり得る。

一つは国によるナショナルミニマムと集権的な多文化共生政策のアプローチを結びつける方向性である。本書でも見てきた通り、外国人住民支援の現場では慢性的に人手が不足し、外国人住民の権利保障・生活保障が十分でないことが多く、迅速でなおかつ財政状況が厳しい自治体にも十分行きわたる国の財源保障を求める声もある。これによって全国どこの地域であっても、自治体の財政力にかかわらず、外国人住民のニーズを充足することは可能となる。財源保障に限らず、国がオンラインの通訳サービスを一括契約し、すべての自治体に提供し、デンマークのように国の出先機関がワンストップサービスを提供するなど行政サービスを集権化する方向も考えられる。だが、本書で見てきた通り、外国人住民の集住パターンやニーズのあり方は自治体によって大きく異なり、国による画一的な対応ではニーズを充足することが難しくなる場合もある。それだけでなく、外国人住民支援には地域住民・行政組織との交流がニーズの捕捉や住民参加の点でも重要であるが、国による画一的な対応やそれを求める補助金制度の下では十分に機能しない場合もある。すでに少なからぬ自治体が国際交流協会やボランティア団体も含めた独自の体制を構築し、外国人住民コミュニティとネットワークを構築してきた。これらを活かすために国による画一的な（集権的な）財源保障、行政サービスの提供は現実と合致しない側面もある。

いまひとつは、自治体主導による分権・自治的な多文化共生政策のアプローチである。分権・自治的アプローチのもとでは自治体は自主財源を活用して地域に根ざした独自の行政サービスを展開することができる。デンマークのロラン市のように地方部の自治体でも単費で独自の学校を運営したり、他の行政サービスと組み合わせた柔軟な運用、就業支援のような従来の自治体業務の枠を超えた支援体制の構築も可能かもしれない。

だが、このアプローチにも課題がある。外国人住民支援に限らないことであるが、自治体の自主財源が限られる状況において、特に新しく少数（あるいは特殊）のニーズに基づく施策は、他の施策よりも優先順位が低下する可能性がある。もちろん、外国人受入環境整備交付金のような比較的自由度の高い補助金もあるが、これも規模がそれほど大きくないため、窓口整備や運営のための多言語通訳対応のためのタブレットなどの用意を行うことができても、通訳のできる相談員を継続的に雇用できる予算規模ではない。相談員を継続的に雇用したい場合、自治体は単費で対応しなければならない。そうなると、現行の地方財政制度のもとでは外国人住民支援の充実度合いは自治体次第になってしまい、自治体によっては外国人住民のニーズを十分充足できなくなることも考えられる。この課題は地方分権改革が財源の分権を課題として残してきたことから生じているものでもある。さらなる分権改革には多くの道のりを経なければならず、それまでは目の前の外国人住民のニーズに応えられないというジレンマがある。

また、外国人住民支援が自治体の住民獲得競争の手段になる可能性もある。もちろん自治体が外国人住民支援に注力し、より高い水準のサービスを目指して競争すること自体が問題なわけではない。それに外国人住民がより高い水準のサービスを求めて他自治体に移動したとしてもそれは当然のことでもある。地域の人材難を背景に、今後自治体の中には外国人住民の移住支援に力をいれるところも出てくるだろう。その際には地域の実情をふまえた長期的な支援体制を考えることが必要だろう。このように、外国人住民支援の財源保障は集権／分権・自治の間で、そのあり方が問われようとしているのである。

第二に、多文化共生政策の財源保障が「何を保障するか」である。

地方交付税制度のもとでは、各自治体が標準的な行政サービスを提供するうえで必要とされる需要額（基準財政需要額）と、標準的税収入等（基準財政収入額）との差を財源不足額として交付し、財源を保障することとされている。財政需要の算定には人口や面積などが指標として用いられるが、そこでは、日本人であっても外国人であっても1人は「1人」として同じように計算される。いっぽう第7章でみたように、デンマークの場合には、需要額を算定する際に、その自治体で生活する移民や生活困窮者に対し、補正係数をかけて、追加的な需要を算出する方式が採用されている。そもそも、地方税収などの割合が高いデンマークの場合と日本の場合を単純に比較することはできないが、こうした一人ひとりの自己実現を支える財政システムとして、日本語が不自由であったり、日本の生活習慣に馴染めていない外国人への支援に対する財政需要をどのように算出するかということが問われることとなる。

他方で、日本の法制度により、外国人に対する行政サービスの提供が明確に規定されていない生活保護や義務教育について、その暮らしをどう支援するかということも問われるだろう。日本という土地で「健康で文化的な生活を営む権利を有する」のは日本国民だけでよいのか。多様な人々の権利を保障し、可能性を開く施策や事業を考えるとすれば、ナショナルミニマムの考え方のもとに提供されてきた均質のアウトプット（産出）を保障する制度を、共通のアウトカム（成果）の達成に切り替え、アウトカムの達成の仕方は自治体に委ねて多様性を担保する。そのためのサービス提供や財源保障の形を再考する時期にきているといえるかもしれない。義務教育における一条校の形も、少しずつ多様化を見せているが、標準的なカリキュラムに加えて、多様な学びを許容する形で「一条校」が広がりを見せるならば、国籍にかかわらず、多様な子どもの学びを保障することが出来る社会を描くことが出来るのではないだろうか。

その際、国から地方自治体への財政調整制度をどう考えればよいだろうか。デンマークをはじめとする北欧では、一人当たり財源の均てん化、すなわち歳入額に着目した財政調整が行われており、財政需要を含めた詳細な調整が行われているわけではない。先に示したように、標準的な行政サービスを賄うのに要する財政需要を保障するべく、財政調整制度が導入されている。しかしながら、この仕組みのもとでは、標準的な行政サービスに含まれない外国学校等への対応を図るための財源は保障されておらず、自治体が個別に判断を行うこととなっている。個別の対応が可能であるのは先述した通り、豊富な自主財源あってのことでもある。共通のアウトカムを達成するために、自治体にそのやり方を委ね、多様性を担保するアプローチは、財政的に見れば一定の自主財源（余裕）がなければならないということである。

多様性を支えるための行財政運営には、まず、多様な人々の自己実現を可能とする社会システムの構築に向けて、法制度等の見直しが必要となることは言うまでもない。他方で、その役割を自治体が担うとすれば、自治体が比較的柔軟に使うことのできる留保財源を増やし、個々の実情に対応した施策や事業を行うことができるよう、環境を整備することが考えられる。

第三に、今日の国・地方の財政状況をめぐる課題について触れておきたい。周知のとおり、国の累積債務残高は1000兆円を突破している。社会保障給付費の増大に伴い、年々歳出額は増加しているが、それに見合う税収の確保はできておらず、公債に依存した歳入調達が繰り返されている。厳しい国の財政運営に対し、地方自治体に対する財源保障の水準もまた、限られた状況にある。地方財政計画を通じた国から地方への財源保障では、国の法制度に基づいて保障すべき財源については計上されるが、地域固有の課題等に対する財政需要に充当できる財源は限定的である。外国人住民の生活支援に関する施策や事業の予算についても、地方創生交付金やデジタル化の推進にかかる交付金などを活用するほか、第5章でもふれられているように、自治体国際化協会やＪＩＣＡ（国際協力機構）の制度を活用して事業費を捻出する自治体もある。最近では、外国人コミュニティづくりを支える目的で外国籍の地域おこし協力隊を採用する自治体も出てきた。自主財源を活用した独自施策を実施できる余地のある東京都などの一部の自治体を除けば、財源の捻出は、パッチワーク型で行われており、安定財源確保という点で課題がある。

最近では、民間レベルで公共的な取り組みをクラウドファンディングや、ＤＡＯ（自律分散型組織）

などの仕組みを通じて、地域で資金調達を行い、多文化共生に向けた社会経済システムを構築しようとする動きもおこっている。こうした民間レベルでの活動と、自治体の取り組みの連携が図られたり、都道府県と市町村との連携による支援体制の構築が模索されるなど、多様性を支える社会を創出するための公共的な仕組みづくりについて考える必要があるだろう。

5　多文化共生社会の創造にむけて——参加の機会をどう創るか

多様な個を支える体制づくりとそのための行財政運営のありかたについて、ここまで考えてきた。本書で扱うことが出来ていないのが、外国人住民の参加と協働という点である。

いうまでもなく、日本では急激な人口減少が進行している。地域の担い手の育成と確保を考えるとき、外国人にその役割を期待し、各分野において人材としての受入れも進められている。しかしながら、日常のくらしの中で、様々な意思決定に参加する機会が制限されているところもある。地域の中でともに暮らしを支え合う関係を考えるなら、その機会を用意する必要があるだろう。

現在の法制度のもとでは、外国人住民には国・地方の参政権が与えられていない。諸外国では国政についての参政権は認められていなくとも、地方参政権については選挙権を認める国は意外に多い。外国人住民は、納税者として租税負担を行っているのに対し、それに見合う受益を享受するうえで、固有の行政需要等について意見を述べたり、政治参加できる機会は限られている。川崎市の外国人市民代表者会議のように、外国人の住民のニーズを把握し、それを施策や事業に結び付ける取り組みを推進する自治体もあるが、全国的にはまた限られている。

今後、長期的に暮らしを営む外国人住民もともにこの国で働き、生活をする社会が広がるとき、その参加の機会を適切に設けることが必要といえるだろう。

――附録資料――

多文化共生政策についての自治体アンケート（1）

設問1．外国人住民に対する自治体の方針、体制についてお尋ねします。

① 外国人住民に対する指針、計画策定の有無	□ あり	□ なし
② 外国人住民への対応を行う部署の設置の有無 ・ありの場合　部署名：　職員数：	□ あり	□ なし
③ 外国人住民からの相談を受ける窓口の有無 ・ありの場合　部署名：　職員数：	□ あり	□ なし
④ 外国人住民からの相談に対する庁内のワンストップ窓口の有無 ・ありの場合　部署名：　職員数：	□ あり	□ なし
⑤ 外国人住民専用の広報誌紙等の有無 ・ありの場合　冊子名：　年間発行回数：　部数： 使用言語：　発行部署：	□ あり	□ なし
⑥ 日本語学習支援体制の有無 ・ありの場合　名称：　対応可能な言語： 支援方法：	□ あり	□ なし
その他特記事項：		

設問2．租税の状況についてお尋ねします。

① 外国人の帰国、転居、音信不通等による住民税賦課徴収の困難の有無 ・ありの場合　困難事例の概要や件数：	□ あり	□ なし
② 外国人が所有する不動産における固定資産税徴収の支障の有無 ・ありの場合　困難事例の概要や件数：	□ あり	□ なし
その他特記事項：		

多文化共生政策についての自治体アンケート（2）

設問3. 社会保険制度についてお尋ねします。

① 国民健康保険についての案内の有無　　□ あり　　□ なし ・ありの場合　方法：　　　対応可能な言語：
② 国民健康保険の被保険者証の交付方法（記述）：
③ 国民健康保険の保険料徴収困難事例の有無　　□ あり　　□ なし
困難事例の概要や件数：
その他特記事項：

設問4. 福祉サービスについてお尋ねします。

① 介護保険についての案内の有無　　□ あり　　□ なし ・ありの場合　方法：　　　対応可能な言語：
② 介護保険の被保険者証の交付方法（記述）：
③ 介護保険の保険料徴収困難事例の有無　　□ あり　　□ なし
困難事例の概要や件数：
④ 介護サービスに関する外国人への情報提供の有無　　□ あり　　□ なし ・ありの場合　方法：　　　対応可能な言語：
⑤ 入所型介護施設、通所型介護施設、訪問型介護サービスについての外国人のニーズ把握の有無　　□ あり　　□ なし ・ありの場合　把握方法：　　　情報保有部署：
その他特記事項：

多文化共生政策についての自治体アンケート (3)

設問5. 医療サービスについてお尋ねします。

① 医療に関する外国語対応可能な相談員の有無 □ あり □ なし ・ありの場合 人数： 対応可能な言語：
② 外国語対応可能な医療機関のリスト、周知方法の有無 □ あり □ なし ・ありの場合 使用言語： リストの公開方法：
③ 医療サービスに関する外国人への情報提供の有無 □ あり □ なし ・ありの場合 方法： 対応可能な言語：
その他特記事項：

設問6. 社会保障についてお尋ねします。

① 外国人向けの生活保護についての案内の有無 □ あり □ なし ・ありの場合 方法： 対応可能な言語：
② 外国人向けの生活困窮者自立支援制度の案内の有無 □ あり □ なし ・ありの場合 方法： 対応可能な言語：
③ 外国人向けの貸付制度の案内の有無 □ あり □ なし ・ありの場合 方法： 対応可能な言語：
④ 外国人に特化した就労支援の有無 □ あり □ なし ・ありの場合 担当部署： 対応可能な言語： 方法：
⑤ 外国人の就労支援の統計、分析の有無 □ あり □ なし ・ありの場合 把握方法： 情報保有部署：
その他特記事項： 対応可能な言語：

多文化共生政策についての自治体アンケート（4）

設問7. 保育についてお尋ねします。

① 保育サービスについての外国人向けの案内の有無	□ あり	□ なし
・ありの場合 方法：	対応可能な言語：	
② 外国人への給食内容の配慮 □ あり □ なし 費用負担の有無	□ あり	□ なし
の有無		
③ 外国人保護者と保育園との調整の有無	□ あり	□ なし
・ありの場合 調整担当者の所属：		
主な調整内容：		
その他特記事項：		

設問8. 防災関連についてお尋ねします。

① 外国人向けの防災冊子、案内等の有無	□ あり	□ なし
・ありの場合 冊子名：	発行時期：	部数：
使用言語：	発行部署：	
② 災害時の外国人向けの避難誘導のマニュアルの有無	□ あり	□ なし
・ありの場合 タイトル名：	年間発行回数：	部数：
使用言語：	発行部署：	
③ 避難所での外国人向けの対応の検討の有無	□ あり	□ なし
④ 外国人の文化を前提とした非常食の有無	□ あり	□ なし
・ありの場合 どのような非常食か：		
その他特記事項：		

――附録資料――

外国人に対する各種社会保障制度の適用状況

				国籍条項	日本人	外国人			
						正規在留者			非正規滞在者
						永住者	中長期在留者	短期在留者	
							難民申請者		
2012法改正*1	前	住民登録〈住民票登載〉			●	×	×	×	×
		外国人登録			—	●	●	●	●
	後	住民登録〈住民票登載〉			●	●	●	×	×
		外国人登録			—	（制度廃止）			
社会保険	健康保険	健康保険	健康保険法	無	●	●	●	△ *2	△ *2
		国民健保	国民健康保険法	無	●	●	● *3	×	×
	年金保険	厚生年金	厚生年金法	無	●	●	●	△ *2	△ *2
		国民年金	国民年金法	無	●	●	● *3	×	×
	介護保険		介護保険法	無	●	●	●	×	×
	雇用保険		雇用保険法	無	●	●	●	△ *4	△ *4
	労災保険		労働者災害補償保険法	無	●	●	●	● *5	● *5

図中の記号は、●が適用〈保険〉あり、□が事実上適用あるが権利性なし、△が一応適用可能であるが実務上適用拒否される場合もあり、×が（ほぼ）適用除外、を意味する。

※1　2012/7/9（改正住民基本台帳法等の施行と外国人登録法の廃止）の前後で区分。
※2　雇用関係ある限り一応加入可能。
※3　上記法改正までは1年以上の在留期間対象との取扱いが一般的であったが、改正後は中長期在留者（3月超）へと対象拡大。
※4　雇用保険の加入要件としては国籍・在留資格による明示的な制限がないものの、いわゆる不法就労の外国人には適用されないことを前提とする実務と理解される。
※5　いわゆる不法就労者であっても、一貫して適用されている（1988〔昭和63〕年1月26日基発第50号）。

				国籍条項	日本人	外国人			
						正規在留者			非正規在留者
						永住者	中長期在留者	短期在留者	
						難民申請者			
公的扶助	生活保護		生活保護法	(有)*6	●	□ *6	△ *6	×	×
社会手当	児童手当	児童手当	児童手当法	無	●	●	△ *7	×	×
		児童扶養手当	児童扶養手当法	無	●	●	△ *7	×	×
社会福祉	児童福祉	諸制度*8	児童福祉法	無	●	●	△ *7	×	×
	障害者福祉		身体障害者福祉法	無	●	●	△ *7	×	×
			知的障害者福祉法	無	●	●	△ *7	×	×

※6　支給対象は1950年改正で「国民」と規定され、(生活保護法第1条・2条)、外国人へは、長年にわたり行政運営上の事実上適用（準用）に止まる。しかもその準用範囲は、特別永住者、永住者、定住者、日本人/永住者の配偶者等、難民認定者のみに限定されている（1990年10月の厚生省社会局保護課企画法令係長の口頭指示参照)。さらに、最二小判昭和26年7月18日（判例地方自治386号78頁）は、「国民」は日本国民を意味し、外国人はこれに含まれないとした上で、外国人は、行政庁の通達等に基づく行政措置により事実上の保護の対象となり得るにとどまるとして、永住/定住外国人の生活保護の受給請求の権利性を否定している。

※7　中長期在留者であっても、1年未満の在留期間の者や「興業」の在留資格者を適用除外とする取扱いがみられる。

※8　児童福祉、障害者福祉の諸制度のうち少なくとも緊急性を有する給付等に関しては、国籍や在留資格の有無にかかわらず、対象とする旨の政府答弁があり（2000年5月26日付・内閣参質147第26号・大脇雅子参議院議員の質問主意書に対する政府答弁書)、その趣旨は現在まで変更ないものと考えられる。

出所：関聡介（2015)「非正規滞在者の権利」近藤敦編『外国人の人権へのアプローチ』明石書店、166-167頁より

あとがき

本書は、一般社団法人生活経済政策研究所で２０１９年10月から２０２２年９月まで行われた、外国人住民の雇用・生活環境と行財政課題研究会（略称：外国人住民研究会）の成果を取りまとめたものである。研究会を立ち上げた２０１９年当時、４月には入管法が改正され、さらに外国人労働者の増加が進むことが見込まれていた。人口減少が進み、社会経済の様々なところで外国人人材に担い手としての役割を期待するとすれば、受入れ体制の整備が必要である。急増する外国人住民に対し、自治体や地域コミュニティのなかには十分な対応が出来ていないところもあり、文化・習慣の違いによる様々な問題に対し、どのような行政ニーズがあり、政策対応が必要なのかという問題関心があった。在住外国人の権利保障については、すでに数多くの先行研究があるが、本研究会は、外国人住民を取り巻く状況を踏まえ、教育、社会保障等の視点から現状と課題を整理するとともに、主に地方自治体の役割について検討し、それを支える行政体制と財政制度について考えることを主眼とした。

２０２０年初頭より拡大した新型コロナウイルス感染症の影響により、現地調査の実施は困難を極めたが、いくつかの自治体や関係機関には、現地での調査を受け入れていただいた。また、コロナ禍において、限られた職員で複雑な業務への対応が求められた状況下にありながら、多くの自治体が、オンラインでのヒアリングやアンケート調査等に丁寧にご回答下さった。さらに、調査の実施に際し、全日本自治団体労働組合にもご協力いただいた。渡戸一郎明星大学名誉教授、ならびに新居みどりNPO法人CINGA（特定非営利活動法人国際市民活動中心）コーディネーターには、多文化共生政策ならびにその取組み状況について御教示いただいた。この場を借りて御礼を申し上げたい。また、生活経済政策研究所の大門正彦氏には、研究会の運営全般にわたり、様々な形で支えていただいた。研究員の劉佳氏には、ヒアリング調査の実施に際しお世話になった。改めて感謝を申し上げたい。そして、本書の出版にあたり、旬報社の粟國志帆氏には、企画から編集、刊行に至る一つ一つのプロセスで心のこもった対応をいただいた。御礼申し上げたい。

本書を通じて、多様性の時代における自治体行財政のあり方について、議論が進み、外国人住民への対応を含め、一人ひとりの個性を尊重したウェルビーイングの充実に結びつく行財政運営の在り方について、議論が進んでいくことを期待したい。

執筆者一同

２０２３年６月吉日

執筆者紹介

沼尾 波子(ぬまお なみこ)
東洋大学国際学部国際地域学科教授。専門は財政学・地方財政論。

池上 岳彦(いけがみ たけひこ)
立教大学経済学部教授。専門は財政学・地方財政論。

池谷 秀登(いけたに ひでと)
立正大学社会福祉学部社会福祉学科教授。専門は公的扶助論。

倉地 真太郎(くらち しんたろう)
明治大学政治経済学部専任講師。専門は財政学・財政社会学。

小島 祥美(こじま よしみ)
東京外国語大学多言語多文化共生センター長/准教授。専門は教育社会学・ボランティア論。

関 聡介(せき そうすけ)
弁護士(東京弁護士会)。日本弁護士連合会人権擁護委員会特別委嘱委員、NPO法人国際活動市民中心(CINGA)副代表などを兼任。

関根 未来(せきね みく)
立教大学大学院経済学研究科経済学専攻博士課程後期課程。専門は財政学・教育財政学。

多文化共生社会を支える自治体

——外国人住民のニーズに向き合う行政体制と財源保障

2023年8月7日　初版第1刷発行

編著者　沼尾波子／池上岳彦／池谷秀登／倉地真太郎／
　　　　小島祥美／関聡介／関根未来
装　幀　藤田美咲
編　集　粟國志帆
発行者　木内洋育
発行所　株式会社 旬報社
　　　〒162-0041 東京都新宿区早稲田鶴巻町544 中川ビル4F
　　　TEL 03-5579-8973　FAX 03-5579-8975
　　　HP　https://www.junposha.com/
印刷製本　精文堂印刷株式会社

ISBN978-4-8451-1826-7